Goethes merkwürdige Wörter

Goethes merkwürdige Wörter

Ein Lexikon
von
Martin Müller

Wissenschaftliche Buchgesellschaft
Darmstadt

Die Deutsche Bibliothek – CIP-Einheitsaufnahme

Müller, Martin:
Goethes merkwürdige Wörter : ein Lexikon /
von Martin Müller. – Darmstadt: Wiss. Buchges., 1999
ISBN 3-534-14246-2

Bestellnummer 14246-2

Gedruckt auf säurefreiem und alterungsbeständigem Papier
Satz: Setzerei Gutowski, Weiterstadt
Druck und Einband: Druckhaus Beltz, Hemsbach
Printed in Germany
Schrift: Linotype Minion

Vorwort

Goethes geistige und dichterische Welt, sein Leben und sein Denken scheinen uns nah – und zugleich sind sie doch fern. „Iphigenie“ und „Tasso“ zählen zwar zum Erbe der Deutschsprechenden, und das „Mailied“ ist ebenso populär wie die Figur des Gretchen. Aber es trennen uns immerhin an die zwei Jahrhunderte von Goethes Werk, und vieles ist darin keineswegs so mühelos zu verstehen, wie es den Anschein hat.

Dies gilt nicht nur von Goethes Dichtungsverständnis und seiner Mentalität, sondern ebensosehr von seiner Sprache.

So wie in einem Organismus immerfort Zellen absterben und sich neue bilden, ist auch der Organismus einer Sprache durch ständige Metamorphosen auf Mikro-Ebene geprägt. Das Umfeld eines Wortes ist heute schon nicht mehr ganz dasselbe wie gestern: für das Verhältnis zwischen Zeichen und Bezeichnetem gab es noch nie feste Wechselkurse. Wer immer sich mit Texten befaßt, hat mit dieser Problematik zu tun, ob sie ihm bewußt ist oder nicht: sie gehört grundsätzlich zum Horizont jeder Interpretation.

In unserem Buch geht es im besonderen um den Bedeutungswandel in Goethes Wortschatz, wobei der Herausgeber dabei seinen vorgegebenen Rahmen bewußt nicht in systematisch-wissenschaftlicher Weise füllen wollte, sondern er beschränkte sich darauf, anhand einer Vielzahl von „Lesefrüchten“ ein Buch für Goethe-Freundinnen und -Freunde zusammenzustellen, aus dem ersichtlich würde, wie viele Wörter in Goethes Werken uns zwar noch bekannt sind, doch oft nur ihrer äußeren Erscheinung und nicht mehr ihrem Sinn nach.

Liest und denkt man unbedacht über solche Stellen hinweg, so läuft man schnell Gefahr, vielen kleinen Mißverständnissen zu unterliegen. Die Mehrheit der in diesem Buch gesammelten Beispiele gehören in diesen Zusammenhang.

Ist die „Scherbe“ vor Gretchens Fenster ein zerbrochener Blumentopf, ist das „schmächtige“ Kätzlein in der Walpurgisnacht abgemagert, wieso findet Tasso einen Abgrund „reizend“ – und hat man sich Goethe behaglich im Lehnstuhl sitzend vorzustellen, wenn er an einem Todesfall „gemütlich“ Anteil nimmt? Es zeigt sich, daß Gretchens „Scherbe“ ein schlichter Blumentopf ist, daß das Kätzchen sich lüstern-schmachtend auf die Walpurgisnacht freut, daß Tasso sich auf unheimliche Weise vom „reizenden“ Abgrund des menschlichen Herzens angezogen fühlt und daß Goethe am Trauerfall mit seinem Gemüt Anteil nimmt.

Eine zweite Gruppe umfaßt Wörter, die wir kaum noch oder überhaupt nicht mehr kennen und verwenden: Vom „Asch“ (je nachdem „Blumentopf, irdenes Geschirr“

oder „Esche", also ein Baum) über den „Lippen" (den Rockschoß, an dem man jemanden packt) zum merkwürdigen Verb „kauzen" (kauern) und zur „aufgespannten" Aurelie in „Wilhelm Meisters Lehrjahren" (sie ist „erregt") gibt es bei Goethe viele Wörter, die für heutige Leserinnen und Leser erklärt, ja übersetzt werden müssen.

Spaß machte es dem Bearbeiter im übrigen, auch merkwürdige Wörter aus Goethes und Christianes Privatsphäre aufzunehmen, und so finden sich hier denn die berühmten „Äugelchen", die „Misels", die „Krabskrälligkeit" und das „hasig" (welches Goethe übrigens nur einmal verwendete, ganz im Gegensatz zu Christiane).

Nachdem er sich in seiner Sturm-und-Drang-Zeit (in „Hanswursts Hochzeit") auch einmal als Schöpfer neuer und oft wenig salonfähiger Personennamen versucht hatte, fanden auch sie Eingang, sind auch sie doch wahrhaftig „merkwürdig".

Endlich wurden seltene Wörter wie „Guerilla", „Inzest" oder „penetrieren" aufgeführt – vor allem als Belege dafür, in welchem Maße Goethe auch Wörter aus fremden Sprachen verwendete, die man bei ihm möglicherweise nicht erwartet hätte.

Absichtlich nicht berücksichtigt wurden hingegen einmalige dichterische Prägungen, die aus ihrem Zusammenhang interpretiert werden müssen, wie z. B. „Blütendampf" (im „Maifest"), „Pappelzitterzweige" („Faust II", Vers 7252), „Hämmerchortanz" („Pandora", Vers 166) oder das hübsche „Jugendfürstchen" im „Sankt-Rochus-Fest zu Bingen". Es wäre pedantisch gewesen, sie hier vorzuführen, und der Bearbeiter wäre sich vorgekommen wie ein Insektensammler, der es nicht lassen kann, selbst schönste und seltenste Schmetterlinge in seinem Kasten aufzuspießen.

Da der Herausgeber niemals vorhatte, ganze Wortfelder zu präsentieren (dies leistet das große wissenschaftliche „Goethe-Wörterbuch", Stuttgart [Kohlhammer] 1966 ff. in mustergültiger Weise), so ist ihm eine grundlegende Problematik seiner Darstellung bewußt: Das Herausstellen einzelner Wörter (immerhin jeweils in ihrem Kontext) setzt sie sozusagen absolut, doch wird dies gewiß nicht zu falschen Schlüssen führen: natürlich kann „Interesse" bei Goethe auch etwas anderes bedeuten als „Zins" und „widerwärtig" etwas anderes als „widerstrebend". Das liegt, bei einem Lexikon, das sich auf „merkwürdige" Wörter konzentriert, in der Natur der Sache.

Wie ist der Herausgeber bei seiner Arbeit vorgegangen? Nach dem folgenden Goethe-Satz (aus dem Brief an Boisserée vom 22. März 1831): „Das unmittelbare Anschauen der Dinge ist mir alles."

Das will im vorliegenden Fall heißen, daß der Bearbeiter (anhand der Hamburger Ausgabe) einen Gang durch einen großen Teil von Goethes Werken und Briefen unternahm, um alle ihm merkwürdig erscheinenden Wörter zu notieren und für das Lexikon auszuwählen.

In einer zweiten Lesung wurde dasselbe mit Einzelbänden der Artemis-Ausgabe getan; sodann wurden die sorgfältigen Kommentare der Hamburger Ausgabe dankbar genutzt und die Arbeit abschließend anhand der gleichfalls ausgezeichneten Kommentare der Ausgabe des Deutschen Klassiker-Verlags überprüft.

Natürlich konnte es dem Bearbeiter nicht darum gehen, jeweils alle in Frage kommenden Belege zu sammeln: dies hätte den Rahmen des Lexikons gesprengt und die

Aufmerksamkeit der Leser übermäßig strapaziert; prägnante Beispiele, stellvertretend für viele weitere (übrigens auch bei Zeitgenossen von Goethe), mußten genügen.

So ist mit diesem Nachschlagewerk so etwas wie ein „Wörter-Museum" entstanden, durch das man zum Vergnügen schlendern, in dem man aber auch wissenswerte Einzelheiten („Einzelnheiten" würde Goethe vielleicht sagen) abfragen kann und das dem Besucher/Leser manches Aha-Erlebnis vermitteln wird.

Hoffentlich ist unser Buch, nach einer Stelle in der „Farbenlehre", „ausführlich, umständlich, ja überflüssig" geraten, womit nicht gesagt sei, es sei „entbehrlich" und „unnötig", sondern es vermittle eine Fülle von Fakten und sei darum „überflüssig" in jenem ursprünglichen Sinn, den Goethe und seine Zeitgenossen noch kannten.

Ohne die folgenden Goethe-Ausgaben mit ihren Kommentaren und Worterklärungen wäre die Arbeit an diesem Buch weit mühevoller gewesen:

AGA Artemis-Gedenkausgabe von Goethes Werken, Briefen und Gesprächen, hrsg. von Ernst Beutler, Zürich 1948 ff.

HA Goethes Werke. Hamburger Ausgabe in 14 Bänden, hrsg. von Erich Trunz, 15. Auflage, München 1993 f.

HAB Goethes Briefe und Briefe an Goethe. Hamburger Ausgabe in 6 Bänden, hrsg. von Karl Robert Mandelkow, 4. Auflage, München 1988.

FA Johann Wolfgang Goethe: Sämtliche Werke, Briefe, Tagebücher und Gespräche in 40 Bänden, Frankfurt a. M. 1994 ff.

Gräf Goethes Briefwechsel mit seiner Frau, hrsg. von H. G. Gräf, Frankfurt a. M. 1916.

WA Goethes Werke. Weimarer Ausgabe. Weimar 1887–1919.

Konsultiert wurde ferner:
Paul Fischer: Goethe-Wortschatz. Ein sprachgeschichtliches Wörterbuch zu Goethes sämtlichen Werken. Leipzig 1929 / Reprint 1968.

abätzen
abfressen, abweiden
Schön gepflasterter Weg über eine Höhe, zwischen Matten, auf welchen Kühe schwelgten. Dergleichen Matten werden im Frühjahr abgeätzt und, wenn das Heu gemacht ist, wachsen sie abermals stark genug, daß die Kühe bis auf den Winter hinreichende Nahrung finden.
Tagebuch / 6. 10. 1797
WA III/2, 181

abdecken
Tierkadaver zerteilen
[...] bald aber fand man sie (die Pferde) *auch abgedeckt, die fleischigen Teile sogar ausgeschnitten, trauriges Zeichen des allgemeinen Mangels!*
Campagne in Frankreich / 11. Oktober 1792
HA 10, 272

abduften (s. a. → Duft)
sich in Dunst (= Duft) verlieren, in Dunst verschwimmen
[...] und gegen Süden hat das Auge die unendliche Fläche des Elsasses zu durchforschen, die sich in immer mehr abduftenden Landschaftsgründen dem Gesicht entzieht ...
Dichtung und Wahrheit / 2. Teil / 10. Buch
HA 9, 418

Abend
Westen
[...] denn nicht die Polhöhe allein macht Klima und Witterung, sondern die Bergreihen, besonders jene, die von Morgen nach Abend die Länder durchschneiden.
Italienische Reise / Karlsbad bis auf den Brenner / 8. September 1786
HA 11, 19

aber
abermals, noch einmal, wiederum
Leb' ich noch aber ein Jahr, so soll es ihn wahrlich gereuen!
Reineke Fuchs / 1. Gesang / Vers 250
HA 2, 293
Aber Galateas Muschelthron / Seh' ich schon und aber schon ...
Faust II / Klassische Walpurgisnacht / Vers 8450 f.
FA I, 7/1, 333

Abgang
Verkauf, Absatz
Ich habe [...] einen geschickten Mann, dessen Kunst nach Brote ging, indem die Heiligen und Märtyrer, die er zu schnitzen gewohnt war, keinen Abgang mehr fanden [...], geleitet, sich der Skelettbildung zu bemächtigen ...
Wilhelm Meisters Wanderjahre / 3. Buch / 3. Kapitel
HA 8, 327
Der Verlag [...] jener Bücher, welche in der folgenden Zeit unter dem Titel [...] „Volksbücher" [...] berühmt geworden, war in Frankfurt selbst, und sie wurden, wegen des großen Abgangs, mit stehenden Lettern auf das schrecklichste Löschpapier fast unleserlich gedruckt.
Dichtung und Wahrheit / 1. Teil / 1. Buch
HA 9, 135 f.
Diese Leute (Hersteller von Backwerk auf der Straße) *haben einen unglaublichen Abgang, und viele tausend Menschen tragen ihr Mittag- und Abendessen von da auf einem Stückchen Papier davon.*
Italienische Reise / Neapel / 29. Mai 1787
HA 11, 342

abgelebt

zu Ende gelebt, früher gelebt

Ach, du warst in abgelebten Zeiten / Meine Schwester oder meine Frau
„Warum gabst du uns die tiefen Blicke“, Vers 27f.
HA 1, 123

Bei Vespino ist es ein abgelebter gutmütiger Greis, der [...] keinen Anteil mehr zu nehmen imstande ist.
Leonardo da Vincis Abendmahl
AGA 13, 775

[...] seine (Voltaires) *unermüdet fortgesetzten Bemühungen betrachtete man als eitles Bestreben eines abgelebten Alters;*
Dichtung und Wahrheit / 3. Teil / 11. Buch
HA 9, 484

[...] hängt dafür / Mir eine abgelebte Frau, / Mit riefigem Gesicht, mit halbzerbrochnem Zahne, / Vom fleissig kalten Gerhard Dow ...
An F. Oeser, 6. 11. 1768
HAB 1, 72f.

abgeschmackt

geschmacklos, unsinnig

Wie findest du die zarten Tiere ? / So abgeschmackt, als ich nur jemand sah!
Faust I / Hexenküche / Vers 2286f.
HA 3, 77

Das tolle Zeug, die rasenden Gebärden, / Der abgeschmackteste Betrug / Sind mir bekannt, verhaßt genug.
Faust I / Hexenküche / Vers 2533ff.
HA 3, 82

Nichts Abgeschmackters find' ich auf der Welt / Als einen Teufel, der verzweifelt.
Faust I / Garten / Vers 3113
HA 3, 106

Abglanz

abgespiegelter oder zurückgeworfener Glanz

Werdet ihr in jeder Lampe Brennen / Fromm den Abglanz höhern Lichts erkennen
Westöstlicher Divan / Buch des Parsen / „Vermächtnis altpersischen Glaubens“
HA 2, 106

Am farbigen Abglanz haben wir das Leben.
Faust II / 1. Akt / Anmutige Gegend / Vers 4727
HA 3, 149

Das Wahre, mit dem Göttlichen identisch, läßt sie niemals von uns direkt erkennen: wir schauen es nur im Abglanz, im Beispiel, Symbol ...
Versuch einer Witterungslehre
AGA 17, 244

Ebenso ist der wenige abgesteilte Erdgrund, worauf der Baum steht, auch Stamm und Äste, insofern es der Raum zuließ, im Abglanz wiederholt.
Wilhelm Tischbeins Idyllen IV
AGA 13, 892

Dort sah ich mit einem Blick den Mond, den Schein desselben auf den Wolkensäumen, den sanft bewegten Abglanz im Meere, heller und lebhafter auf dem Saum der nächsten Welle.
Italienische Reise / Neapel / 30. Mai 1787
HA 11, 342

[...] daß ich bis dahin nur den allgemeinen Abglanz der Natur in den Kunstwerken, bewundert und genossen hatte ...
An den Herzog Carl August, 25. 1. 1788
HAB 2, 79

Da möchte ich nun alle Woche einmal bei mir mehrstimmige geistliche Gesänge aufführen lassen, im Sinne Ihrer Anstalt (der Berliner „Liedertafel“), *obgleich nur als den fernsten Abglanz derselben.*

An Zelter, 27. 7. 1807
HAB 3, 48

Abgott
falscher Gott, Götze
Eine sehr köstliche und große Mahlzeit mit großem Verstand für das Maul eines einzigen Abgottes zugericht und aufgetischt (gemeint: Diderots „Jacques le fataliste").
An Merck, 3. 4.(?) 1780
HAB 1, 300
Ein Blumengefäß, ein gesottener Hummer, ein silberner Kelch, ein Felsstück, eine Ruine, eine Hütte bleiben durch Jahrhunderte der Abgott so vieler Liebhaber.
An F. Müller, 21. 6. 1781
HAB 1, 359

abhängig
abschüssig, steil
Er fand sie auf einer Stelle, wo der Weg weniger abhängig war …
Wilhelm Meisters Wanderjahre / 1. Buch / 1. Kapitel
HA 8, 9
[…] wagt' ich mich sachte ins Wasser, doch nicht tiefer, als es der leise abhängige Boden erlaubte;
Wilhelm Meisters Wanderjahre / 2. Buch / 11. Kapitel
HA 8, 272
War es denn wohl der Mühe wert, ein so tätiges großes Leben (die Rede ist von Voltaire) *geführt zu haben, wenn es abhängiger enden sollte, als es angefangen hatte?*
Dichtung und Wahrheit / 3. Teil / 11. Buch
HA 9, 485

Abhub
Überrest
In der Zwischenzeit war auch etwas von Essen und Trinken angelangt, das ohne viele Kritik genossen wurde, ob es gleich einem sehr unordentlichen Abhub ähnlich sah …
Wilhelm Meisters Lehrjahre / 3. Buch / 4. Kapitel
HA 7, 161

ablegen
an Kraft verlieren, schwächer werden
Mein Stubennachbar, der fleißige Theolog, dem seine Augen leider immer mehr ablegten …
Dichtung und Wahrheit / 2. Teil / 8. Buch
HA 9, 318

abmüßigen
Mußezeit erübrigen
So viel bedurfte es kaum, um einen jungen Ritter anzureizen, der sich schon angewöhnt hatte, alle abzumüßigenden Tage und Stunden zu Pferde und in freier Luft zuzubringen.
Dichtung und Wahrheit / 2. Teil / 10. Buch
HA 9, 430

Abomination
Greuel, Abscheulichkeit
Auch entschiedene Talente sind's, die dergleichen unternehmen, geistreiche vorzügliche Männer, von mittleren Jahren, die sich durch eine Lebensfolge verdammt fühlen, sich mit diesen Abominationen (der zeitgenössischen Literatur) *zu beschäftigen.*
An Zelter, 18. 6. 1831
HAB 4, 431 f.

abscheiden
sterben
Ihr Abscheiden war für die Familie von desto größerer Bedeutung, als es eine völ-

lige Veränderung in dem Zustande derselben nach sich zog.
Dichtung und Wahrheit / 1. Teil / 1. Buch
HA 9, 15
Ganz anders aber zog mich, unter Rahmen und Glas, ein Kupferstich von Martin Schön an, das Abscheiden der Maria vorstellend.
Dichtung und Wahrheit / 4. Teil / 18. Buch
HA 10, 143

abschlagen
abfließen lassen, ableiten; „das Wasser abschlagen" = urinieren
Was! seinen Bruder länger in dem Luderleben verwildern zu lassen, der mit Spielern und Buben im Lande herumschwadroniert, mehr Mädels betrügt, als ein anderer kennt, und öfter Händel anfängt, als ein Trunkenbold sein Wasser abschlägt!
Claudine von Villa Bella / Gartenszene
HA 4, 221

abschnüren
mit einer Schnur abmessen
Wilhelm griff selbst mit an, half die Perspektive bestimmen, die Umrisse abschnüren …
Wilhelm Meisters Lehrjahre / 3. Buch / 4. Kapitel
HA 7, 163

abschroten
abschneiden, weghauen
[…] sondern man hat sich auch unten einen […] Gartenplatz, durch Verdrängung des Flusses an der einen und durch Abschroten des Felsens an der andern Seite, verschafft …
Dichtung und Wahrheit / 2. Teil / 10. Buch
HA 9, 419

Abstich
scharfer Unterschied
Es gibt in den serbischen Ländern keine gemeine pöbelhafte Volksmundart, wenigstens in dem grellen Abstiche, wie hierzulande, gar nicht.
Serbische Literatur
AGA 14, 532

abtreiben
abwehren, wegtreiben
O sähest du wie meine Seele kämpft / Ein bös Geschick, das sie ergreifen will, / Im ersten Anfall mutig abzutreiben
Iphigenie / 5. Aufzug / 3. Auftritt / Vers 1876 ff.
HA 5, 59
Der Postillon bat dringend, daß er ihn gerade nach Hause wieder zurückkehren lassen möge, er sei noch neu im Dienst und habe, weil er die Pferde so abgetrieben, alles von seinem Herrn zu befürchten …
Wilhelm Meisters theatralische Sendung / 3. Buch / 3. Kapitel
HA 8, 494

Affabilität
Umgänglichkeit, Leutseligkeit, liebreiches Betragen
Die Herzogin Mutter ist nach Belvedere gezogen, sie beträgt sich würklich heroisch und verbirgt was sie schmerzt unter einer Affabilität die jedem wohltut.
An Knebel, 9. 7. 1790
HAB 2, 129

affenjung
blutjung
Das arme affenjunge Blut
Faust I / Wald und Höhle / Vers 3313
HA 3, 106

Agitation
Beunruhigung, Erregung
Alles andere Interesse mußte diesem weichen, und wir brachten den Überrest des Jahres in beständiger Agitation zu.
Dichtung und Wahrheit / 1. Teil / 2. Buch
HA 9, 46
Ich [...] schrieb, wenn auch nicht ohne innere Agitation, am „Egmont" rüstig fort.
Dichtung und Wahrheit / 4. Teil / 20. Buch
HA 10, 181

Agrumen
Zitrusfrüchte
Aus jenen Ländern echten Sonnenscheines / Beglückten oft mich Gaben der Gefilde: / Agrumen reizend, Feigen süß und milde, / Der Mandeln Milch, die Feuerkraft des Weines.
„An Herrn Abbate Bondi"
FA I, 2, 579
Daß dieser für sich bestehende Blattstiel gleichfalls eine Neigung habe sich in Blättergestalt zu verwandeln, sehen wir bei verschiedenen Gewächsen z. B. an den Agrumen ...
Die Metamorphose der Pflanzen, § 22
FA I, 24, 115

Ägyptier
Zigeuner
Es schaudert mich, ich wage kaum, zu bleiben. / Ist's der Ägyptier Aufenthalt?
„Ilmenau"
Vers 50 f.
HA 1, 108

ahnden
ahnen
O wenn ich [...] hoffnungsvolle Zukunft ahnde, und so in des Mondes Dämmerung meinen Garten auf und ab walle ...
Stella / 2. Akt
HA 4, 321
Aber ein wahrer Dichter hätte sich ganz anders in der Nähe der Majestät gefühlt, er hätte den unvergleichbaren Wert, die unerreichbare Würde, die ungeheure Kraft geahndet, die mit der ruhigen Persönlichkeit eines Monarchen sich einem Privatmann gegenüberstellt.
Gottlieb Hillers Gedichte und Selbstbiographie
AGA 14, 223

Ahndung
Ahnung
Männer! Männer! / Sie machen uns glücklich und elend! Mit welchen Ahndungen von Seligkeit erfüllen sie unser Herz!
Stella / 2. Akt
HA 4, 320

ahn(d)ungsvoll
– unheimlich,
nachdenklich stimmend
Unglücklicherweise hatte man noch die Erziehungsmaxime, den Kindern frühzeitig alle Furcht vor dem Ahndungsvollen und Unsichtbaren zu benehmen und sie an das Schauderhafte zu gewöhnen.
Dichtung und Wahrheit / 1. Teil / 1. Buch
HA 9, 13
Der Neujahrstag 1759 kam heran, für uns Kinder erwünscht und vergnüglich wie die vorigen, aber den ältern Personen bedenklich und ahndungsvoll.
Dichtung und Wahrheit / 1. Teil / 3. Buch
HA 9, 83
[...] aber die sonderbare und ahndungs-

volle Trübung des politischen und militarischen Himmels machte mich unentschlossen und ich zauderte von einem Tag zum andern …
An Reinhard, 1. 7. 1813
HAB 3, 238
– stimmungsvoll
Der Wanderer stand nunmehr in dem blendenden Kreise, wo schimmernde Lichter zu Tausenden gegen die zur schwarzen Hinterwand gereihten Träger einen ahnungsvollen Kontrast bildeten.
Wilhelm Meisters Wanderjahre / 2. Buch / 9. Kapitel
HA 8, 260
Menschenleer war die Gegend, die äußerste Einsamkeit ahnungsvoll.
Campagne in Frankreich / 23. August 1792
HA 10, 200
Ein solcher frischer Anblick in ein neues Land, in welchem wir uns eine Zeitlang aufhalten sollen, hat noch das Eigne, so Angenehme als Ahndungsvolle, daß das Ganze wie eine unbeschriebene Tafel vor uns liegt.
Dichtung und Wahrheit / 2. Teil / 9. Buch
HA 9, 357

ähneln
ähnlich machen
Nun sind wir alle neugeboren; / Ein jeder weltgewandte Mann / Zieht sie behaglich über Kopf und Ohren; / Sie ähnelt ihn verrückten Toren …
Faust II / 1. Akt / Kaiserliche Pfalz / Vers 5076 ff.
HA 3, 158

Aisance
Ungezwungenheit
[…] daß die Sklaven sich gegen ihre türkischen Herren mit weit mehr Aisance betragen als nordische Hofleute gegen ihre Fürsten …
Winckelmann
HA 12, 125

Aja
Erzieherin, Hofmeisterin
Zu meiner Mutter machte sich ein eigenes Verhältnis; sie wußte in ihrer tüchtigen graden Art sich gleich ins Mittelalter zurückzusetzen, um als Aja bei irgend einer lombardischen oder byzantinischen Prinzessin angestellt zu sein.
Dichtung und Wahrheit / 4. Teil / 18. Buch
HA 10, 126

Aldermann
engl. alderman = Ratsherr, Stadtrat
Ein Vater, ein Lehrer, ein Aldermann (erfahrener Mann) *spricht …*
„Der getreue Eckart", Vers 44
HA 1, 288
[…] und die biedersten Aldermanns Wahrheiten, von dem was edel und knechtisch ist am Dichter.
An G. F. E. Schönborn, 1. 6.–4. 7. 1774
HAB 1, 163

alert
aufgeweckt, munter, frisch
Gar schnell bemerkte ich […] die allgemeine Verwunderung, mich so alert und das Haus zu ihrem Empfang so bereit zu finden, die Zimmer erleuchtet, die Kamine brennend …
Wilhelm Meisters Wanderjahre / 3. Buch / 10. Kapitel
HA 8, 399

allegieren
zitieren
Allegiere der erste nur falsch, da schreiben ihm zwanzig / Immer den Irrtum nach …
„Xenien" Nr. 161
Vers 1 f.
HA 1, 231

allerdings
durchaus, in jeder Hinsicht, ganz und gar
Dieser frühzeitige Tod war allerdings ein Verlust für die Kunst.
Philipp Hackert / Familienverhältnisse
AGA 13, 481

Altertum
– ein Werk aus alter Zeit, Antiquität
Wir finden vielmehr jenes achte Wunder der Welt schon als ein verlassenes, Einsturz drohendes Altertum …
Vorwort zur Farbenlehre
AGA 16, 13
Es hatten sich unter jenen kirchlichen Altertümern einige schön geschnitzte Chorstühle vorgefunden …
Die Wahlverwandtschaften / 2. Teil / 3. Kapitel
HA 6, 373
[…] indem ich mich der abenteuerlich-flüchtigen Augenblicke lebhaft erinnerte, wo ich vor diesem Tempel gestanden und mich zum ersten Mal über ein wohl erhaltenes Altertum innig erfreute.
Kirchen, Paläste und Klöster in Italien
AGA 13, 916
Nun aber ward, wie alles seine Reife haben will, durch patriotische Tätigkeit die Teilnahme an diesem wichtigen Altertum (dem Nibelungenlied) *allgemeiner und der Zugang bequemer.*
Tag- und Jahreshefte / 1807
HA 10, 500
Einen außerordentlichen Vorteil hätte es […], wenn die Regierung, die doch erst die Erlaubnis geben muß, wenn ein Altertum ausgeführt werden soll, fest darauf bestanden hätte, daß ein Abguß geliefert werden müsse.
Italienische Reise / Rom / 22. Januar 1787
HA 11, 164
– geschichtliches Alter
So vollkommen ich jedoch diese Werke dem Gedanken und der Ausführung nach erkläre, so glaube ich doch Ursache zu haben, an dem hohen Altertum derselben zu zweifeln.
Griechisches Grabmahl bei Cumae
AGA 13, 582

altfränkisch
altmodisch
Die Haupterfordernisse dieser Maske (der „Quacqueri" am römischen Karneval) *sind, daß die Kleidung zwar altfränkisch, aber wohlerhalten und von edlem Stoff sei.*
Zweiter römischer Aufenthalt / Das römische Karneval
HA 11, 492

Altvater
biblischer Patriarch
Wenn ich da sitze, so lebt die patriarchalische Idee so lebhaft um mich, wie sie, alle die Altväter, am Brunnen Bekanntschaft machen und freien …
Die Leiden des jungen Werthers / 1. Buch / 12. Mai
HA 6, 10
[…] worauf der ansehnliche Altvater (Gottsched) *uns ganz gravitätisch zu sitzen nötigte und einen ziemlich langen Diskurs mit gutem Anstand durchführte.*
Dichtung und Wahrheit / 2. Teil / 7. Buch
HA 9, 268

Berechtigt durch unsern Altvater Shakespeare, nahm ich nicht einen Augenblick Anstand, die Hauptszene [...] wörtlich zu übersetzen.
Dichtung und Wahrheit / 3. Teil / 15. Buch
HA 10, 72
Tun Sie von Ihrer Seite das mögliche, daß der Altvater bei seinen Ahnen im Haine zu Mamre anständig beigesetzt werde.
An Schubarth, 24. 8. 1819
HAB 3, 462

Amme
stillende Mutter (also nicht bloß „Leihmutter" zum Nähren eines Säuglings)
Ihn durchglühet süße Flamme, / Daß er nicht vorbei begehrt, / Und er findet nun die Amme, / Wie die Jungfrau, liebenswert.
„Ritter Kurts Brautfahrt"
Vers 21 ff.
HA 1, 280

amphigurisch
bruchstückhaft,
rhapsodisch schweifend
[...] und wenn jener Aufsatz etwas Amphigurisches in seinem Stil bemerken läßt, so möchte es wohl zu verzeihen sein, da wo etwas Unaussprechliches auszusprechen ist.
Von deutscher Baukunst 1823
HA 12, 181 f.
„Genau besehen, ist alle Philosophie nur der Menschenverstand in amphigurischer Sprache".
Maximen und Reflexionen Nr. 423
HA 12, 423
[...] denn die deutschen treuen und gründlichen Äußerungen nehmen sich im Französischen einmal allzu naiv und dann wieder amphigurisch aus.
An Boisserée, 19. 1. 1827
HAB 4, 212

anähnlichen
angleichen, anpassen
Diese (widersprüchliche Stellen in der Bibel) *suchte man dadurch auszugleichen, daß man die deutlichste Stelle zum Grunde legte, und die widersprechende, weniger klare jener anzuähnlichen bemüht war.*
Dichtung und Wahrheit / 3. Teil / 12. Buch
HA 9, 509
[...] so ist es ja besser es behandelt jeder die Sache auf seine Weise, als daß wir uns einander immer anzuähnlichen suchen ...
An Knebel, 28. 1. 1789
HAB 2, 108

anbinden
beschenken (urspr.: Geschenk an Arm oder Hals binden)
Mädchen und Bübchen / Kommen, o Liebchen! / Binden mit Bändern / und Kränzen dich an!
Claudine von Villa Bella / Gartenszene
HA 4, 217

Andrang
nachdrückliches Interesse, Heftigkeit
Mit entschiedenem Andrang verfolgte sie (Mme de Staël) *ihre Absicht, unsere Zustände kennen zu lernen, sie ihren Begriffen ein- und unterzuordnen, sich nach dem Einzelnen so viel als möglich zu erkundigen, als Weltfrau sich die geselligen Verhältnisse klar zu machen ...*
Tag- und Jahreshefte / 1804
HA 10, 463

Anfall
Angriff, Überfall
Ist dieser Anfall etwa auf mich gerichtet, mein Fräulein?
Unterhaltungen deutscher Ausgewanderten / Einleitende Gespräche
HA 6, 140
[...] das Volk rief mit Wut den Namen eines Klubisten und bewegte sich zum Anfall.
Belagerung von Mainz
10, 363

anfrischen
neu beleben, aufmuntern, erfrischen
[...] da ich ihr (der Musik) *denn doch eigentlich jenes Gedicht verdanke, an dem Gefühl und Einbildungskraft von Zeit zu Zeit sich so gern wieder anfrischt.*
An Zelter, 9. 1. 1824
HAB 4, 101

angeboren
verwandt, durch Geburt nahestehend
[...] es mußte mir jemand angeboren sein, wenn er mir meine Sorgfalt abgewinnen wollte.
Wilhelm Meisters Lehrjahre / 6. Buch / Bekenntnisse einer schönen Seele
HA 7, 418

Anglanz
beginnender Glanz
So sei denn aber heute mehr als je begrüßt / Des Tages Anglanz.
Phaethon, Tragödie des Euripides
Prolog
AGA 15, 298

angreifen, sich
sich anstrengen, sich bemühen
Wenn er sie bat, sich anzugreifen, so war ihr Ausdruck auf gemeinen und bedeutenden Stellen gleich angespannt ...
Wilhelm Meisters theatralische Sendung / 3. Buch / 10. Kapitel
HA 8, 515

ängstlich
beklemmend, eng, Angst machend
Dort ein freibewegtes Leben, / Hier ein ängstlich Erdebeben!
Faust II / 2. Akt / Klassische Walpurgisnacht / Vers 7515 f.
HA 3, 229
Auf den Pfaden, auf der Welle, / Ewig ängstlicher Geselle ...
Faust II / 5. Akt / Palast / Vers 11428 f.
HA 3, 344
Das ist das Ängstliche von meinem Schicksal, / Daß ich wie ein verpesteter Vertriebner / Geheimen Schmerz und Tod im Busen trage ...
Iphigenie / 2. Aufzug / 1. Auftritt / Vers 656 ff.
HA 5, 25
gewisse scharfe, ja ängstliche Bedingungen
Farbenlehre / Physische Farben
AGA 16, 90
[...] wie sie den Sarg hinunterließen [...], dann die erste Schaufel hinunterschollerte, und die ängstliche Lade einen dumpfen Ton wiedergab ...
Die Leiden des jungen Werthers / 2. Buch
HA 6, 116
Es waren herzrührende, klagende Töne, von einem traurigen, ängstlichen Gesange begleitet.
Wilhelm Meisters Lehrjahre / 2. Buch / 13. Kapitel
HA 7, 136
Ängstlich ist es, immer zu suchen, aber viel ängstlicher, gefunden zu haben und verlassen zu müssen.

Wilhelm Meisters Lehrjahre / 8. Buch / 7. Kapitel
HA 7, 569
Das Vorgefühl des Scheidens verbreitete sich über die Gesamtheit; ein allmähliches Verstummen wollte fast ängstlich werden.
Wilhelm Meisters Wanderjahre / 2. Buch / 7. Kapitel
HA 8, 239
Da aber die Verwicklungen jederzeit ängstlich werden mußten …
Dichtung und Wahrheit / 2. Teil / 7. Buch
HA 9, 285f.
Da ward nun, was die Fleischer an Eingeweiden, Knochen und sonst beiseite geschafft, in die ohnehin feuchten und ängstlichen Schlafstellen getragen.
Campagne in Frankreich / 23. Aug. 1792
HA 10, 195
[…] eine Medusenmaske, wo in einer hohen und schönen Gesichtsform über Lebensgröße das ängstliche Starren des Todes unsäglich trefflich ausgedrückt ist.
Italienische Reise / Rom / 25. Dezember 1786
HA 11, 151
Es enthält dieser Aufsatz […] treffende Stellen, doch ist der Stil im ganzen ängstlich und schwerfällig und man sieht ihm einen gewissen düstern Parteigeist gar wohl an.
An J. H. Meyer, 6. 6. 1797
HAB 2, 274

Anhaltsamkeit

Ausdauer, Beharrlichkeit
[…] denn er hatte alles nur durch unsäglichen Fleiß, Anhaltsamkeit und Wiederholung erworben.
Dichtung und Wahrheit / 1. Teil / 1. Buch
HA 9, 32
In Jena waren seine (Schillers) *Freunde Zeugen gewesen, mit welcher Anhaltsamkeit und entschiedener Richtung er sich mit Wallenstein beschäftigte.*
Über das deutsche Theater
AGA 14, 105
Durch die Literaturgeschichte, sowie durch die Welthistorie, schleichen oftmals kleine, geringscheinende Bemühungen hindurch, die aber durch Anhaltsamkeit und beharrliches Fortarbeiten bedeutende Wirkung hervorbringen.
Deutsche Sprache
AGA 14, 267
Mit einiger Anhaltsamkeit wird sich es auch wohl geben.
An O. v. Goethe, 21. 6. 1818
HAB 3, 431

anhängig

vor Gericht gebracht,
als Rechtsfall hängig
[…] er hat sowohl vom Vater als von der Obrigkeit den Auftrag; denn die Sache ist schon anhängig und kann eine sehr böse Wendung nehmen.
Dichtung und Wahrheit / 1. Teil / 5. Buch
HA 9, 210

Anmut

sinnliche Schönheit
Jedes Kunstwerk muß sich als ein solches anzeigen, und das kann es allein durch das, was wir sinnliche Schönheit oder Anmut nennen.
Über Laokoon
AGA 13, 164

anmuten

angenehm berühren, ansprechen
[…] er (Schiller) *[…] bemerkte aber sehr verständig und einsichtig und mir sehr will-*

kommen, wie eine so zerstückte Art die Natur zu behandeln, den Laien, der sich gern darauf einließe, keineswegs anmuten könne.
Glückliches Ereignis
HA 10, 540

anmutig
ansprechend, anziehend, schön fürs Auge
Anmut. Der Gegenstand aber und die Art ihn vorzustellen sind den sinnlichen Kunstgesetzen unterworfen, nämlich der Ordnung, Faßlichkeit, Symmetrie, Gegenstellung und so weiter, wodurch er für das Auge schön, das heißt anmutig wird.
Über Laokoon
AGA 13, 163
Übrigens finden wir ihn (den Marschall Lannes) *hier im Bilde sehr viel älter als im Jahre 1806, wo wir seiner anmutigen Persönlichkeit, ja man dürfte wohl sagen schnell gefaßten Neigung, eine in damaligen Tagen unwahrscheinliche Rettung verdankten.*
Portraits historiques de Gérard
AGA 13, 993

Anne Flans
„Flanz“: volkstümlich für „Maul“
Name in „Hanswursts Hochzeit“
FA I, 4, 580

Anputz
besonders hübsche Kleidung
[...] nur müsse sie dort [...] sich zu einem gewissen Anputz bequemen, den sie aber jederzeit zurücklasse, weil er zu ihrem übrigen Leben und Wesen sich gar nicht schicken wolle.
Dichtung und Wahrheit / 1. Teil / 5. Buch
HA 9, 179

Ansatz
Wucherung, Geschwulst, geschwollene Backe
[...] und da kriegt ich den Ansaz und wurde vermehrt durch fatales Gestöber auf der Reise, und muss nun inne sizzen und warme Kräutermilch im Mund haben ...
An C. v. Stein, 6. 9. 1777
HAB 1, 234 f.

Anschlag
Plan
Es ist nichts unmöglich, gib mir einen Anschlag!
Egmont / 5. Akt / Straße
HA 4, 437
[...] gestanden hab ich euren Anschlag / Und meine Seele vom Verrat gerettet.
Iphigenie, Vers 2007 f.
HA 5, 63
[...] astrologische Gründe haben ihm (Wallenstein) *ein blindes Vertrauen zu demselben* (Piccolomini) *eingeflößt, so daß er ihm seine geheimsten Anschläge mitteilt.*
Die Piccolomini. Wallensteins erster Teil
AGA 14, 38

Anstand
– Gewandtheit, Geschicklichkeit, Gefälligkeit
Der Anstand, womit sie sich betrugen [...], gaben ihnen das Ansehn, als wenn sie Herr und Meister der ganzen Truppe wären ...
Wilhelm Meisters Lehrjahre / 2. Buch / 4. Kapitel
HA 7, 97
[...] eines Posthorns lustig schmetternder Ton [...] schien den ganzen Anstand (einer wohlvorbereiteten Wiedersehens-Szene) *in Verwirrung zu setzen.*

Wilhelm Meisters Wanderjahre / 1. Buch / 9. Kapitel
HA 8, 108
– Aufschub, Bedenken, Zögern
Man nahm noch einigen Anstand, man erkundigte sich; man hörte zwar nichts Übles von dem Lehrer, aber auch nichts sonderlich Gutes.
Dichtung und Wahrheit / 1. Teil / 4. Buch
HA 9, 116
Sodann ging ich ohne Anstand zu Hofrat Böhmen […] und erklärte ihm, mit vieler Konsequenz und Parrhesie (= Offenheit), *meine Absicht.*
Dichtung und Wahrheit / 2. Teil / 6. Buch
HA 9, 246
Den Wunsch des Verlegers in einem Blatte der Allgemeinen Zeitung eine Anzeige der Propyläen zu sehen, nimmt der Herausgeber keinen Anstand selbst zu erfüllen.
Anzeige der Propyläen
AGA 13, 189
Wenn man ein Land zu erobern gedenkt, so nimmt man keinen Anstand, Truppen marschieren zu lassen …
Vorschlag zur Einführung der deutschen Sprache in Polen
AGA 14, 176

anständig
manierlich, angemessen, korrekt
Die Hausfrau versah mit anständigem Zwang ihre Pflichten, und wie froh war sie, als alle Gäste, schicklich untergebracht, ihr endlich Raum ließen, mit dem Bruder sich zu erklären.
Wilhelm Meisters Wanderjahre / 2. Buch / 5. Kapitel
HA 8, 214
[…] richtete sich die Masse der Übriggebliebenen anständig in die Höhe, gleichfalls paarweise unter einem mäßig geselligen Gesang aus dem Saale sich entfernend.
Wilhelm Meisters Wanderjahre / 3. Buch / 10. Kapitel
HA 8, 393
Der zweite Botschafter, Baron von Groschlag, war ein wohlgebauter, im Äußern bequem aber höchst anständig sich betragender Weltmann.
Dichtung und Wahrheit / 1. Teil / 5. Buch
HA 9, 182
Die Zeichen des Märtyrertums sind der neuern Welt nicht anständig genügend …
Christus nebst zwölf alt- und neutestamentlichen Figuren
AGA 13, 1066
In diesem Augenblicke flog die Seitentür auf, und die Schwester sprang in einem leichten aber anständigen Nachtkleide hervor und rief: „Du sollst nicht allein von ihm Abschied nehmen!“
Dichtung und Wahrheit / 2. Teil / 9. Buch
HA 9, 395
Die Eltern waren anständig behagliche Personen, die eine Tochter ähnelte Friedriken.
Dichtung und Wahrheit / 4. Teil / 20. Buch
HA 10, 184
Um eine leichtere und anständigere Bewegung der Füße zu erwerben, probiere man niemals in Stiefeln.
Regeln für Schauspieler, § 66
AGA 14, 87
Das Portal des Theatergebäudes von sechs großen ionischen Säulen nimmt sich anständig genug aus.
Italienische Reise / Verona bis Venedig / 16. September 1786
HA 11, 41
[…] und wir sahen ein allerliebstes Köpfchen, das noch nie vom Rumpfe getrennt

gewesen, unter freien Haarlocken hervorblickend, und nach und nach aufgedeckt eine lieblich bewegte Gestalt, im anständigsten Gewande, übrigens wenig versehrt und die eine Hand vollkommen gut erhalten.
Zweiter römischer Aufenthalt / Bericht (April)
HA 11, 550

anstatt
während dagegen
Der Franzos ist nicht einen Augenblick still […], anstatt daß der Österreicher still, ruhig und ohne Äußerung irgendeiner Leidenschaft, gerade vor sich hinlebt.
An C. G. Voigt, 17. 8. 1797
HAB 2, 300

anstehen
zögern
Ottilie, die uns begleitete, stand an zu folgen und bat, sich auf dem Kahne dorthin begeben zu dürfen.
Die Wahlverwandtschaften / 2. Teil / 11. Kapitel
HA 6, 443
[…] es war Werner, der gleichfalls einen Augenblick anstand, ihn anzuerkennen.
Wilhelm Meisters Lehrjahre / 8. Buch / 1. Kapitel
HA 7, 498

antastlich
zudringlich, grapschend
Bryd bleibt allein und spricht mit wenigen Worten das Lob des Hausherrn und der Jungfer. Der Lizentiat tritt zu ihr und beginnt gleich etwas antastlich zu scharmieren; das Mädchen, neckisch gewandt, weicht aus …
Der Pfingstmontag
AGA 14, 478

antikisch
die Antike nachahmend
Mich widern schon antikische Kollegen …
Faust II / 2. Akt / Laboratorium / Vers 6949
HA 3, 213

anzüglich
anziehend
Die kleine Mauer […], die hohen Bäume […], die Kühle des Orts; das hat alles so was Anzügliches, was Schauerliches.
Die Leiden des jungen Werthers / 1. Buch / 12. Mai
HA 6, 10
Ich weiß nicht, was ich Anzügliches für die Menschen haben muß; es mögen mich ihrer so viele …
Die Leiden des jungen Werthers / 1. Buch / 17. Mai
HA 6, 11
Aber für Winckelmann selbst hatte die katholische Religion nichts Anzügliches. Er sah in ihr bloß das Maskenkleid, das er umnahm, und drückt sich darüber hart genug aus.
Winckelmann und sein Jahrhundert / Katholizismus
AGA 13, 425
Ich habe mich diesen Wissenschaften […] mit einer völligen Leidenschaft ergeben und habe, da du das Anzügliche davon selbst kennst, eine sehr große Freude daran.
An Merck, 11. 10. 1780
HAB 1, 328
[…] und so läßt er (Devrient) *die Ahnung, was er war, entstehen, anzüglich für einen jeden, der etwas dergleichen noch fühlen kann.*
An Zelter, 4. 1. 1831
HAB 4, 416

Aperçu
spontaner Einfall, plötzliche Idee
Ein bedeutendes Faktum, ein geniales Aperçu, beschäftigt eine sehr große Anzahl Menschen, erst nur um es zu kennen, dann um es zu erkennen, dann es zu bearbeiten und weiter zu führen.
Betrachtungen und Aphorismen über Naturwissenschaft im allgemeinen, Nr. 58
FA I, 25, 102

Applikation
Fleiß
An den lebendigen Kreaturen hängt's (beim Zeichnen und Malen) *noch, da ist ein Abgrund, doch wäre mit Ernst und Applikation hier auch weiterzukommen.*
Zweiter römischer Aufenthalt / 25. Juli 1787
HA 11, 372
[…] er (der Handwerker) *arbeitet ohne zu denken, ohne Anstrengung und Hast, aber mit Applikation und Liebe, wie der Vogel sein Nest, wie die Biene ihre Zellen herstellt …*
Briefe aus der Schweiz, erste Abteilung
FA I, 16, 21

Apprehension
Abneigung, Scheu
Sein Gesicht, nicht allein von den Blattern entstellt, sondern auch des einen Auges beraubt, sah man die erste Zeit nur mit Apprehension.
Dichtung und Wahrheit / 1. Teil / 4. Buch
HA 9, 161
Ich will nicht leugnen, daß der Anblick des Kölner Doms von außen eine gewisse Apprehension in mir erregte, der ich keine Namen zu geben wüßte.
Von deutscher Baukunst 1823
AGA 13, 955
Und so besuchte ich auch das Klinikum […] sowie die Lektionen der Entbindungskunst […], in der doppelten Absicht, alle Zustände kennen zu lernen und mich von aller Apprehension gegen widerwärtige Dinge zu befreien.
Dichtung und Wahrheit / 2. Teil / 9. Buch
HA 9, 375
Die Idee, wenn sie in die Erscheinung tritt, es sei auf welche Art es auch wolle, erregt immer Apprehension, eine Art Scheu, Verlegenheit, Widerwillen, wogegen der Mensch sich auf irgendeine Weise in Positur setzt.
Spanische Romanzen
AGA 14, 507
[…] daß sie (das deutsche Publikum), *wenn es einigermaßen problematisch ist, eine ängstliche Apprehension fühlen, und daher den Mißwollenden freies Spiel geben …*
An Rochlitz, 30. 1. 1812
HAB 3, 173

apprehensiv
Besorgnis erweckend
Stärkere Riegel waren vielleicht nie vorgeschoben, demjenigen höchst apprehensiv, der eine genaue Karte des Kriegstheaters nun seit vier Wochen unablässig studierte.
Campagne in Frankreich / 19. September 1792
HA 10, 232

Arsch
Hintern
Er aber sags ihm, er kann mich im Arsch lecken.
Götz / (erste Fassung) / Jaxthausen
AGA 4, 590
Mußt alle garstgen Worte lindern, / Aus Scheißkerl Schurken, aus Arsch mach Hintern.

An F. W. Gotter mit einem Exemplar des „Götz"
Vers 33 f.
HA 1, 89
Und wer des Teufels Arsch so gut wie du gelobt / Dem soll es nie an Schmeichelphrasen fehlen.
Paralipomena zum Faust / P 50
FA I, 7/1, 556

ärschlings
mit dem Hintern voran
Die Plumpen schlagen Rad auf Rad / Und stürzen ärschlings in die Hölle …
Faust II / 5. Akt / Grablegung / Vers 11737 f.
HA 3, 353

artig
– angemessen, brauchbar, geschickt, passend
Über den Zug der Kinder Israel durch die Wüste habe ich einige artige Bemerkungen gemacht …
An Schiller, 12. 4. 1797
HAB 2, 262
Ich wehre dir ja nicht, zu sagen: der ist schön, / Der artig, scherzhaft der; ich will es eingestehn …
Die Laune des Verliebten, Vers 11 f.
HA 4, 7
[…] das Ganze (scheint) *für eine Anthropologie nicht liberal und artig genug.*
An C. G. Voigt, 19. 12. 1798
HAB 2, 363
– zierlich, anmutig
Am grünen Hang, ein artig Haus versteckt …
Die natürliche Tochter, Vers 13
HA 5, 216
Das Hauptmotiv, daß am Geburtstage eines Försters der Geliebte seiner Tochter einen Wolf schießt und dadurch zur Versorgung gelangt, ist artig …
Der Geburtstag
AGA 14, 217

Asch, der
Blumentopf, irdenes Gefäß
Am 16ten Junius 1796 brachte ich Kressensamen und Bohnen in 5 Äsche …
Wirkung des Lichts auf organische Körper
FA I, 24, 285

Asch, der
die Esche (Baum)
Es regnet, und der Wind spielt gar schön in meinen Aschen.
An C. v. Stein, 14. 6. 1780
HAB 1, 306
Ja mein Lieber ich bin wieder zurück und sitze in meinem Garten, hinter der Rosen-Wand, unter den Aschenzweigen …
An Jacobi, 21. 7. 1788
HAB 2, 96
Da laß ich nun das hübsche Bildchen des Mains zwischen den Aschen hundertmal wiederholen und meine immer ich könnte dadurch auf den Altan gelangen …
An Willemer, 6. 10. 1816
HAB 3, 374

Aspersion
Besprengen mit einer Flüssigkeit (etwa Weihwasser), Auftragen von Farbe
Hie und da gewahren wir kaum merkbare, aber höchst belebende Aspersionen, leicht verbindende Zwischenzüge, ja sogar bedeutende Transpositionen zu höchst wirksamem Vortrag …
The first edition of the tragedy of Hamlet by William Shakespeare
AGA 14, 919

Assertion
Behauptung
Ich erschrak über eine solche Assertion, denn ich hatte noch kurz vorher freilich nur die Kupfer im Fabroni gesehen, den ich sogleich herbeiholte und aufschlug.
Der Sammler und die Seinigen / Fünfter Brief
HA 12, 77

Assiduität
Beharrlichkeit
Das Publikum ist sich in seiner Assiduität ziemlich gleich.
An Schiller, 2. 5. 1798
HAB 2, 341

Assignaten
Papiergeld (eig. Anweisungen auf die Nationalgüter zur Zeit der Frz. Revolution)
Der gepreßte Wunsch dieser Personen ward nur noch bänglicher, als sie nicht verbergen konnten, daß sie die schnellste Rückkehr ins Vaterland wünschen mußten, um von den Assignaten, der Erfindung ihrer Feinde, Vorteil ziehen, wohlfeiler und bequemer leben zu können.
Campagne in Frankreich / 23. August 1792
HA 10, 189

Assignation
Zahlungsanweisung
Ich sende Ihnen eine Assignation, damit er (Goethes Sohn August) *nicht gerade alles nötige Geld in der Tasche habe.*
An Zelter, 5. 3. 1806
HAB 3, 17

ästen
Äste treiben, sich verzweigen
Ein tüchtiger Meister weckt brave Schüler, und ihre Tätigkeit ästet wieder ins Unendliche.
Winckelmann und sein Jahrhundert / Philosophie
AGA 13, 439

attent
knauserig
Im vergangenen März hatte Angelika (Kauffmann) *schon 450 drauf* (für eine Madonna von Andrea del Sarto) *geboten, hätte auch das Ganze dafür gegeben, wenn ihr attenter Gemahl nicht etwas einzuwenden gehabt hätte.*
Zweiter römischer Aufenthalt / 16. Juli 1787
HA 11, 368

Attich
Holunder
Über Mauern wirft sich der Attich lebhaft herüber.
Italienische Reise / Vom Brenner bis Verona / 11. September 1786
HA 11, 26

Attrappe
Täuschung
Wir hatten uns in unsern Knabenjahren einander oft angeführt; viele Spiele beruhen auf solchen Mystifikationen und Attrappen …
Dichtung und Wahrheit / 1. Teil / 5. Buch
HA 9, 166

ätzen
füttern, nähren
Es hatt' ein Knab' eine Taube zart, / Gar schön von Farben und bunt, / Gar herzlich lieb nach Knabenart, / Geätzet aus seinem Mund …

„Es hatt' ein Knab' ..."
Vers 1 ff.
HA 1, 59

aufdringen, sich
sich aufdrängen
[...] so dringt sich uns leider die bedenkliche Bemerkung auf, daß jedes Unternehmen [...] von seinem Zeitalter ebensowohl leide, als man davon gelegentlich Vorteil zu ziehen im Fall ist ...
Propyläen / Einleitung
AGA 13, 146

auffallen
innerlich bewegen (in negativem Sinne)
Deine Offenbahrung findet überall vielen, und den rechten Beifall, wegen des übrigen sei unbesorgt dein Buch muss sein und bleiben was es ist. Meine Grillen gehören nicht hierher, denn wenn mir auffällt dass durch den Text sowohl als durch deine Arbeit die rasche Gesinnung Petri worüber Malchus ein Ohr verlohr, durchgehet, so hat das bei tausend und tausenden nichts zu bedeuten.
An Lavater, 6. 3. 1780
HAB 1, 297
Daß aber vorzügliche, gute, wohlsinnige Männer, jüngere und ältere, die mit Eifer und Überzeugung daran (an die Lektüre von Goethes „Farbenlehre") *gingen, doch gar bald an gewissen Punkten stockten und stecken blieben, mußte mir auffallen. Ich sah's mit Bedauern.*
An E. H. F. Meyer, 23. 4. 1829
HAB 4, 328

auffassen
aufgreifen, sich aneignen
Schiller [...] hatte nun den Gegenstand von „Wallenstein" aufgefaßt und den grenzenlosen Stoff in der „Geschichte des Dreißigjährigen Kriegs" dergestalt behandelt, daß er sich als Herrn dieser Masse gar wohl empfinden mochte.
Tag- und Jahreshefte / 1796
HA 10, 445

Auflösung
Sterben, Tod
[...] nun ist er zahm geworden wie alle die Halbmenschen, wenn sie an die Auflösung denken, welcher niemand entgangen ist, noch entgehen wird.
Wilhelm Meisters Lehrjahre / 3. Buch / 12. Kapitel
HA 7, 197

aufregen
in (innere) Bewegung bringen, wachrufen, wecken
Gefährlich immer ist's / Das schon Entschiedne wieder aufzuregen.
Tancred, nach Voltaire
1. Aufzug
AGA 15, 227
So Zypressen, Myrten, Veilchen, / Aufgeregt zum Schmuck der Erde;
Westöstlicher Divan / Buch Suleika / „Kenne wohl der Männer Blicke ..."
HA 2, 66
Wie wir nun durch dieses wenige unsere Leser gewiß aufregen, jene Gedichte zu lesen ...
Westöstlicher Divan / Noten und Abhandlungen / Araber
HA 2, 130
Dann wird bald dies, bald jenes aufgeregt ...
Faust / Vorspiel auf dem Theater / Vers 178
HA 3, 11
Sowohl Fürsten als Fürstinnen waren auf-

geregt, begünstigten gelehrte Männer und suchten sich selbst zu unterrichten.
Farbenlehre / Historischer Teil / 18. Jh.
AGA 16, 625
Der Herr dieser Besitzung, im höhern Sinne wohltätig, daß er alles um sich her zum Tun und Schaffen aufregte …
Wilhelm Meisters Wanderjahre / 1. Buch / 4. Kapitel
HA 8, 48
Leugnen aber dürft' ich nicht sodann, daß die Bergbewohnerinnen, durch die seltenen Gäste aufgeregt, sich freundlich und gefällig erwiesen.
Wilhelm Meisters Wanderjahre / 3. Buch / 5. Kapitel
HA 8, 343
Eine andere, noch viel seltsamere Feierlichkeit, welche am hellen Tage das Publikum aufregte, war das Pfeifergericht.
Dichtung und Wahrheit / 1. Teil / 1. Buch
HA 9, 24
Vor wenigen Seiten waren wir veranlaßt, von drei wackern Künstlern zu reden, welche, von unserm Faust aufgeregt, ihr Talent gar verschiedentlich offenbaren wollen.
Nauwerk, Bilder zu Faust
AGA 13, 1032
Könnte das Stück („Turandot" von Gozzi) *irgendwo in seinem vollen Glanz erscheinen, so würde es gewiß eine schöne Wirkung hervorbringen und manches aufregen, was in der teutschen Natur schläft.*
Weimarisches Hoftheater
AGA 14, 66
Agamemnon will den Nestor aufregen, Menelaos soll den Ajas und Idomeneus aufrufen.
Ilias / Zehnter Gesang
AGA 14, 625
Hier (in Pempelfort) *fand man sich zusammen, der Hauswirt immer munter und aufregend, die Schwestern wohlwollend und einsichtig …*
Campagne in Frankreich / November 1792
HA 10, 316
Durch Bewegung und Zerstreuung auf der Reise, auch wohl wegen unterlassenen Gebrauchs des aufregenden Mineralwassers, gelangt' ich in glücklicher Stimmung nach Göttingen.
Tag- und Jahreshefte / 1801
HA 10, 454
Nach meiner Überzeugung soll die Kunst, wenn sie sich mit dem Schmerz verbindet, denselben nur aufregen, um ihn zu mildern …
An Cotta, 1. 6. 1805
HAB 3, 7
Die Werke des Lafontaine, die alten und neuen Romane, haben mich sehr unterhalten und aufgeregt.
An Reinhard, 28. 8. 1807
HAB 3, 51
Ich danke Ihnen gegenwärtig nur mit wenigen Worten: manchmal war ich aufgeregt, bei einzelnen Stellen meinen motivierten Beifall aufzuschreiben …
An Schubarth, 9. 7. 1820
HAB 3, 481
Mich regt's oft auf, diesen oder jenen Gesang wieder zu lesen, man faßt ihn alsdann gleich an seiner Stelle, ohne daß uns das Rückwärts und Vorwärts verdüstert würde.
An Knebel, 16. 1. 1822
HAB 4, 25
[…] im Hintergrunde der düstere Katafalk, der alle jene Betrachtungen aufregt die der Mensch in heiterer Stunde mit Recht beseitigt.
An Zelter, 27. 7. 1828
HAB 4, 293

Aufsatz
hohe Damenfrisur
Sie hatte diesen Tag ein reicheres Kleid angelegt […], Frisur und Aufsatz waren gesuchter, sie war mit allen ihren Juwelen geschmückt.
Wilhelm Meisters Lehrjahre / 3. Buch / 12. Kapitel
HA 7, 198

aufschlagen
Haare in die Höhe kämmen
[…] nachlässig waren seine blonden Haare aufgeschlagen …
Wilhelm Meisters Lehrjahre / 3. Buch / 4. Kapitel
HA 7, 162

aufspannen
erregen
[…] überraschende Vorfälle, neue Verhältnisse gaben den aufgespannten Gemütern manchen Stoff zu Scherz und Lachen.
Unterhaltungen deutscher Ausgewanderten
HA 6, 125
[…] wo sich der Erzähler genötigt sieht, die […] Aufmerksamkeit, anstatt sie durch eine vernünftige Folge zu befriedigen, nur durch seltsame und keineswegs lobenswürdige Kunstgriffe aufzuspannen.
Unterhaltungen deutscher Ausgewanderten
HA 6, 126
Über diätetische und medizinische Behandlung der unglücklichen aufgespannten Aurelie vertraute der Arzt Wilhelmen noch seinen besten Rat …
Wilhelm Meisters Lehrjahre / 5. Buch / 16. Kapitel
HA 7, 350

Aufspannung
Aufregung, Erregung
Bald verwies er sich, daß er durch Aufspannung und Drang des Augenblicks ein solches Versprechen getan hatte …
Wilhelm Meisters Lehrjahre / 4. Buch / 12. Kapitel
HA 7, 242
Dies himmlische Hingeben eines naiven, frommen und zärtlichen Herzens kontrastiert bewundernswürdig mit der sinnlichen und düstern Aufspannung des Liebhabers …
Zur Zeitschrift „Le Globe“ / Œuvres dramatiques de Goethe
AGA 14, 880

aufstellen
nachforschen, suchen, fahnden
Herder soll doch aufstellen, er sieht vielleicht in einem Katalogus dies interessante Werk.
Zweiter römischer Aufenthalt / 1. März 1788
HA 11, 525
Wegen des kristallisierten Specksteins will ich aufstellen; ich habe selbst nur ein einziges Stück, das so schön ist, daß ich mich nicht davon trennen kann.
An F. v. Stein, 15. 3. 1796
HAB 2, 219

aufwarten
bedienen, besuchen
„Wie kommen Sie hierher? Ich wollte Ihnen diesen Abend wieder aufwarten“.
Wilhelm Meisters Lehrjahre / 2. Buch / 13. Kapitel
HA 7, 137
Ich zeigte sogleich die größte Bereitwilligkeit ihnen (dem Erbprinzen von Sachsen-Weimar und seiner Begleitung) *aufzu-*

warten, und der neue Freund versetzte, daß ich damit nicht säumen solle, weil der Aufenthalt nicht lange dauern werde.
Dichtung und Wahrheit / 3. Teil / 15. Buch
HA 10, 51

aufwickeln
die Haare vor dem Schlafengehen in Papier einwickeln, damit sie sich morgens zu Locken kämmen lassen
Mignon trat herein und fragte, ob sie ihn aufwickeln dürfe?
Wilhelm Meisters Lehrjahre / 2. Buch / 14. Kapitel
HA 7, 142

Äugelchen
Flirt (auch: Person, mit der man flirtet)
Adieu mein liebes Kind. Äugelchen hat es gar nicht gesetzt.
An C. Vulpius, 21. 8. 1792
HAB 2, 151
Du mußt mich aber nur lieb behalten und nicht mit den Äugelchen zu verschwenderisch umgehen.
An C. Vulpius, 8. 9. 1792
HAB 2, 152
[...] es gibt manchen Spaß und Äugelchen die Menge, wobei ich mich immer mehr überzeuge: Von Osten nach Westen / Zu Hause am besten.
An C. Vulpius, 15. 7. 1795
HAB 2, 199
Denke meiner und mache nicht zu viel Äugelchen, am besten wäre es du machtest gar keine, denn es ist auch mir auf der ganzen Reise noch kein einziges vorgekommen.
An C. Vulpius, 23. 9. 1797
HAB 2, 307
Äugelchen gibts hier gar nicht, die alten sind abgestorben und Neues ist nicht nachgewachsen.
An C. Vulpius, 20. 11. 1798
HAB 2, 360
Was wirst Du aber sagen wenn ich Dir erzähle daß Riemer ein recht hübsches Äugelchen gefunden hat, und noch dazu eins mit Kutsch und Pferden, das ihn spazieren nimmt.
An C. v. Goethe, 2. 7. 1808
HAB 3, 81
Die schönen Kinder bei Hofe waren die artigsten, versicherten, es stünde sehr gut und die Äugelchen waren unendlich.
An C. v. Goethe, 16. 10. 1808
HAB 3, 91
Ich zweifle nicht daß alter und neuer Äugelchen vollauf sein wird dazu wünsche auch Glück.
An C. v. Goethe, 1. 8. 1810
HAB 3, 134

äugeln
schöne Augen machen, flirten
Liebesqual verschmäht mein Herz, / Sanften Jammer, süßen Schmerz; / Nur vom Tücht'gen will ich wissen, / Heißem Äuglen, derben Küssen.
„Frech und froh", Vers 1 ff.
HA 1, 241
Laß deines Schweifes Rad und Kranz / Kühn-äugelnd ihr entgegen prahlen.
„Chinesisch-deutsche Jahres- und Tageszeiten" V, Vers 4
HA 1, 388
Über meines Liebchens Äugeln / Stehn verwundert alle Leute, / Ich, der Wissende, dagegen / Weiß recht gut, was das bedeute.
Westöstlicher Divan / „Geheimes"
HA 2, 32
Spät kam Aphrodite herbei, die äugelnde Göttin ...

Achilleis, Vers 131
HA 2, 519

Augenblick

kurzer, jedoch erfüllter Zeitraum
Daß ich ihn fange, / Dir zurückwerfe / Mein gewidmetes Ich; / Das ist ein Augenblick!
Westöstlicher Divan / Buch Suleika / „Die schön geschriebenen …“
HA 2, 70

augenblicklich

im selben Augenblick (nicht „sofort“)
Seit Grandpré hatte ich weder Wagen noch Koffer noch Bedienten wieder gesehen, Hoffnung und Sorge wechselten deshalb augenblicklich ab.
Campagne in Frankreich / 4. Oktober 1792
HA 10, 258

Augenbraunen → Braunen

Aug(en)punkt

Gesichtspunkt (beim Zeichnen u. ä.)
Wie man aber […] sich in freier Natur umsah, sollte doch immer auch Bedeutendes und Würdiges den Figuren zur Seite stehen, deshalb denn auch hohe Augpunkte gewählt, auf starren Felsen vielfach übereinander getürmte Schlösser, tiefe Täler, Wälder und Wasserfälle dargestellt wurden.
Landschaftliche Malerei I
AGA 13, 788

ausdrücklich

ausdrucksvoll
Der Vater in der Grétryschen Oper „Die Schöne bei dem Ungeheuer“ gelang ihm besonders wohl, wo er sich in der hinter dem Flor veranstalteten Vision gar ausdrücklich zu gebärden wußte.
Dichtung und Wahrheit / 4. Teil / 16. Buch
HA 10, 97

Auskunft

Entkommen, Ausweg
Ihr seid nicht bei Eurem Spiele. Schach dem König! / Es ist noch Auskunft.
Götz / 2. Akt / Bamberg
HA 4, 105
Meine Mutter, stets heiter rund froh […], erfand eine bessere pädagogische Auskunft. Sie wußte ihren Zweck durch Belohnungen zu erreichen.
Dichtung und Wahrheit / 1. Teil / 1. Buch
HA 9, 14

auslauern

erforschen, genau beobachten
[…] nahm ich mir vor, sie alle auszulauern, und mein Bruder half mir wacker dazu.
Wilhelm Meisters Lehrjahre / 4. Buch / 16. Kapitel
HA 7, 259

ausleben

zu Ende leben, das Alter verbringen
Dann gehörte zum Haus ein sehr alter, aber gesunder, frohmütiger Mann, still, fein, klug, auslebend nun hie und da auszuhelfen.
Wilhelm Meisters Wanderjahre / 1. Buch / 8. Kapitel
HA 8, 89

Ausnehmung

(Soldaten-)Aushebung
Kein sonderlich Vergnügen ist bey der Ausnehmung, da die Krüpels gerne dienten und die schönen Leute meist Ehehafften haben wollen.

An C. v. Stein, 6. 3. 1779
HAB 1, 264

Ausputzer
Tadel, Zurechtweisung
Die gnädigsten Ausputzer summten ihm schon um den Kopf …
Wilhelm Meisters Lehrjahre / 1. Buch / 13. Kapitel
HA 7, 50

ausspielen
verlosen
Wir warfen einen Blick […] auf die Bürgerhäuser, welche der Fürst baute, um sie ausspielen zu lassen.
Dichtung und Wahrheit / 2. Teil / 10. Buch
HA 9, 424

ausziehen
einen Auszug anfertigen
Vielleicht ziehe ich Ihnen einmal den Gang des Ganzen aus, der wirklich überraschend ist …
An J. H. Meyer, 5. 12. 1796
HAB 2, 248
Aus den Schillerschen Gedichten […] habe ich die Glocke ausgezogen und dramatisch vorgestellt …
An C. v. Stein, 12. 8. 1805
HAB 3, 11

Autochthone (s. a. → Erdgebor(e)ner)
jemand, der in seinem Geburtsland groß geworden ist, Urbewohner
Als Autochthone rechnet' ich / Es mir zur höchsten Ehre, / Wenn ich nicht gar zu wunderlich / Selbst Überliefrung
wäre.
Sprüche, Nr. 41
HA 1, 310

Bahn(e)
breiter Streifen
Graf Thoranc brachte seine Freistunden mit der Betrachtung derselben (Gemälde) *zu, indem er sie in gedachtem Giebelzimmer, Bahne für Bahne, [...] neben einander [...] nageln [...] ließ.*
Dichtung und Wahrheit / 1. Teil / 3. Buch
HA 9, 110

baldig
schnell, sogleich
Für die baldige Übersendung der erbetenen Musik sei Ihnen der beste Dank gesagt.
An Zelter, 19. 6. 1805
HAB 3, 8

ballen, sich
sich zu einem Ball formen
Schöpft des Dichters reine Hand, / Wasser wird sich ballen.
Westöstlicher Divan / „Lied und Gebilde"
HA 2, 16
[...] keine Wolke vermag sich mehr zu ballen, gegen Mittag schon ist der ganze Himmel rein.
Wolkengestalt nach Howard
AGA 17, 652

Ballett
goldene oder silberne Knopfloch-Litze
Der Anzug bestand [...] in [...] schwarzen Unterkleidern von Sarsche, und einem Rock von grünem Berkan mit goldnen Balletten.
Dichtung und Wahrheit / 1. Teil / 2. Buch
HA 9, 51

Ballotage
geheime Abstimmung (mit schwarzen bzw. weißen Kugeln praktiziert)
Mein Vater hatte [...] den Gedanken gefaßt, daß er [...] eins der subalternen Ämter übernehmen und solches ohne Emolumente führen wolle, wenn man es ihm ohne Ballotage übergäbe.
Dichtung und Wahrheit / 1. Teil / 2. Buch
HA 9, 73

bänglich
beunruhigend
Leider nun erneuerte sich vor dem schönen Geiste der Fürstin der wüste Wirrwarr, nun schien der heitere morgendliche Gesichtskreis umnebelt, ihre Augen verdüstert; Wald und Wiese hatten einen wunderbaren, bänglichen Anschein.
Novelle
HA 6, 501

barock
sonderbar, wunderlich
[...] denn indem ich mir das barocke Judendeutsch zuzueignen und es ebenso gut zu schreiben suchte, als ich es lesen konnte, fand ich bald, daß mir die Kenntnis des Hebräischen fehlte ...
Dichtung und Wahrheit / 1. Teil / 4. Buch
HA 9, 124
Auch hatte er (Behrisch) *einen ganz besonderen Widerwillen gegen alles Rohe, und seine Späße waren durchaus barock, ohne jemals ins Derbe oder Triviale zu fallen.*
Dichtung und Wahrheit / 2. Teil / 7. Buch
HA 9, 299
[...] so sind auch diese Blätter überraschend abwechselnd, gedrängt ohne Verwirrung, rätselhaft aber klar, barock mit Sinn, phantastisch ohne Karikatur ...
Tausendundeine Nacht
AGA 13, 1023

[…] wenn ich mir es (das Christentum) *in seiner Reinheit vergegenwärtigte, so wie wir es in der Apostelgeschichte sehen, so mußte mir schaudern, was nun auf jenen gemütlichen Anfängen ein unförmliches, ja barockes Heidentum lastet.*
Italienische Reise / Ferrara bis Rom / 27. Oktober 1786
HA 11, 123
Fünfundsiebzig Jahre haben ihm (Beireis) *noch alle Munterkeit gelassen, den lebhaftesten Anteil an allen seinen Besitzungen, die eine Art von barocken Zauberkreis um ihn her schließen.*
An den Herzog Carl August, 28. 8. 1805
HAB 3, 12

Bausch
ursprünglich ein zwischen frische Druckbogen gelegtes Filztuch; etwas „in Bausch und Bogen" verrechnen heißt: eine Gesamtberechnung ohne Rücksicht auf Details vornehmen
Nehmt nur mein Leben hin in Bausch / Und Bogen, wie ich's führe …
„Sprüche" Nr. 109, Vers 1 f.
HA 1, 322

beängstigen (s. a. → ängstlich)
beklemmen
Sie (die unzähligen Sterne am Himmel) *werden mich einengen, beängstigen.*
Wilhelm Meisters Wanderjahre / 1. Buch / 10. Kapitel
HA 8, 120

beaugt
mit Augen versehen, scharfblickend
[…] er (Lavater) *war aber beaugt genug, um sich nicht täuschen zu lassen.*
Dichtung und Wahrheit / 3. Teil / 14. Buch
HA 10, 28

bebeten
betend abschreiten
Nachdem er nun alle heiligen Orte betreten und bebetet …
Westöstlicher Divan / Noten und Abhandlungen / Pietro della Valle
HA 2, 229

bedächtig
mit Bedacht, besonnen (nicht „langsam")
[…] daß er das, was den Vorstellungsarten, die er in Gang bringen möchte, widerspricht, gar bedächtig verschweigt …
An Schiller, 21. 2. 1798
AGA 20, 539
[…] genieße das Glück einer ruhigen Beschränkung, den Beifall eines bedächtigen Gewissens …
Clavigo / 4. Akt / Clavigos Wohnung
HA 4, 293

bedenklich
– Bedenken erregend, zu denken gebend
Und jeder Schritt des Wandrers ist bedenklich …
„Wandersegen", Vers 2
HA 1, 374
[…] man schien die Gefahren vergessen zu haben, unten den Brand und von oben das Erstehen eines bedenklich ruhenden Löwen.
Novelle
HA 6, 509
Die ersten Neigungen junger Jahre, die bedenklichen Zustände der Ehe, Freuden, Sorgen und Leiden als Mütter …
Unterhaltungen deutscher Ausgewanderten
HA 6, 130
[…] dagegen im Lustspiel gewöhnlich […] die Heirat eintritt, die, wenn sie auch das

Leben nicht abschließt, doch darin einen bedeutenden und bedenklichen Abschnitt macht.
Nachlese zu Aristoteles' Poetik
AGA 14, 710
Vielmehr wünschen wir, daß jeder mit uns, da das Leben im ganzen wie das Römische Karneval unübersehlich, ungenießbar, ja bedenklich bleibt, durch diese unbekümmerte Maskengesellschaft an die Wichtigkeit jedes augenblicklichen, oft gering scheinenden Lebensgenusses erinnert werden möge.
Zweiter römischer Aufenthalt / Das römische Karneval
HA 11, 515
Diese, zwar gleichfalls ernste, aber doch heiter behandelte Gegenstände kontrastieren wunderbar mit dem bedenklichen Bilde des Leonards da Vinci zu Mailand ...
An Boisserée, 1. 5. 1818
HAB 3, 429
– nachdenklich
„Es möchte noch zu wagen sein", sagte Charlotte bedenklich, „wenn die Gefahr für uns allein wäre ..."
Die Wahlverwandtschaften / 1. Teil / 2. Kapitel
HA 6, 252
Du scheinst bedenklich, doch du scheinst vergnügt.
Torquato Tasso / 1. Aufzug / 1. Auftritt / Vers 4
HA 5, 73
Der Pfarrherr mit dem Vater gingen bedenklich dem Gemeindehause zu ...
Wilhelm Meisters Wanderjahre / 2. Buch / 11. Kapitel
HA 8, 275
Bedenklich fügte man hinzu, daß nun abermals eine solche Weissagung oder vielmehr Vorbedeutung umgehe ...
Dichtung und Wahrheit / 1. Teil / 1. Buch
HA 9, 21
Dieser Fürst Ludwig ist es, welcher, um sich wegen der Kinderzucht Rats zu erholen, an Rousseau geschrieben hatte, dessen bekannte Antwort mit der bedenklichen Phrase anfängt: „Si j'avois le malheur d'être né prince."
Dichtung und Wahrheit / 2. Teil / 7. Buch
HA 9, 266

bedeuten
eine Deutung geben, erklären, belehren
Man bedeutete sie, und sie ließ ab ...
Wilhelm Meisters Lehrjahre / 2. Buch / 5. Kapitel
HA 7, 107
[...] fast blickte er dem weggeführten Pferde schmerzlicher nach; doch ließ er sich bedeuten, da er vernahm, daß er es im gegenwärtigen Bezirk nicht behalten könne ...
Wilhelm Meisters Wanderjahre / 2. Buch / 1. Kapitel
HA 8, 153
Wenn sie sprach, war sie angenehm und natürlich, besonders wenn sie kindischlaut lachte; hingegen wenn sie schwieg, schien sie etwas bedeuten zu wollen und machte mit der Oberlippe eine fatale Miene.
Italienische Reise / Karlsbad bis auf den Brenner / 3. September 1786
HA 11, 14

bedeutend
wesentlich, wichtig, bedeutsam
[...] Hier zeige deine Gabe! / Fürwahr, du bist ein allerliebster Knabe! / Bedeutend! / Schön umgeben!
Faust II / 2. Akt / Laboratorium / Vers 6901 ff.
HA 3, 211 f.

Blick auf! hier steht, bedeutend nah, / Im Mondenschein der ewige Tempel da …
Faust II / 2. Akt / Klassische Walpurgisnacht / Vers 7469 f.
HA 3, 228
Was bedeutend schmückt / Es ist durchaus gefährlich …
Die natürliche Tochter, Vers 1143 ff.
HA 5, 248
Und so antwortete sie bedeutend auf jede unschuldige, leichte Frage.
Wilhelm Meisters Lehrjahre / 8. Buch / 2. Kapitel
HA 7, 515
Endlich kommt der Bote, ein bedeutendes Paket überbringend, worüber sich Friedrich sogleich herwirft, um es zu eröffnen.
Wilhelm Meisters Wanderjahre / 3. Buch / 13. Kapitel
HA 8, 414
[…] denn nur insofern sie säugt, ist es erst eine Kuh, die uns, als Herdenbesitzern, bloß durch Fortpflanzung und Nahrung, durch Milch und Kalb bedeutend wird.
Myrons Kuh
AGA 13, 582
Für bedeutende abwechselnde Kleidung war gesorgt und das durch das ganze Stück sich gleich bleibende Theater zweckmäßig ausgeschmückt.
Weimarisches Hoftheater
AGA 14, 66

Bedienung
Stellung, Berufsarbeit, Amt
[…] ich habe mir vorgenommen, nicht wieder auf das Theater zurückzukehren, vielmehr eine bürgerliche Bedienung […] anzunehmen …
Wilhelm Meisters Lehrjahre / 1. Buch / 14. Kapitel
HA 7, 53

Bedürfnisse
für den täglichen Bedarf nützliche Dinge
Man sah in der Ferne zwei Wagen festgefahren, denen man, weil sie Proviant und andere Bedürfnisse geladen hatten, gerne zu Hülfe kam.
Campagne in Frankreich / 27. September 1792
HA 10, 243
Von oben herunter ist es eine große Ansicht, der Kanal gesäet voll Schiffe, die alles Bedürfnis vom festen Lande herbeiführen …
Italienische Reise / Venedig / 29. September 1786
HA 11, 68

befahren
befürchten
[…] die Türken hingegen hatte der Kaiser […] dergestalt überwunden, daß er in der Folge von dorther nichts mehr zu befahren hatte …
Westöstlicher Divan / Noten und Abhandlungen / Pietro della Valle
HA 2, 233
Was uns aber außerdem bemerklich scheint, ist, daß wie die Engländer in Frankreich so die Franzosen in Deutschland sich einiger Opposition zu befahren hatten …
Französisches Schauspiel in Berlin
AGA 14, 139

begehen, sich
Liebe machen
Vögel und Frösch und Tier' und Mücken / Begehn sich zu allen Augenblicken / Hinten und vorn, auf Bauch und Rücken …
Satyros, Vers 33 ff.
HA 4, 189

begründet
gebildet, gründlich unterrichtet
[...] er hatte mir [...] so viel vorerzählt, daß ich ihn nicht nur für unterrichtet, sondern auch für begründet halten mußte.
Dichtung und Wahrheit / 1. Teil / 3. Buch
HA 9, 108

Behagen
Zufriedenheit
Ein täglich- und stündliches Behagen war ihm das unerläßliche Bedürfnis seines Lebens.
Wilhelm Meisters Wanderjahre / 2. Buch / 4. Kapitel
HA 8, 194 f.

behaglich (auch: behäglich)
sich wohlfühlend, selbstzufrieden, gemütlich
Der behagliche Obermarschall war angelangt ...
Wilhelm Meisters Wanderjahre / 2. Buch / 4. Kapitel
HA 8, 194
Aus ihren Abgründen schien ein Licht hervorzublicken und anzudeuten, was der Mund weislich verschwieg, sie fühlten sich beide in einem festlich behäglichen Zustande.
Wilhelm Meisters Wanderjahre / 2. Buch / 5. Kapitel
HA 8, 213
Zeige Dich nicht allzu behäglich, damit sie Dir Dein Glück nicht übelnehmen.
An A. v. Goethe, 14. 1. 1814
HAB 3, 253

beidlebig
amphibisch, zu Land und zu Wasser
Uns (den Holländern), *die wir beidlebig sind, ward erst wohl im Wasser, wie den Fröschen ...*
Egmont / 1. Akt / Armbrustschießen
HA 4, 373

beifällig
zustimmend
Schlegeln kann die Professur wohl nicht fehlen, der Herzog ist ihm wegen der Shakespeareschen Übersetzung günstig, es ist auch schon beifällig deshalb nach Gotha kommuniziert.
An Schiller, 16. 5. 1798
AGA 20, 583
[...] denn wo nur halbweg ein menschlicher Funke hervorleuchtet, mag ich gerne beifällig sein.
An Zelter, 19. 2. 1831
HAB 4, 421

beigehen
einfallen, in den Sinn kommen
Doch in Erwartung, daß nach einiger Zeit, wenn ich es in gewisser Entfernung besähe, mir manches beigehen würde, das noch zu seinem Vorteil gereichen könnte, gab ich es (das Manuskript des „Werther") *meinen jüngeren Freunden zu lesen ...*
Dichtung und Wahrheit / 3. Teil / 13. Buch
HA 9, 588
Sie (die Tochter der Adressatin) *soll an mich dencken wenn es ihr beygehen sollte Freund und Gemahl gelegentlich zu necken.*
An A. v. Levetzow, 1. 11. 1825
FA II, 10, 310

Beiläufer
Laufbursche
Besonders sollte jungen Leuten, die gut auf den Beinen waren, das Beiläufer- und

Mäklerhandwerk und die Übernahme von allerlei Aufträgen [...] durchaus [...] einträglich sein.
Dichtung und Wahrheit / 1. Teil / 5. Buch
HA 9, 173

beitreten
sich anschließen
Dieser Meinung tritt Hersilie nicht bei ...
Wilhelm Meisters Wanderjahre / 1. Buch / 6. Kapitel
HA 8, 75

beizen
beißen machen, prickeln (zu „beißen")
Mit dem beizenden Sturm / Trägst du ihn hoch empor ...
Harzreise im Winter, Vers 73 f.
HA 1, 52
Diesem Haupte kann die brennende Sonne, der beizende Schnee nichts anhaben.
Der Groß-Cophta / 3. Aufzug / 9. Auftritt
FA I, 6, 73

Bello
Hundename (Seltenheit im Werk des hundefeindlichen Goethe!)
Komm, Bello! Es ist keine geringe Ehre als Beispiel zu einer solchen Abhandlung gebraucht zu werden.
Der Sammler und die Seinigen / Sechster Brief
AGA 13, 294

bepfählen
abgrenzen
Weil zum didaktischen Vortrag Gewißheit verlangt wird, indem der Schüler nichts Unsicheres überliefert haben will, so darf der Lehrer kein Problem stehenlassen und sich etwa in einiger Entfernung da herumbewegen. Gleich muß etwas bestimmt sein („bepaalt" sagt der Holländer), und nun glaubt man eine Weile, den unbekannten Raum zu besitzen, bis ein anderer die Pfähle wider ausreißt und sogleich enger oder weiter abermals wieder bepfählt.
Maximen und Reflexionen Nr. 443
HA 12, 4261
[...] es wird eigentlich durch das Wort nichts bestimmt, bepfählt und festgesetzt, es ist nur eine Andeutung, um den Gegenstand in der Einbildungskraft hervorzurufen.
Geschichte der Farbenlehre / Julius Cäsar Scaliger
HA 14, 75

bequem
gefällig, umgänglich, angemessen, passend
Denn er war unser! Wie bequem, gesellig / Den hohem Mann der gute Tag gezeigt ...
Epilog zu Schillers „Glocke"
Vers 17 f.
HA 1, 256
Nun ist mir's bequem, dein gestrenges Gebot / Ich eile zu scheiden, ich suche den Tod.
Pandora, Vers 485 f.
HA 5, 348
[...] Ehrfurcht zu hegen ist schwer, aber bequem.
Wilhelm Meisters Wanderjahre / 2. Buch / 1. Kapitel
HA 8, 156
Das Kind, an und für sich betrachtet [...], scheint so verständig, so vernünftig, daß nichts drüber geht, und zugleich so bequem, heiter und gewandt, daß man keine weitre Bildung für dasselbe wünschen möchte.
Dichtung und Wahrheit / 1. Teil / 2. Buch
HA 9, 73

Der zweite Botschafter, Baron von Groschlag, war ein wohlgebauter, im Äußern bequem aber höchst anständig sich betragender Weltmann.
Dichtung und Wahrheit / 1. Teil / 5. Buch
HA 9, 182
Auf historische und antiquarische Gegenstände hingewiesen, ergriff er (Schöpflin) *sie munter durch eine glückliche Vorstellungskraft, und erhielt sie sich durch das bequemste Gedächtnis.*
Dichtung und Wahrheit / 3. Teil / 11. Buch
HA 9, 475

Bequemlichkeit
die Fähigkeit, aus einer Situation das Beste zu machen, Gewandtheit
Er machte seine Betrachtungen über den Grafen, die Gräfin, den Baron, über die Sicherheit, Bequemlichkeit und Anmut ihres Betragens …
Wilhelm Meisters Lehrjahre / 3. Buch / 2. Kapitel
HA 7, 154

Bergere
niedriger, gepolsterter Lehnstuhl
Den 10ten, wieder in der Stadt auf meiner Bergere, aufm Knie schreib ich Ihnen.
An A. zu Stolberg, 7.–10. 3. 1775
HAB 1, 179

Berkan
feiner Stoff aus Ziegenhaar und Wolle
Der Anzug bestand […] in […] schwarzen Unterkleidern von Sarsche, und einem Rock von grünem Berkan mit goldnen Balletten.
Dichtung und Wahrheit / 1. Teil / 2. Buch
HA 9, 51

Berlicke! Berlocke!
Ruf des Kasperle im Puppenspiel
[…] er (das Männchen mit der Sanduhr) *befindet sich im Fall der bösen Geister im Puppenspiel, die auf das schnell wechselnde „Berlicke! Berlocke!" des mutwilligen Hanswursts nicht wissen, wie sie gehen oder kommen sollen.*
Italienische Reise / Venedig / 3. Oktober 1786
HA 11, 77

Beruf
Veranlassung, Ursache
Er hatte keinen Beruf, ihr zu folgen, vielmehr hatte ihr Betragen einen neuen Widerwillen in ihm erregt …
Wilhelm Meisters Lehrjahre / 2. Buch / 12. Kapitel
HA 7, 134
Sehen wir nun während unseres Lebensganges dasjenige von andern geleistet, wozu wir selbst früher einen Beruf fühlten, ihn aber, mit manchen andern, aufgeben mußten;
Dichtung und Wahrheit / 2. Teil / 9. Buch
HA 9, 387

berufen
zur Rede stellen
[…] so fiel dem zart empfindenden Mienenkenner eine so geringe Zustimmung bei der Sache […] dergestalt auf, daß er nicht unterlassen konnte, seine Freunde deshalb zu berufen.
Wilhelm Meisters Wanderjahre / 3. Buch / 3. Kapitel
HA 8, 330

beschädigen
verletzen (von einer Person gesagt)
Durch den Sturz des Wagens ist er (Wie-

land), *und noch mehr seine jüngere Tochter, beschädigt worden.*
An Zelter, 26. 6. 1811
HAB 3, 159

beschränkt

bedingt, seiner Grenzen bewußt
Derjenige der sich mit Einsicht für beschränkt erklärt ist der Vollkommenheit am nächsten.
Aphorismen Nr. 1*. 533
FA I, 13, 79

Beschränktheit

Leben in gemessenen Schranken
Um sie her bewegt sich ein Kreislauf von Handarbeitenden im reinsten, anfänglichsten Sinne; hier ist Beschränktheit und Wirkung in die Ferne, Umsicht und Mäßigung, Unschuld und Tätigkeit.
Wilhelm Meisters Wanderjahre / 2. Buch / 6. Kapitel
HA 8, 225
Da sind doch alle Tugenden Beysammen, Beschräncktheit, Genügsamkeit, Grader Sinn, Treue …
An C. v. Stein, 4. 12. 1777
HAB 1, 242

beschreien

– ins Gerede bringen, Aufhebens machen
Niemand wird uns dann beschreien, / Daß wir's uns alleine gönnen …
Westöstlicher Divan / „Im Gegenwärtigen Vergangnes"
HA 2, 15
So fuhr sie fort, den Vater auf Unkosten des Sohnes zu beschreien und zu loben und eine sehr gemischte Empfindung von Zufriedenheit und Eifersucht in dem Herzen des jungen Mannes hervorzubringen.
Wilhelm Meisters Wanderjahre / 2. Buch / 3. Kapitel
HA 8, 185

Beschwerde

Bedrückung, Seelenqual
Eine neue Prüfung hatte ich auszustehen, da meine Mutter mit einer drückenden Beschwerde überfallen wurde, die sie noch fünf Jahre trug …
Wilhelm Meisters Lehrjahre / 6. Buch / Bekenntnisse einer schönen Seele
HA 7, 386

beseitigen

– beiseitestellen, bereitstellen, aufbewahren
Zum Schlusse der Tafel holte St. Christoph, so nannten sie den Riesen, ein beseitigtes gutes Glas Wein zum Schlaftrunk …
Wilhelm Meisters Wanderjahre / 3. Buch / 1. Kapitel
HA 8, 314
[…] wer sich unbequem erweist, wird beseitigt, bis er begreift, wie man sich anstellt, um geduldet zu werden.
Wilhelm Meisters Wanderjahre / 3. Buch / 11. Kapitel
HA 8, 406
– schnell abhandeln
Nachdem der Rezensent den Clavigo beseitigt und mit möglichster Artigkeit das Schlimmste von Stella gesagt hat …
Zur Zeitschrift „Le Globe" / Œuvres dramatiques de Goethe
AGA 14, 875
[…] all diese Peinen, die in irgend einem Roman, umständlicher mitgeteilt, gewiß teilnehmende Leser finden würden, muß ich hier beseitigen.
Dichtung und Wahrheit / 4. Teil / 16. Buch
HA 10, 94

[…] der Stoff (der „Wahlverwandtschaften“) *war allzu bedeutend und zu tief in mir gewurzelt, als daß ich ihn auf eine so leichte Weise hätte beseitigen können.*
Tag- und Jahreshefte / 1807
HA 10, 499
– ablehnen, widerlegen, bestreiten
[…] im Hintergrunde der düstere Katafalk, der alle jene Betrachtungen aufregt die der Mensch in heiterer Stunde mit Recht beseitigt.
An Zelter, 27. 7. 1828
HAB 4, 293
[…] zwei Vorstellungsarten, die sich im einzelnen bestreiten, weil sie sich im ganzen beseitigen möchten.
An Zelter, 29. 1. 1830
HAB 4, 371

bespitzen, sich
sich beschwipsen
Ich sagte darauf halblaut, so daß es nur meine Nächsten vernehmen konnten: „Da müssen wir uns denn doch schon manchmal zusammen bespitzt haben.“ Ein mäßiges Gelächter entstand darauf; sie (Mme de Staël) *wollte den Anlaß erfahren …*
Tag- und Jahreshefte / 1804
HA 10, 466

besprechen
in Anspruch nehmen, vorbestellen
Der Herr Graf habe […] sogleich das ganze Wirtshaus besprochen …
Wilhelm Meisters Lehrjahre / 3. Buch / 3. Kapitel
HA 7, 157

bessern, sich
genesen, gesundwerden
Ziegesar bessert sich, hat aber unglaublich ausgestanden.
An Knebel, 24. 11. 1813
HAB 3, 247

Bestellung
vorsorgliche Maßnahme
Über dem Anziehen und allerlei Bestellungen fürs Haus in meiner Abwesenheit habe ich vergessen, meinen Kindern ihr Vesperbrot zu geben …
Die Leiden des jungen Werthers / 1. Buch / 16. Juni
HA 6, 21

bestialisch
roh
[…] denn freilich, wenn er (Friedrich d. Gr.) *das täte* (ein Gebet in einer katholischen Kirche verrichten würde), *würden ihn seine Preußen, die ein bestialisches Volk und wütende Ketzer sind, auf der Stelle totschlagen …*
Italienische Reise / Ferrara bis Rom / 25. Oktober 1786
HA 11, 116

Bestialität
Rohheit, viehisches Gebaren
Gib nur erst acht, die Bestialität / Wird sich gar herrlich offenbaren.
Faust I / Auerbachs Keller / Vers 2297 f.
HA 3, 74

betagen
erhellen, aufklären, mit Licht begaben
Und das hellste will nur sagen: / Jetzo glänz' ich meiner Stelle; / Wollte Gott euch mehr betagen, / Glänztet ihr wie ich so helle.
Westöstlicher Divan / Schenkenbuch / „Sommernacht“
HA 2, 97

Betrieb
Betreiben, Maßnahmen, Aktivitäten
Kaum hatten also die Kisten und Kasten das Haus geräumt, als der früher eingeleitete aber unterbrochne Betrieb, den Grafen zu entfernen, wieder angeknüpft wurde.
Dichtung und Wahrheit / 1. Teil / 3. Buch
HA 9, 113

betrübt
ängstlich, traurig
Und als Reineke nun die Burg des Königs erblickte, / Ward er innig betrübt; denn heftig war er beschuldigt.
Reineke Fuchs / 4. Gesang / Vers 446 f.
HA 2, 319

Bettelsuppe
Armensuppe, kraftlose Suppe
Was quirlt ihr in dem Brei herum? / Wir kochen breite Bettelsuppen.
Faust I / Hexenküche / Vers 2387
HA 3, 77
[…] es ist so recht eigentlich eine Bettelsuppe, wie sie das deutsche Publikum liebt.
An Schiller, 26. 7. 1797
AGA 20, 382

betulich
freundlich entgegenkommend
Und ihr, die ihr vielleicht in euren Schutz sie nehmt, / Derweil sie lieblich aussieht und betulich ist, / Und einem jeden gern nach seiner eignen Art erscheint …
Paläophron und Neoterpe, Vers 44 ff.
HA 5, 301
Es ließen sich höchst traurige, ja tragische Beispiele anführen, wie vorzügliche Menschen, aus einem niedern Zustande durch verwundernde, betuliche und wohlwollende Gönner hervorgezogen, in das größte Unglück geraten sind, bloß darum weil man nur halb tat, was zu tun war.
Gottlieb Hillers Gedichte und Selbstbiographie
AGA 14, 225

bevorworten (s. a. → Vorwort)
entschuldigen, befürworten
Unser Feldjäger ist […] gutmütig und rechtlich, ein bißchen Plündern ausgenommen, welches er denn doch immer durch dringende Notwendigkeit zu bevorworten weiß.
Der junge Feldjäger
AGA 14, 520

beweglich
rührend
[…] wie ihn dann auch noch sein Vater auf seinem Todbette durch eine bewegliche Rede, die er an ihn hielte, zu allem Guten ermahnte.
Sankt-Rochus-Fest zu Bingen
HA 10, 418

bewhelmen
überdecken
Leichtgedrückt der Augenlider / Eines, die den Stern bewhelmen, / Deutet auf den Schelm der Schelmen, / Doch das andre schaut so bieder.
Westöstlicher Divan / Buch Suleika / „Bräunchen komm!“
HA 2, 73

bewirten
bedienen, betreuen
Die Frauen hatten nun einen neuen Mann zu bewirten, dem sie wohlwollten und dem es bei ihnen wohl werden sollte.
Die Wahlverwandtschaften / 2. Teil / 7. Kapitel
HA 6, 406

bewußtlos

unbewußt, ohne Reflexion

Da waren es nicht zwei Menschen, es war nur Ein Mensch im bewußtlosen, vollkommnen Behagen, mit sich selbst zufrieden und mit der Welt.

Die Wahlverwandtschaften / 2. Teil / 17. Kapitel

HA 6, 478

Ich hatte jene bewußtlose Glückseligkeit verloren, unbekannt und unbescholten umherzugehen und in dem größten Gewühle an keine Beobachter zu denken.

Dichtung und Wahrheit / 2. Teil / 6. Buch

HA 9, 222

[...] und ich mußte ihn vor vielen andern in die Klasse derjenigen rechnen, welche praktische Philosophen, bewußtlose Weltweisen genannt wurden.

Dichtung und Wahrheit / 2. Teil / 8. Buch

HA 9, 320

bieder

tüchtig, zuverlässig, rechtschaffen (ohne verharmlosenden Beiklang)

Leichtgedrückt der Augenlider / Eines, die den Stern bewhelmen, / Deutet auf den Schelm der Schelmen, / Doch das andre schaut so bieder.

Westöstlicher Divan / Buch Suleika / „Bräunchen komm!"

HA 2, 73

Entsagte sie der nicht gegönnten Höhe, / Ergäbe sich des biedern Gatten Schutz / Und wendete von jenen Regionen, / Wo sie Gefahr, Verbannung, Tod umlauern, / Ins Häusliche den liebevollen Blick ...

Die natürliche Tochter / Vers 1808 ff.

HA 5, 267

bigarriert

buntscheckig

[...] deinen Geschmack [...], der denn wie der meisten Frauenzimmer Geschmack bigarrirt wie ein Harlekinskleid ist ...

An C. Goethe, 12.–14. 10. 1767

HAB 1,49

Bildung

Äußeres, Gestalt, Wuchs

Die verjüngte und verschönerte Alte, von deren Bildung keine Spur mehr übrig war, umfaßte mit belebten, jugendlichen Armen den Mann mit der Lampe ...

Das Märchen

HA 6, 239

Ihre Bildung war nicht regelmäßig, aber auffallend; ihre Stirne kündigte ein Geheimnis an; ihre Nase war außerordentlich schön ...

Wilhelm Meisters theatralische Sendung / 3. Buch / 5. Kapitel

HA 8, 499

Judas verschlossen, erschrocken, ängstlich auf- und rückwärts sehend, das Profil ausgezackt, nicht übertrieben, keineswegs häßliche Bildung;

Leonardo da Vincis Abendmahl

AGA 13, 772

Die Mägde sind meist schöne stark und fein gebildete Mädchen und geben einen Begriff von der Bildung des Landvolks ...

Reise in die Schweiz, 28. August 1797

FA I, 16, 137

billig

gerecht, nach Gebühr

einige [...] Unarten, [...] die [...] wenn man billig sein will, durch äußere Umstände gewissermaßen provoziert waren.

An Schiller, 5. 7. 1802

HAB 2, 435

Ihr Burggraf sein / Und ihren Himmel schützen? – / Mein Vorschlag ist viel billiger …
Prometheus / Vers 67 ff.
HA 4, 178
Wir schließen aber billig diese Vorarbeit, weil wir vor allen Dingen die Bemerkungen der transalpinischen Freunde abzuwarten haben.
Leonardo da Vincis Abendmahl
AGA 13, 777
[…] so wird, wer klar sieht und billig denkt, dasjenige was ihnen gelungen ist, mit Ehrfurcht bewundern, und das, was ihnen mißlang, anständig bedauern.
Literarischer Sansculottismus
AGA 14, 181
Ein Obristlieutenant vom Regiment Wegner, schief gegen mir über sitzend, betrachtete mich gewissermaßen mehr als billig.
Belagerung von Mainz
10, 370

Blackscheißer
Von franz. „blague“: Scherz, Witz, Unsinn
Name in „Hanswursts Hochzeit“
FA I, 4, 579

Blaufinke
von „Fink“: „loser Vogel“, „liederlicher Bursche“
Name in „Hanswursts Hochzeit“
FA I, 4, 580

Blende
Mais (für „Polenta“)
Um Innsbruck bauen sie viel Türkisch- und Heidekorn, das sie Blende nennen.
Italienische Reise / Karlsbad bis auf den Brenner / 8. September 1786
HA 11, 19

Blick
Blitz, heller Strahl
Ein Nachbar sah den Blick vom Pulver und hörte den Schuß fallen …
Die Leiden des jungen Werthers / 2. Buch
HA 6, 123
Aber jene Tätigkeiten […], vom Ziegelstein, der dem Dache entstürzt, bis zum leuchtenden Geistesblick …
Aphorismen und Fragmente
AGA 17, 713
Sein Erstaunen über den ersten feurigen Blick, über die wachsende Gewalt des Lichts […] erfreuten den Vater …
Wilhelm Meisters Lehrjahre / 8. Buch / 2. Kapitel
HA 7, 510

blicken
Licht oder Farbe ausstrahlen, glänzen
[…] mit dem schönen gelben Marmor, der ins Rötliche hinüberblickt (hinüberglänzt) …
Wilhelm Meisters Lehrjahre / 8. Buch / 5. Kapitel
HA 7, 540

blinzen
mit halbgeschlossenen Augen undeutlich sehen
Es trommetet, es posaunet, / Auge blinzt und Ohr erstaunet …
Faust II / 1. Akt / Anmutige Gegend / Vers 4672 f.
HA 3, 147 f.
Er stund und blinzte, und ehe er sich ermannte und nacheilte, war das Phantom verschwunden.
Wilhelm Meisters Lehrjahre / 1. Buch / 17. Kapitel
HA 7, 74

blöde
schwach, zaghaft, schüchtern, unerfahren
Es zittert Morgenschimmer / Mit blödem Licht / Errötend durch dein Zimmer / Und weckt dich nicht.
„Erwache, Friederike" (Sesenheimer Lieder)
Vers 17ff.
HA 1, 29
So betrügt nun die Tochter den Unerfahren, den Blöden; / Schlummernde necket sie stets, Wachende fliegt sie vorbei ...
„Römische Elegien" IV, Vers 21f.
HA 1, 159
Der Schein ist wider mich, sonst war ich blöde / Stets gegen Männer setzt' ich mich zur Wehre / Mich nennt die Stadt, mich nennt die Gegend spröde ...
„Das Tagebuch", Vers 75ff.
FA I, 2, 845
Nur greift mir zu und seid nicht blöde!
Faust I / Studierzimmer / Vers 1764
HA 3, 58
Wenn Eos, die Blöde, mit glühendem Schein / Die Teppiche rötet am heiligen Schrein ...
Pandora, Vers 73f.
HA 5, 335

Blödigkeit
Schüchternheit
[...] daß sie absichtlich zwischen die Kulissen neben ihn getreten sei, um [...] Bekanntschaft mit ihm zu machen, und daß sie zuletzt, da seine Zurückhaltung und Blödigkeit nicht zu überwinden gewesen, ihm selbst Gelegenheit gegeben ...
Wilhelm Meisters Lehrjahre / 1. Buch / 15. Kapitel
HA 7, 63

blöken
Laut geben, kläffen
„Seneschall, laßt das Hundepack bellen und blöken; bei Gottesthron!" (so pflegte er zu schwören), „von diesem Tage sprechen wir noch im Zimmer vor den Damen".
Campagne in Frankreich / 27. September 1792
HA 10, 245

Blumist
Blumenliebhaber, Blumenpfleger
Die Botanik huldigte in früher Zeit dem Apotheker, Blumisten und Tafelgärtner; diese forderten das Heilsame, Augenfällige, Geschmackreiche, und so war jedermann befriedigt;
Blumenmalerei
AGA 13, 783

Blutstuhl
Stuhl für einen Hinzurichtenden
Die Glocke ruft, das Stäbchen bricht. / Wie sie mich binden und packen! / Zum Blutstuhl bin ich schon entrückt.
Faust I / Kerker / Vers 4590ff.
HA 3, 144

Bocksbeutelei
Schlendrian
Betrachten wir aber die beiden, sowohl die freien als strengen Künste, in ihren vollkommensten Zuständen, so hat sich diese vor Pedanterei und Bocksbeutelei, jene vor Gedankenlosigkeit und Pfuscherei zu hüten.
Wilhelm Meisters Wanderjahre / 3. Buch / 12. Kapitel
HA 8, 412
Ergötzlich ist es zu sehen, wie ein Mann, in dem bürgerlichen Wesen selbst befangen, sich durch geniale Betrachtung darüber er-

hebt und dasjenige, was wir sonst als Philisterei, Bocksbeutel, Schlendrian und alberne Stockung zu verachten pflegen, in seiner natürlichen anmutigen Notwendigkeit sehen läßt …
Der deutsche Gil Blas
AGA 14, 500

bogenhaft
bogenartig, in Gestalt eines Bogenabschnittes
Denn freilich sind's dergleichen Kiel' und Pfeile, / Die, hin und wider fliegend, würkend zischen, / Gehetzt in Eile, bogenhaft in Weile …
„Denn freilich sind's"
HA 1, 378
Wenn die Sonne sich auf Morgenflügeln / Darnawends unzähligen Gipfelhügeln / Bogenhaft hervorhob?
Westöstlicher Divan / Buch des Parsen / „Vermächtnis altpersischen Glaubens"
HA 2, 104

Bonefurz
„Bone" von franz. „bon": „gut" oder von „Bohne"
Name in „Hanswursts Hochzeit"
FA I, 4, 580

Boßler
Hersteller von Formen aus Wachs, Gehilfe für geringe Arbeiten, Kleinhandwerker
[…] und da unter des Herzogs Leuten sich gerade ein Boßler befand, so ward es (das Blatt aus einem Atlas) *zerschnitten und aufgezogen und dient mir noch zur Wiedererinnerung jener für die Welt und mich so bedeutenden Tage.*
Campagne in Frankreich / 30. August 1792
HA 10, 204

Botenweiber
Postbotinnen, vor allem auf der Strecke Weimar–Jena
[…] wollten Sie nun desfalls das Nötige mit den Botenweibern arrangieren, so könnten Sie die Stücke ordentlich erhalten.
An Schiller, 2. 12. 1794
AGA 20, 43

Boulingreen
„bowling green": Rasenplatz für Spiel und Sport
Ein jedes aufgestutzte Bäumchen höhnt / Mich an! ich flieh' vom Boulingreen, / Vom niedlich glatt gemähten Grase. / Der Buchsbaum zieht mir in die Nase!
„Lilis Park", Vers 70 ff.
HA 1, 100

boxen
mit Fäusten kämpfen
Zwei Gegner sind es, die sich boxen / Die Arianer und die Orthodoxen …
„Sprüche" 176
Vers 5 f.
HA 1, 334

branstig
brenzlig
[…] die Sonne gewaltsam brannte, so daß in der Wolle des Überrocks der bekannte branstige Geruch erregt ward.
Über „Harzreise im Winter"
HA 1, 398

Bräunchen
Brünette
Bräunchen komm! es wird schon gehen. / Zöpfe, Kämme, groß' und kleine, / Zieren Köpfchens nette Reine.

Westöstlicher Divan / Buch Suleika
„Bräunchen komm!"
HA 2, 73

Braunen
Augenbrauen
Das schwarze Schelmenaug' dadrein,
Die schwarzen Braunen drauf ...
„Auf Christianen R.",
Vers 9 f.
HA 1, 91
Sie sitzen schon, mit hohen Augenbraunen / Gelassen da und möchten gern erstaunen.
Faust / Vorspiel auf dem Theater /
Vers 41 f.
HA 3, 10

braunen
braun sein
Die Wiese grünt, gehörnte Herde braunt ...
„An zwei Gebrüder, eifrige junge Naturfreunde"
HA 1, 352

Brausche
Beule (meist an der Stirn),
Bluterguß
Ein Geschrei weckt mich, ich springe herunter und finde, daß mein Neffe sich eine Brausche gefallen hat.
Die Aufgeregten / 1. Aufzug /
3. Auftritt
HA 5, 171

brauschig
wulstig, bauschig
Ist es doch so, als ob die Weiber nicht brauschig und die Männer nicht pausig genug sich gefallen könnten!
Novelle
HA 6, 497

brav
wacker, tüchtig
Deine Elegien sind recht brav. Du hast dich in diese Art wacker einstudiert.
An Knebel, 17. 9. 1799
HAB 2, 398

breit
weitschweifig,
überflüssig
Ihr seid verwegen. / Und ihr sehr breit.
Götz / 1. Akt / Im bischöflichen Palast zu Bamberg
HA 4, 96
[...] gewann er (Gleim) *sich so viele Freunde, Schuldner und Abhängige, daß man ihm seine breite Poesie gerne gelten ließ ...*
Dichtung und Wahrheit / 2. Teil / 10. Buch
HA 9, 400
In Barchfeld ward mir die Zeit sehr Breit, um nicht zu sagen lang.
An C. v. Stein, 10. 12. 1781
HAB 1, 377

Brettergerüste
Bühne
Denkst du der Stunde noch wohl, wie auf dem Brettergerüste / Du mich der höheren Kunst ernstere Stufen geführt?
„Euphrosyne", Vers 43 f.
HA 1, 191

bretterhaft
theatergerecht,
bühnenmäßig
Eigentliche Naturanschauung verleiht er (Calderon) *keineswegs; er ist vielmehr durchaus theatralisch, ja bretterhaft; was wir Illusion heißen, besonders eine solche, die Rührung erregt, davon treffen wir keine Spur ...*

Calderons „Tochter der Luft“
HA 12, 303

brouilliert
entzweit (von frz. „brouiller“ = entzweien, verfeinden),
verworren
Leider war jener nur über äußere Umstände mit der Gemeinde brouilliert und im Herzen noch ganz Herrnhuter.
Wilhelm Meisters Lehrjahre / 6. Buch / Bekenntnisse einer schönen Seele
HA 7, 399
[…] ich finde daß deine Ideen über die meisten Gegenstände noch sehr brouillirt sind.
An C. Goethe, 12.–14. 10. 1767
HAB 1,48
Die Herzogin Mutter ist schon seit einem Jahr mit der Göchhausen radikaliter brouilliert …
An Knebel, 17. 10. 1790
HAB 2, 131

Buchhändler
Verlagsbuchhändler, Verleger
[…] nun aber setzte die Wohlhabenheit den reichen Buchhändler wieder über den armen Poeten, und so stand alles in dem schönsten Gleichgewicht.
Dichtung und Wahrheit / 3. Teil / 12. Buch
HA 9, 517
Allen deutschen Buchhändlern wird es angelegen sein zu erfahren, wie man ihren Verlag über dem Kanal betrachte, welchen Preis man auf das einzelne setze …
Thomas Carlyle, Leben Schillers
AGA 14, 946
[…] aber nicht des Buchhändlers sondern meine Schuld ist es, daß Sie nur vier Bogen davon erhalten haben …
An Reinhard, 22. 1. 1811
HAB 3, 144

Bühl
Hügel
Zum Bühl ist's noch trocken und wenige Schritt';
„Johanna Sebus“, Vers 11
HA 1, 284

Buhle
Geliebte
Es war ein König in Thule / Gar treu bis an das Grab, / Dem sterbend seine Buhle / Einen goldnen Becher gab.
Faust I / Abend / Vers 2759 ff.
HA 3, 89

bündig
bestimmt, sicher, treffend
[…] die bündigen Antworten auf meine rätselhaften Fragen, die ich selbst nicht verstand …
Wilhelm Meisters Wanderjahre / 1. Buch / 2. Kapitel
HA 8, 21
Sollte jedoch ein junges Wesen verstockt zu seiner Rückkehr keine Anstalt machen, so wird es mit einem kurzen, aber bündigen Bericht den Eltern wieder zurückgesandt …
Wilhelm Meisters Wanderjahre / 2. Buch / 2. Kapitel
HA 8, 165
Auch eine Stelle Quintilians, die einen bündigen Entwurf der alten Kunstgeschichte enthält, verdient als ein wichtiges Denkmal in diesem Fache ausgezeichnet zu werden.
Winckelmann und sein Jahrhundert / Mengs
AGA 13, 431

Büsel
kleine Silbermünze
Er reichte ihr ein Büsel, das man nicht leicht an einen Bettler zu wenden pflegte.
Dichtung und Wahrheit / 2. Teil / 9. Buch
HA 9, 379

Busenstreif
Spitzenrüsche (an einem Hemd), Jabot
Ich habe einen jungen Mann gekannt, der eine Stecknadel dem geliebten Mädchen, Abschied nehmend, entwendete, den Busenstreif täglich damit zusteckte …
Wilhelm Meisters Wanderjahre / 1. Buch / 12. Kapitel
HA 8, 145

butteln
blasenwerfendes Gurgeln und Sprudeln von Wasser
Ich war nun vollkommen in die Region gelangt, wo die Kugeln herüber spielten; der Ton ist wundersam genug, als wär' er zusammengesetzt aus dem Brummen des Kreisels, dem Butteln des Wassers und dem Pfeifen eines Vogels.
Campagne in Frankreich / 19. September 1792
HA 10, 233f.

Cabriolet → Kabriolett

Champion

Beschützer

Hätt ich Ihn anderswo, ich wies Ihm, wer es wäre! / Der beste Champion für meines Weibes Ehre.

Die Mitschuldigen, Vers 919 f.

HA 4, 67

charakterlos

ungeordnet, ohne klare Umrisse

Von Süden zogen über den Scheitel hin charakterlose Wolken …

Wolkengestalt nach Howard

AGA 17, 658

Das Charakterlose der Geßnerschen (Idyllendichtung), *bei großer Anmut und kindlicher Heiterkeit, machte jeden glauben, daß er etwas Ähnliches vermöge.*

Dichtung und Wahrheit / 2. Teil / 7. Buch

HA 9, 272

Charivari

Katzenmusik, Wirrwarr

Ich ward empfangen mit dem wunderlichsten Charivari von Entgegnungen …

Dichtung und Wahrheit / 4. Teil / 17. Buch

HA 10, 105

Chiffre

Namenszug, Monogramm

Nach vielen Monaten […] bekam er einen Ring mit der Chiffre der Königin zum Geschenk für alle den Zeitverlust, den er hatte.

Philipp Hackert / Zeichenstunden

AGA 13, 571

Chor, das

Schar

Alle Gestalten sind ähnlich, und keine gleichet der andern; / Und so deutet das Chor auf ein geheimes Gesetz.

„Die Metamorphose der Pflanzen", Vers 4 f.

HA 1, 199

Dann folget ein singendes, klingendes Chor …

„Hochzeitlied", Vers 39

HA 1, 281

Mich dünkt, ich hör' ein ganzes Chor …

Faust I / Hexenküche / Vers 2575

HA 3, 83

chorizontisch

Chorizonten: „die Trennenden", „Sondernden"

Verzeihen Sie mir diese etwas chorizontische Äußerung.

An Schiller, 2. 5. 1798

AGA 20, 571

Cimmerien

die düstern Länder im Norden

Und dieser Nebel legt sich denn vorzüglich an die nördliche Kette und macht unser liebes Vaterland zum wahren Cimmerien.

Italienische Reise / Ferrara bis Rom / 18. Oktober 1786

HA 11, 104

cimmerisch (kimmerisch)

düster, finster

Dort hinten still im Gebirgtal hat ein kühn Geschlecht / Sich angesiedelt, dringend aus cimmerischer Nacht …

Faust II / 3. Akt / Vor dem Palaste des Menelas / Vers 8999 f.

HA 3, 271 f.

Es (das Buch „Système de la nature") *kam uns so grau, so cimmerisch, so totenhaft vor, daß wir Mühe hatten, seine Gegenwart auszuhalten …*

Dichtung und Wahrheit / 3. Teil / 11. Buch
HA 9, 490
Denn daß meine Art, die Dinge zu sehen, nicht sogleich die ihrige sein würde, konnte ich um so deutlicher wissen, als ich mich selbst seit vielen Jahren jenen kimmerischen Vorstellungen und Denkweisen des Nordens zu entziehen gesucht und unter einem himmelblauen Gewölbe mich freier umzuschauen und zu atmen gewöhnt hatte.
Zweiter römischer Aufenthalt / Bericht (Oktober)
HA 11, 430
[...] und Sie sehen wohl daß die Deutschen verdammt sind wie vor alters in den cimmerischen Nächten der Spekulation zu wohnen ...
An W. v. Humboldt, 16. 9. 1799
HAB 2, 396

Commérage
Klatsch, Geschwätz (vom frz. Wort mit gleicher Bedeutung)
Es gehört dazu mehr Commérage und Kannegießerei als ich aufbringen kann und was ists zuletzt?
An Jacobi, 7. 7. 1793
HAB 2, 169

dahlen

albern, scherzen

[…] und der (der Bediente) *dahlt mit den Mädchen, will sie erschrecken, und Gott weiß wie, das Gewehr geht los …*

Die Leiden des jungen Werthers / 1. Buch / 12. August

HA 6, 45

Sie (eine junge Mutter) *dahlte fort, bis er zurückkam und anzeigte, der Abbé würde selbst erscheinen, uns von dem Näheren zu unterrichten.*

Italienische Reise / Sizilien / 2. Mai 1787

HA 11, 290

dämisch

albern, unbeholfen

[…] dies alles weiß nun sein Gegner in einzelnen Fällen hervorzuheben, so genau und bestimmt zu zeichnen, daß man einen zwar nicht verdienstlosen, aber doch dämischen Menschen vor sich zu sehen glaubt, ja den Griffel anfassen möchte, um die Karikatur auf der Tafel zu entwerfen.

La Cicceide

AGA 14, 772

[…] lassen Sie ihn mit dem Schafe dämisch ruhen, mit dem Pferde wiehern und mit dem Vogel sich ausbreiten …

An F. Müller, 21. 6. 1781

HAB 1, 359

Dämon

(zumeist gütige) Gottheit, welche das Leben des Menschen lenkt

Fromm sind wir Liebende, still verehren wir alle Dämonen, / Wünschen uns jeglichen Gott, jegliche Göttin geneigt.

„Römische Elegien“ IV, Vers 1 f.

HA 1, 159

Jupiter Pluvius, heut erscheinst du ein freundlicher Dämon! / Denn ein vielfach Geschenk gibst du in einem *Moment …*

„Venezianische Epigramme“ 12, Vers 1 f.

HA 1, 177

Hoffnung bleibt mit dem Leben vermählt, die schmeichelnde Göttin, / Angenehm vor vielen, die als getreue Dämonen / Mit den sterblichen Menschen die wechselnden Tage durchwallen.

Achilleis, Vers 236 ff.

HA 2, 523

Dämonen, weiß ich, wird man schwerlich los, / Das geistig-strenge Band ist nicht zu trennen; / Doch deine Macht, o Sorge, schleichend-groß, / Ich werde sie nicht anerkennen!

Faust II / Palast / Vers 11493 ff.

HA 3, 346

Warum soll ich ausdrücklich sagen, meine Geliebten, was sich von selbst versteht? Ich bin aus meiner Bahn geschritten, und ich soll nicht wieder hinein. Ein feindseliger Dämon, der Macht über mich gewonnen, scheint mich von außen zu hindern …

Die Wahlverwandtschaften / 2. Teil / 17. Kapitel

HA 6, 476 f.

Die Gunst der Musen wie der Dämonen besucht uns nicht immer zur rechten Zeit.

Italienische Reise / Ferrara bis Rom / 27. Oktober 1796

HA 11, 123

dämonisch

schicksalhaft

Rechne man hiezu noch das Unheil, daß ihre (Goethes Schwester) *Haut selten rein war, ein Übel, das sich, durch ein dämonisches Mißgeschick, schon von Jugend auf gewöhnlich an Festtagen einzufinden pflegte …*

Dichtung und Wahrheit / 4. Teil / 18. Buch

HA 10, 131 f.

dämperich
kurzatmig, phlegmatisch, saumselig
Er (der Schreiber und Sekretär John) *ist pretentiös, speisewählerisch, genäschig, trunckliebend, dämperich und arbeitet nie zur rechten Zeit.*
An C. v. Goethe, 23. 7. 1813
FA II, 7, 243

Dampf
Rauch
Er saugt begierig am geliebten Rohr, / Es steigt der Dampf an seiner Stirn empor.
„Ilmenau", Vers 64
HA 1, 109
[…] denn dieser Kamin stand nur zur Zierde da und war von oben herein vermauert; der Dampf trat schnell zurück und erfüllte auf einmal die Zimmer …
Wilhelm Meisters Lehrjahre / 3. Buch / 3. Kapitel
HA 7, 160
[…] Glanz vieler Lichter […], die einen feierlichen Schein durch den Dampf des süßesten Räucherwerks […] verbreiteten.
Wilhelm Meisters Lehrjahre / 5. Buch / 12. Kapitel
HA 7, 324

degarniert
entblößt
Sie sehen, daß […] Sie uns nicht ganz degarniert von dieser Seite finden können.
An W. v. Humboldt, 16. 7. 1798
HAB 2, 357

Delikatesse
Feinfühligkeit, Zartgefühl
Ich opfre die Delikatesse, die uns wie ein zartes Gewissen bei solchen Gelegenheiten warnt, einer höhern Pflicht auf …
Wilhelm Meisters Lehrjahre / 4. Buch / 1. Kapitel
HA 7, 205

derb
dicht, stark, rechtschaffen (auch für Charaktere gebraucht), tüchtig, rauh
Cosmus war ohne frühere literarische Bildung, sein großer, derber Haus- und Weltsinn […] diente ihm statt aller andern Beihülfe.
Anhang zu Benvenuto Cellini / Florentinische Zustände
1. Buch, 3. Kapitel
AGA 15, 442
„Derb und tüchtig" (Gedichttitel)
Westöstlicher Divan / Buch des Sängers
HA 2, 16
Es ist eine grundwackre und treffliche Natur, die unter Päpsten und Kardinälen, zu recht derber Zeit, hätte sollen geboren werden.
An Schiller, 5. 8. 1804
AGA 20, 974
[…] ein Fries an einem Tempel dorischer Ordnung fordert Gestalten, die sich zur Proportion seines ganzen Profiles nähern; schon in diesem Sinne mußte das Gedrängte, Derbe schon hier vorzuziehen sein.
Relief von Phigalia
AGA 13, 854
Auf Rasen gelagert sehen wir anmutige Jungfrauen, deren schöne Körper […] nur teilweise verhüllt sind; der Anblick von derben gefälligen Gliedern ist uns vergönnt.
„Wilhelm Tischbeins Idyllen" V
AGA 13, 893
Die derbe Natürlichkeit des Alten Testaments und die zarte Naivität des Neuen hatten mich im einzelnen angezogen …

Dichtung und Wahrheit / 3. Teil / 12. Buch
HA 9, 510
Nachdem man durch die Aufführung der Brüder (von Terenz) *endlich die Erfahrung gemacht hatte, daß das Publikum sich an einer derben, charakteristischen, sinnlich-künstlichen Darstellung erfreuen könne, wählte man den vollkommensten Gegensatz, indem man Nathan den Weisen aufführte.*
Weimarisches Hoftheater
AGA 14,65
Sprich nur nach Deiner Art immer recht derb und deutsch, damit ich in Klarheit bleibe und meinen guten Willen nicht in falschen Unternehmungen verschwende …
An Zelter, 7.–17. 5. 1815
HAB 3, 308
Herr Huß, der derbe unermüdete Sammler, dankt zum allerschönsten für das Andenken und die Schaumünzen.
An Zelter, 24. 8. 1823
HAB 4, 83

Derbheit
Festigkeit, Tüchtigkeit, Direktheit
Ich besitze selbst noch poetische Episteln von ungemeiner Kühnheit, Derbheit und Swiftischer Galle …
Dichtung und Wahrheit / 3. Teil / 12. Buch
HA 9, 506

desultorisch
sprunghaft
Freilich war meine desultorische Lebens- und Studienweise meistens schuld, daß ich an tüchtige Werke nur einen Anlauf nehmen und sie wegen äußerer Zudringlichkeiten beiseitelegen mußte …
Tag- und Jahreshefte / 1804
HA 10, 468
Sie kommentieren das Abgebrochene, verbinden das Desultorische und machen durch eine freundliche Unterhaltung ein ordentliches Büchlein aus dem zusammengestoppelten Hefte.
An J. G. Langermann, 16. 10. 1824
HAB 4, 122

Deute
Tüte
„Stille, Kinder! sie geht in die Stadt und bringt euch des guten / Zuckerbrotes genug, das euch der Bruder bestellte, / Als der Storch ihn jüngst beim Zuckerbäcker vorbeitrug, / Und ihr sehet sie bald mit den schön vergoldeten Deuten."
Hermann und Dorothea / 7. Gesang / Vers 199 ff.
HA 2, 498
Auch die Dragéen, überzuckerte kleine Gewürzkörner, in saubern zylindrischen Deuten, wurden nicht abgewiesen.
Campagne in Frankreich / 3. September 1792
HA 10, 211

Diastole
Ausdehnung (des Herzens im Kreislauf)
Die große Schwierigkeit bei psychologischen Reflexionen ist, daß man immer das Innere und Äußere parallel oder vielmehr verflochten betrachten muß. Es ist immerfort Systole und Diastole, Einatmen und Ausatmen des lebendigen Wesens; kann man es auch nicht aussprechen, so beobachte man es genau und merke darauf.
Maximen und Reflexionen Nr. 520
HA 12, 436
So setzt das Einatmen schon das Ausatmen voraus und umgekehrt, so jede Systole ihre Diastole.

Zur Farbenlehre / Physiologische Farben / III. Graue Flächen und Bilder
HA 13, 337
Hier bringt Diastole und Systole im Menschen das angenehme Gefühl des Atemholens hervor …
An C. H. Schlosser, 5. 5. 1815
HAB 3, 303
Das Absolute, die moralische Weltordnung, Systole und Diastole! es braucht nicht viel mehr sich zu verständigen.
An Zelter(?), 31. 3. 1818
HAB 3, 425

Diät
Lebensweise, Gesundheit
Als Gegenstände seiner (Justus Mösers) *ernsten und scherzhaften Betrachtungen finden wir die Veränderung der Sitten und Gewohnheiten, der Kleidungen, der Diät, des häuslichen Lebens, der Erziehung.*
Dichtung und Wahrheit / 3. Teil / 13. Buch
HA 9, 597

diät
mäßig, gesund
[…] auch von mir so viel zu sagen, daß ich diesen Winter durch entschiedenste Einsamkeit und durch diäteste Schonung mich besser befunden als seit vielen Jahren …
An A. v. Humboldt, 16. 5. 1821
HAB 3, 506

Dichtergreis
Uraltpoet
Hiernach wird man denn wohl dem deutschen Dichtergreise (dem 75jährigen Goethe selbst) *zutrauen, daß er, einen so gründlich guten Willen, welcher uns auf dieser Erde selten begegnet, von einem so hoch gefeierten Manne ganz unverhofft erfahrend, sich gleichfalls bereitete, mit Klarheit und Kraft auszusprechen, von welcher Hochachtung er für seinen unübertroffenen Zeitgenossen durchdrungen …*
Goethes Beitrag zum Andenken Lord Byrons
AGA 14, 798

dilettieren
liebhaberische Lust haben
Mich dilettiert's, den Vorhang aufzuziehn.
Faust I / Walpurgisnacht / Vers 4220
HA 3, 132

Dirne
– Mädchen (ohne negativen Beiklang)
Blitz, wie die wackern Dirnen schreiten! / Herr Bruder, komm! wir müssen sie begleiten …
Faust I / Vor dem Tor / Vers 828 f.
HA 3, 33
– Mädchen (mit negativem Beiklang)
[…] indes sie die Gerichtspersonen für eine freche Dirne erkannten …
Wilhelm Meisters Lehrjahre / 1. Buch / 13. Kapitel
HA 7, 51

Dom
Kuppel (nach frz. „dôme“ = Kuppel)
Zum höchsten Dome züngelt' es empor, / Der immer ward und immer sich verlor.
Faust II / Lustgarten / Vers 5995 f.
HA 3, 185
Der Alte blieb zurück, und ich ging mit ihr (einem Mädchen) *durch einen gewölbten und schön verzierten kurzen Gang nach dem Mittelsaal, dessen herrliche domartige Höhe beim Eintritt meinen Blick auf sich zog …*
Dichtung und Wahrheit / 1. Teil / 2. Buch
HA 9, 58

Dragoman
Dolmetscher, Übersetzer
Mögen Sie gleicherweise den Dragoman gegen die übrigen Freunde machen!
An Boisserée, 16. 7. 1818
HAB 3, 435

dreist (s. a. → erdreisten)
beherzt
[...] Aus eignem Tun Behagen / Quillt nicht mehr auf, dir fehlt ein dreistes Wagen!
Westöstlicher Divan / Buch der Betrachtungen / „Die Jahre nahmen dir ..."
HA 2, 39
Nun aber fühlt sie sich durch das große, freie Talent, die dreiste Hand des Künstlers aufgeregt, erweckt ...
Wilhelm Meisters Wanderjahre / 2. Buch / 7. Kapitel
HA 8, 238

Dreistigkeit
Zuversicht, Selbstvertrauen
Als Gedichttitel
Westöstlicher Divan / Buch des Sängers
HA 2, 16
Nun hatte Jung seit einigen Jahren mit gutem Mut und frommer Dreistigkeit viele Staroperationen am Niederrhein vollbracht und sich dadurch einen ausgebreiteten Ruf erworben;
Dichtung und Wahrheit / 4. Teil / 16. Buch
HA 10, 87

Duft (s. a. → abduften)
feiner Dunst, feuchter Niederschlag
Der Mond von einem Wolkenhügel / Sah kläglich aus dem Duft hervor,
„Willkommen und Abschied", Vers 9f.
HA 1, 28
Da reckte sie die Hand aus in die Streifen / Der leichten Wolken und des Dufts umher ...
„Zueignung", Vers 81f.
HA 1, 151
Er sieht den Tag im fernen Osten grauen, / Den Horizont mit leichtem Duft gestreift.
Die Geheimnisse, Vers 339f.
HA 2, 280
Der Farbenton solcher Szenen ist heiter, fröhlich-klar; die Fernen mit milderndem Duft wie übergossen, der, nebelgrauer und einhüllender, aus durchströmten Gründen und Tälern hervorsteigt und ihre Windungen andeutet.
Wilhelm Meisters Wanderjahre / 2. Buch / 7. Kapitel
HA 8, 235
Scharfsinnige Männer, welche durch den Duft der Überlieferung hindurchschauen, teilen bei diesen Überlieferungen folgendes mit.
Heidelberg
AGA 13, 684
[...] durch die Bogenöffnungen aber schauten die stattlichen Gebäude des Tals, über der Brückenlinie sodann das Schloß Ehrenbreitstein im blauen Dufte durch und hervor.
Campagne in Frankreich / Oktober 1792
HA 10, 300f.
Die Lage ist unbeschreiblich schön, und der hohe Sonnenduft machte sie ganz herrlich.
Italienische Reise / Karlsbad bis auf den Brenner / 8. September 1786
HA 11, 16
Ein klarer Duft blaute alle Schatten.
Italienische Reise / Sizilien / 2. April 1787
HA 11, 228
Welche wundersame Ansicht ein solcher Duft entfernteren Gegenständen, Schiffen,

Vorgebirgen erteilt, ist für ein malerisches Auge merkwürdig genug…
Italienische Reise / Sizilien / 7. April 1787
HA 11, 240

duften
als feiner Dunst aufsteigen
Ein weißer Glanz ruht über Land und Meer / Und duftend schwebt der Äther ohne Wolken …
Nausikaa, Vers 135 f.
HA 5, 72
Die Sonne war untergegangen, und es dämmerte schon und duftete feucht um den See.
Die Wahlverwandtschaften / 2. Teil / 13. Kapitel
HA 6, 456

dumpf
unbewußt ahnungsvoll, unruhig treibend
[…] so haben Sie den gegenwärtigen Fassnachts Goethe, der Ihnen neulich einige dumpfe tiefe Gefühle vorstolperte, der nicht an Sie schreiben mag …
An A. zu Stolberg, 13. 2. 1775
HAB 1, 177
Es kamen mir die Trähnen in die Augen, und ich fühlte mich starck genug auch das zu tragen – Starck –! das heißt dumpf.
An C. v. Stein, 16./17. 7. 1776
HAB 1, 222

Dumpfheit
dunkles, ungeklärtes Gefühl
Du hast für uns das rechte Maß getroffen, / In reine Dumpfheit uns gehüllt, / Daß wir, von Lebenskraft erfüllt, / In holder Gegenwart der lieben Zukunft hoffen.
„Dem Schicksal“ (1. Niederschrift), Vers 12 ff.
HA 1, 132

durchaus
ganz und gar
Durchaus studiert, mit heißem Bemühn …
Faust I / Nacht / Vers 357
HA 3, 20
Der Schauplatz verwandelt sich durchaus
Faust II / Innerer Burghof / Arkadien / Regieanweisung vor Vers 9574
HA 3, 284
[…] wir umrauschen / den durchaus bepflanzten Hügel …
Faust II / Arkadien / Vers 10011
HA 3, 302
An den Pflanzen erscheint durchaus ein Grün, das wir nicht gewohnt sind, bald gelblicher, bald blaulicher als bei uns.
Italienische Reise / Sizilien / 6. April 1787
HA 11, 240

durchlaufen
rasch mustern
Erstaunt durchlief der Blick die edle Menge …
Torquato Tasso / 2. Aufzug / 1. Auftritt / Vers 823
HA 5, 96
Nochmals durchlief ich ihre ganze Gestalt …
Wilhelm Meisters Wanderjahre / 1. Buch / 2. Kapitel
HA 8, 24

Durchschnitt
– Durchquerung
Er […] machte mit seiner schönen Begleiterin den Durchschnitt des Gartens …
Wilhelm Meisters Lehrjahre / 7. Buch / 1. Kapitel
HA 7, 426
– Querschnitt
[…] sieht man […] den Aufriß von der Ostseite des zweiten Geschosses dieses

Turms mit dem Durchschnitt des an das Schiff der Kirche anschließenden Endes ...
Heidelberg
AGA 13, 704
Er verfertigte Grundriß, Aufriß und Durchschnitt des Hauses; Hof und Garten waren nicht vergessen;
Dichtung und Wahrheit / 3. Teil / 11. Buch
HA 9, 467
Ich habe den Band schon mehrmals [...] durchgelesen, und sogleich, in Ermanglung des versprochenen großen Durchschnittes, selbst eine Landschaft phantasiert ...
An A. v. Humboldt, 3. 4. 1807
HAB 3, 41

durchziehen

durchhecheln, scharf beurteilen
[...] in einem extemporierten Spiel, in welchem sie ihre bisherigen Gönner und Wohltäter nachahmten und durchzogen.
Wilhelm Meisters Lehrjahre / 4. Buch / 2. Kapitel
HA 7, 211
[...] wodurch (durch Karikaturen) *gewisse Kirchenmusiken, die der Verfasser nicht billigen mochte, scherzhaft durchgezogen werden sollten ...*
Dichtung und Wahrheit / 3. Teil / 11. Buch
HA 9, 500

dürfen

Ursache haben zu, brauchen (nicht „Befugnis haben")
Du darfst auch da nur frei erscheinen ...
Faust I / Prolog im Himmel / Vers 336
HA 3, 18
Wen darfst du nicht herbeiberufen?
Faust II / Kaiserliche Pfalz / Vers 4747
HA 3, 150
Gewagt! Ihr Mütter! Mütter! müßt's gewähren! / Wer sie erkannt, der darf sie nicht entbehren ...
Faust II / Kaiserliche Pfalz / Vers 6558 f.
HA 3, 201
Und dann darf ich Egmont nur wieder ansehen, wird mir alles sehr begreiflich.
Egmont / 1. Akt / Bürgerhaus
HA 4, 385
[...] sie durfte nur die eine Felsenecke, die noch dazu unscheinbar ist, weil sie aus kleinen Teilen besteht, wegbrechen ...
Die Wahlverwandtschaften / 1. Teil / 3. Kapitel
HA 6, 262
Bei Tafel mußte er neben ihr seinen Platz nehmen; sie schnitt ihm vor, so daß er nur die Gabel gebrauchen durfte.
Die Wahlverwandtschaften / 2. Teil / 5. Kapitel
HA 6, 386
[...] scheuen Sie hingegen die Mittagshitze, so dürfen Sie nur gegen Abend in jener Felsenbucht den Riesen aufsuchen, der sich gewiß recht gefällig zeigen wird.
Das Märchen
HA 6, 214
Hier darf ich nicht fürchten, [...] daß ein scharfer Kritikus kommt ...
Wilhelm Meisters Wanderjahre / 1. Buch / 3. Kapitel
HA 8, 34
[...] die Hausfrau – ich fühlte mich sehr zufrieden, sie nicht als Witwe denken zu dürfen – zeigte sich erwünscht erst am Fenster, dann an der Türe ...
Wilhelm Meisters Wanderjahre / 3. Buch / 13. Kapitel
HA 8, 427
Nach unserer Weise dürfen wir nur das Blatt aufmerksam betrachten, so spricht es

sich wie jedes vortreffliche Kunstwerk selbst aus …
Cäsars Triumphzug von Mantegna
AGA 13, 929
Freilich durfte man nur das wahrhaft bekannt Gewordene erzählen, so ging daraus hervor, daß ein Volk, auf solchen Grad veruneinigt, […] dem hohen Einheitssinne der edel Verbündeten nicht widerstehen könne.
Campagne in Frankreich / 23. August 1792
HA 10, 198
Man durfte sie (Revolutionäre in Frankreich) *nur undiszipliniert loslassen, so machten sie uns den Garaus.*
Campagne in Frankreich / 27. September 1792
HA 10, 244
Man darf nur auf der Straße wandeln und Augen haben, man sieht die unnachahmlichsten Bilder.
Italienische Reise / Neapel / 19. März 1787
HA 11, 213
Fürs Atomistische, Materielle, Mechanische dürfen wir nicht sorgen; denn auch dieser Vorstellungsart wird es an Bekennern und Freunden nicht fehlen.
An C. J. H. Windischmann, 28.12. 1812
HAB 3, 220
Alles was man sagen darf ist schon gedruckt …
An Boisserée, 2. 3. 1828
HAB 4, 270

dusselig
schwindlig, taumelig, betäubt, gedankenlos
[…] allein er war bescheiden und gewandt genug und mischte auf eine halb dusselige Weise sich, seine Braut, sein Ebenbild und die Mamsells dergestalt durcheinander, daß man zuletzt nicht mehr wußte, von wem die Rede war …
Dichtung und Wahrheit / 2. Teil / 10. Buch
HA 9, 446

Dust
Spreu, Staub
Die andre hebt gewaltsam sich vom Dust / Zu den Gefilden hoher Ahnen …
Faust I / Vor dem Tor / Vers 1116
HA 3, 41

düstern
Dunkelheit verbreiten
Und mir bringt sein leises Flüstern / Von dem Freunde tausend Grüße; / Eh' noch diese Hügel düstern, / Grüßen mich wohl tausend Küsse.
Westöstlicher Divan / Buch Suleika / „Was bedeutet die Bewegung ?"
HA 2, 80

duten
tuten (mit einem Blasinstrument)
[…] der Hirte wirft einen Stein nach ihr (der Kuh), *um sie von der Stelle zu bewegen, er schlägt nach ihr, er peitscht sie, er dutet sie an …*
Myrons Kuh
HA 12, 131

düttig
säuglingshaft, einfältig
[…] als auf einmahl eine fette und ziemlich kernhaffte Figur die aber zugleich etwas düttig aussah auf uns zu kam.
An C. Goethe, 13. 10. 1766
HAB 1, 39

ebenmäßig
gleichfalls, ebenso
Lerse, ebenmäßig unser Tischgeselle, gehörte auch zu dieser Zahl;
Dichtung und Wahrheit / 2. Teil / 9. Buch
HA 9, 372

Edulien
Speisen, Eßwaren
(von lat. edulis = eßbar)
[…] wogegen ich […] erwiderte, ich hätte vorausgesetzt, der Koch würde das dem Herrn melden (daß Goethe schmackhafte Pilze an ein Essen mitbrachte), *und versicherte, wenn mir wieder dergleichen Edulien unterwegs in die Hände kämen, solche unserm trefflichen Wirte selbst zur Prüfung und Genehmigung vorzulegen.*
Zweiter römischer Aufenthalt / Bericht (Oktober)
HA 11, 428

Egrette
büschelförmiger Schmuck, Diamantstrauß (vom frz. „aigrette" mit derselben Bedeutung)
Der einen hat ich aus der Fülle ihres Reichtums eine Egrette von Juwelen und Federn zusammengestutzt …
An Kestner, 28. 1. 1773
HAB 1, 140

Ehehaften
rechtsgültige Hindernisse
Kein sonderlich Vergnügen ist bey der Ausnehmung (Aushebung), *da die Krüpels gerne dienten und die schönen Leute meist Ehehafften haben wollen.*
An C. v. Stein, 6. 3. 1779
HAB 1, 245

ehrlich
anständig, ehrenwert
In meiner Stub soll's ehrlich und ordentlich zugehen.
Götz von Berlichingen / 1. Akt / Schwarzenberg in Franken
HA 4, 75
Auch ist er (Albert) *so ehrlich und hat Lotten in meiner Gegenwart noch nicht ein einzigmal geküsst.*
Die Leiden des jungen Werthers / 1. Buch / 30. Juli
HA 6, 42

Eidam
Schwiegersohn
Er ist mein Eidam! Einer Tochter Glück, / Und Wohlstand bleibt des Vaters heißer Wunsch;
Tancred / 1. Aufzug / 1. Auftritt / Vers 163 f.
FA I, 6, 595

Eilfer
Wein des Jahres 1811, von besonderer Güte
Wer mir Wein bringt, sehe mich freundlich an, / Sonst trübt sich der Eilfer im Glase.
Westöstlicher Divan / Das Schenkenbuch / „Setze mir nicht …"
HA 2, 91
Ferner hat denn auch der Eilfer die Haupteigenschaft des Trefflichen: er ist zugleich köstlich und reichlich.
Sankt-Rochus-Fest zu Bingen
HA 10, 407

einbildisch
eingebildet, dünkelhaft, selbstbewußt
[…] die Einbildischen waren gewiß, ihn (Lavater) *durch Argumente, in denen sie*

sich selbst bestärkt hatten, zu verwirren und zu beschämen …
Dichtung und Wahrheit / 3. Teil / 14. Buch
HA 10, 19
Der weimarische Hof lag mir dergestalt im Sinne, daß mir nicht einfiel, mich näher zu erkundigen, weil ich auch nicht einmal einbildisch genug war zu glauben, man wolle von meiningischer Seite auch einige Notiz von mir nehmen.
Dichtung und Wahrheit / 4. Teil / 20. Buch
HA 10, 179

einbinden
einschärfen, auftragen
Er […] erklärte Wilhelmen, wie das Fräulein ihm eingebunden, für die Verlassenen Sorge zu tragen.
Wilhelm Meisters Lehrjahre / 4. Buch / 9. Kapitel
HA 7, 234
Ich habe ihm eingebunden, alle nur mögliche Wahrheiten zu bekennen.
An L. Y. v. Buri, 2. 6. 1764
HAB 1, 9

einfallen
ins Wort fallen, unterbrechen
Unser Freund, der hierin ganz anderer Meinung war, fiel ihm sogleich ein und sagte …
Wilhelm Meisters Lehrjahre / 2. Buch / 2. Kapitel
HA 7, 82
„Fallen Sie mir nicht ein", versetzte Wilhelm, „Sie möchten mich nicht immer loben …"
Wilhelm Meisters Lehrjahre / 5. Buch / 4. Kapitel
HA 7, 296
Dem einfallenden Garnboten, welcher sagte: „Die bringt wohl Daniel jederzeit hinunter!", versetzte sie: „Gewiß, er versieht das Geschäft so löblich und treu, als wenn es sein eigenes wäre."
Wilhelm Meisters Wanderjahre / 3. Buch / 13. Kapitel
HA 8, 416

Eingeweide
Herz, Seele, Inneres
Manchmal möcht' ich sie auf den Knieen bitten, nicht so rasend in ihre eigenen Eingeweide zu wüten.
Die Leiden des jungen Werthers / 1. Buch / 8. Februar
HA 6, 66
Es schwindelt mir, es brennt / Mein Eingeweide. / Nur wer die Sehnsucht kennt, / Weiß, was ich leide!
Wilhelm Meisters Lehrjahre / 4. Buch / 12. Kapitel
HA 7, 241
[…] wie er (Lord Byron) *denn zum Beispiel, höchst grausam in seinen eignen Eingeweiden wütend, die unselige Geschichte jenes Königs von Sparta auf sich anwendet.*
Manfred
AGA 14, 786
Gott sei Dank, daß mir von diesen Zugvögeln künftig keiner mehr imponiert, wenn er mir im Norden von Rom spricht, keiner mir die Eingeweide mehr erregt; denn ich hab's doch auch gesehn und weiß schon einigermaßen, woran ich bin.
Italienische Reise / Rom / 5. Dezember 1786
HA 11, 147 f.

einheimisch
heimisch
Alles stimmte nun so zusammen, daß man sich gleich vom ersten Augenblick an als

einheimisch, als eingeborne Herrschaft solcher Paradiese fühlen mußte.
Wilhelm Meisters Wanderjahre / 2. Buch / 7. Kapitel
HA 8, 235
In Pompeji war er (Goethes Sohn August) *einheimisch; seine Gefühle, Bemerkungen, Handlungen in jener Stadt sind heiter, ja lustig-lebendig.*
An G. A. Chr. Kestner, 27. 12. 1830
HAB 4, 414

Einhelfer
Souffleur
„Ich glaube nicht, daß es einen vollkommenern Einhelfer gibt", sagte Serlo.
Wilhelm Meisters Lehrjahre / 5. Buch / 6. Kapitel
HA 7, 302

einreden
dreinreden, sich einmischen
Ich lasse ihn (Tischbein) *gehn, denn einem solchen Künstler muß man nicht einreden.*
An C. v. Stein, 29. 12. 1786
HAB 2, 35

Einschlag
Schußfaden eines Gewebes
[...] Bewußtsein und Bewußtlosigkeit werden sich verhalten wie Zettel und Einschlag, ein Gleichnis das ich so gerne brauche.
An W. v. Humboldt, 17. 3. 1832
HAB 4, 480

einschwärzen
einschmuggeln
Hier hab' ich einst den Orpheus eingeschwärzt; / Benutz es besser! frisch! beherzt!
Faust II / Klassische Walpurgisnacht / Vers 7493 f.
HA 3, 228
Zugleich war die Absicht, gewisse geologische Überzeugungen in die Wissenschaft einzuschwärzen.
Aufenthalt in Karlsbad. 1807
AGA 17, 489
[...] aber unser Hausfreund [...] schwärzte es (den „Messias" von Klopstock) *ein und steckte es der Mutter und den Kindern zu.*
Dichtung und Wahrheit / 1. Teil / 2. Buch
HA 9, 80
[...] zum Tore fuhren wir glücklich heraus, indem wir uns in den Wagenzug eines unbekannten Regiments einschwärzten und von ihm fortschleppen ließen ...
Campagne in Frankreich / 6. September 1792
HA 10, 216
[...] und gaben ihren Verdacht zu erkennen, daß wohl mein Handwerk sein möchte, Kontrebande einzuschwärzen.
Italienische Reise / Ferrara bis Rom / 25. Oktober 1786
HA 11, 118
[...] als ich [...] den leidigen Teufel und seine Großmutter mit allem ewigen Gestanksgefolge auf eine sehr geschickte Weise wieder in den Kreis der guten Gesellschaft hereingeschwärzt sah.
An Reinhard, 22. 6. 1808
HAB 3, 77

Einstand
Leistung beim Eintritt in neue Verhältnisse
Der Gedanke, an einem fremden Orte zu Winterszeit Einstand geben zu müssen, machte mich nicht trübe;
Dichtung und Wahrheit / 2. Teil / 6. Buch
HA 9, 242

[…] wie man denn, wenn man den Ort verändert und in neue Verhältnisse tritt, immer Einstand geben muß.
Dichtung und Wahrheit / 2. Teil / 6. Buch
HA 9, 249
Wir (Goethe und Kniep) *freuten uns beide daran* (an einer Gegend bei Neapel) *als an dem Einstand unserer Verbindung.*
Italienische Reise / Neapel / 23. März 1787
HA 11, 219

Einzelnheit
Individualität, Einmaligkeit
[…] und in seiner Einzelnheit vollständig gekräftigt, hielt er sich auch wohl für befugt, Eigenheiten, Torheiten und Fehler in den Komplex seines werten Daseins mit aufzunehmen.
Campagne in Frankreich / November
HA 10, 323

Ejakulation
Seelenergießung
Weil ihr lieb wart und habt mir gleich geschrieben, so auch von mir hier eine Ejakulation die ihr freundlich mögt aufnehmen.
An Lavater, 16. 9. 1776
HAB 1, 228

ekel
wählerisch, anspruchsvoll
Wie lebendig läßt sich an diesem kleinen Stücke fühlen, was Geßner uns sein könnte, wenn er nicht durch ein zu abstraktes und ekles Gefühl physikalischer und moralischer Schönheit wäre in das Land der Ideen geleitet worden, woher er uns nur halbes Interesse, Traumgenuß herüberzaubert.
Moralische Erzählungen und Idyllen von Diderot und S. Geßner
AGA 14, 157
Wir ergötzten uns als genießende Menschen an der Größe und der Pracht (der Peterskirche in Rom), *ohne durch allzu eklen und zu verständigen Geschmack uns diesmal irremachen zu lassen …*
Italienische Reise / Rom / 22. November 1786
HA 11, 140

Elend
Fremde, Heimatlosigkeit
Streifen nicht herrliche Männer von hoher Geburt nun im Elend?
Hermann und Dorothea / 5. Gesang / Vers 99
HA 2, 472

eludieren
ausweichen
Die Franzosen muß Humboldt, wenn sie ein theoretisch Gespräch anfangen, ja zu eludieren suchen, wenn er sich nicht immer von neuem ärgern will.
An Schiller, 28. 2. 1798
AGA 20, 541

emergieren
auftauchen, hervortreten
Nun emergiert und eminiert er (Johann Daniel Schöpflin) *bald ohne Unterbrechung irgend einer Art; er verbreitet sich mit Leichtigkeit in der literarischen und bürgerlichen Welt …*
Dichtung und Wahrheit / 3. Teil / 11. Buch
HA 9, 475

eminieren
sich auszeichnen, hervorragen
Nun emergiert und eminiert er (Johann Daniel Schöpflin) *bald ohne Unterbre-*

chung irgend einer Art; er verbreitet sich mit Leichtigkeit in der literarischen und bürgerlichen Welt ...
Dichtung und Wahrheit / 3. Teil / 11. Buch
HA 9, 475

Emolument

Einkunft, Vergütung
Mein Vater hatte [...] den Gedanken gefaßt, daß er [...] eins der subalternen Ämter übernehmen und solches ohne Emolumente führen wolle, wenn man es ihm ohne Ballotage übergäbe.
Dichtung und Wahrheit / 1. Teil / 2. Buch
HA 9, 73

empfindlich

– unangenehm, schmerzlich
Es ist mir empfindlich, sehr empfindlich. Ich wollte lieber, mein Bruder sagte, wie er's denkt ...
Egmont / 3. Akt / Palast der Regentin
HA 4, 408
Daß Ottilie durch Lucianens Eifersucht von den Gemäldedarstellungen ausgeschlossen, war ihm höchst empfindlich gewesen ...
Die Wahlverwandtschaften / 2. Teil / 6. Kapitel
HA 6, 402
[...] daß die Art wie du mich empfingst, wie mich andre nahmen, für mich äußerst empfindlich war.
An C. v. Stein, 1. 6. 1789
HAB 2, 115
Der Verlust Ihrer teuren Gattin ist auch mir sehr empfindlich.
An G. H. L. Nicolovius, 20. 10. 1811
HAB 3, 169
– irritiert, verärgert
Hierüber war sie aufs neue empfindlich, weil sie den besten Teil der Pflege und Wartung ihres Freundes Philinen überlassen mußte ...
Wilhelm Meisters Lehrjahre / 4. Buch / 10. Kapitel
HA 7, 237
– feinfühlig, empfindsam
Mit dem empfindlichsten Auge für die Schönheiten der Natur [...] hat er (Geßner) *reizende Gegenden durchwandelt ...*
Moralische Erzählungen und Idyllen von Diderot und S. Geßner
AGA 14, 155

englisch

engelhaft
Von englischen Gemüten / Ein vollbewohntes Haus ...
Westöstlicher Divan / Buch Suleika / „Geheimschrift"
HA 2, 85
Tochter, Gattin sonder Fehle, / Englisch allerreinste Seele ...
Westöstlicher Divan / Buch des Paradieses / „Auserwählte Frauen"
HA 2, 110
Wie ist Ihnen? Wohl! wohl! als wie im Himmel in dieser englischen Gesellschaft!
Claudine von Villa Bella / Gartenszene
HA 4, 223
Englisches, unwiderstehliches Wesen! verzeih, aber es ist unmöglich!
Wilhelm Meisters Wanderjahre / 3. Buch / 6. Kapitel
HA 8, 356
Alles, was Göttliches, Englisches, Menschliches in der jungen Seele lag, ward hier in Anspruch genommen.
Dichtung und Wahrheit / 2. Teil / 9. Buch
HA 9, 398
Es (das Dämonische) *war nicht göttlich, denn es schien unvernünftig, nicht*

menschlich, denn es hatte keinen Verstand, nicht teuflisch, denn es war wohltätig, nicht englisch, denn es ließ oft Schadenfreude merken.
Dichtung und Wahrheit / 4. Teil / 20. Buch
HA 10, 175
Er (Johann Heinrich Meyer) *hat eine himmlische Klarheit der Begriffe und eine englische Güte des Herzens.*
Zweiter römischer Aufenthalt / 25. Dezember 1787
HA 11, 446

entbrechen, sich
sich enthalten
Ich aber kann mich schon seit längerer Zeit nicht entbrechen, einer innern, stillen, geheimen Wirkung […] die Veränderungen, die sich in der Atmosphäre zeigen, zum großen Teile zuzuschreiben.
Italienische Reise / Karlsbad bis auf den Brenner / 8. September 1786
HA 11, 17 f.
[…] und ich konnte mich um so weniger entbrechen, mancherlei Art von Einladungen anzunehmen …
Zweiter römischer Aufenthalt / Bericht (Februar)
HA 11, 521

entgegnen
begegnen
In einem großen Erdsaale entgegneten ihm zwei Frauenzimmer …
Wilhelm Meisters Wanderjahre / 1. Buch / 4. Kapitel
HA 8, 50
In meiner Häuslichkeit entgegnen Ihnen Kinder und Enkel mit fröhlichen Gesichtern, die nächsten Freunde versammeln wir nach Wunsch.
An W. v. Humboldt, 22. 6. 1823
HAB 4, 69

entnehmen
entziehen, wegnehmen
Zu rechter Zeit gelangten wir auf der ersten Station bei einem würdigen Geistlichen an. Freundlichst empfangen, konnten wir bald gewahr werden, daß die aufgehobene kirchliche Feier den Ruhe und Freiheit suchenden Gemütern nicht entnommen war.
Wilhelm Meisters Wanderjahre / 2. Buch / 11. Kapitel
HA 8, 270

entsagen
verzichten
Sie wünschte nur das Wohl ihres Freundes, sie glaubte sich fähig, ihm zu entsagen, sogar ihn niemals wiederzusehen, wenn sie ihn nur glücklich wisse.
Die Wahlverwandtschaften / 2. Teil / 9. Kapitel
HA 6, 425
„Überhaupt dächte ich“, versetzte Jarno, „Sie entsagten kurz und gut dem Theater, zu dem Sie doch einmal kein Talent haben.“
Wilhelm Meisters Lehrjahre / 7. Buch / 7. Kapitel
HA 7, 469
[…] du verscherzest ein großes Glück, und auch ich muß meinen liebsten Wünschen entsagen.
Wilhelm Meisters Wanderjahre / 1. Buch / 1. Kapitel
HA 8, 22
Ein Mädchen, das einem Manne entsagt, dem sie ihre Gewogenheit nicht verleugnet, ist lange nicht in der peinlichen Lage, in der sich ein Jüngling befindet, der mit Erklärungen ebenso weit gegen ein Frauenzimmer herausgegangen ist.

Dichtung und Wahrheit / 3. Teil / 11. Buch
HA 9, 498
Unser physisches sowohl als geselliges Leben, Sitten, Gewohnheiten, Weltklugheit, Philosophie, Religion, ja so manches zufällige Ereignis, alles ruft uns zu, daß wir entsagen *sollen.*
Dichtung und Wahrheit / 4. Teil / 16. Buch
HA 10, 77
„Lilis Park" mag ohngefähr in diese Epoche gehören; ich füge das Gedicht hier nicht ein, weil es jenen zarten empfindlichen Zustand nicht ausdrückt, sondern nur, mit genialer Heftigkeit, das Widerwärtige zu erhöhen und durch komisch ärgerliche Bilder das Entsagen in Verzweiflung umzuwandeln trachtet.
Dichtung und Wahrheit / 4. Teil / 19. Buch
HA 10, 168
Nur der feste Vorsatz mich wegzubegeben, ihr (Lili) *nicht durch meine Gegenwart beschwerlich zu sein, ihr wirklich zu entsagen, und die Vorstellung, was für ein seltsames Aufsehen mein Wiedererscheinen machen müßte, konnte mich entscheiden, die so liebe Nähe zu verlassen.*
Dichtung und Wahrheit / 4. Teil / 20. Buch
HA 10, 182
Ich habe dem Concerte, der Commödie, dem Reiten und Fahren gänzlich entsagt …
An C. Goethe, 12.–14. 10. 1767
HAB 1,53

entstehen
ermangeln, fehlen
Sie werden gewiß, früherer Zeiten sich erinnernd, nächsten und warmen Teil zu nehmen nicht entstehen.
An Klinger, 20. 12. 1818
HAB 3, 441

entstellen
verstellen, versperren
[…] zwei Fußpfade, die noch hinaufführten, haben wir dergestalt entstellt, daß niemand als durch jenen ersten engen Anweg zu dem Zauberschlosse gelangen könne …
Novelle
HA 6, 507

enttäuscht
entlarvt, der Täuschung überführt
Wir gingen auf den Burschen (der sich zum Scherz vermummt hatte) *los, der sich umkehrte und sich zu entfernen suchte; aber Liese holte ihn herbei, und auch er machte, indem er enttäuscht ward, die wunderlichsten Gebärden.*
Dichtung und Wahrheit / 2. Teil / 10. Buch
HA 9, 445

entwickeln
auseinanderwickeln, entwirren
Wie es denn überhaupt so leicht nicht ist, einen alten verworrenen Zustand zu entwickeln und die vielen verschränkten Fäden auf einen Knaul zu winden.
Wilhelm Meisters Wanderjahre / 2. Buch / 5. Kapitel
HA 8, 215

Entwicklung
Darstellung, Erklärung
Tiecks Entwickelung der Piccolomini und des Wallensteins ist ein bedeutender Aufsatz.
Ludwig Tiecks dramaturgische Blätter
AGA 14, 131

Epoche
Wendepunkt, Zeitabschnitt (im persönlichen Leben)
So verging ihnen der Tag zusammen; alle häuslichen Epochen wurden mit der größten Gemütlichkeit durchlebt …
Wilhelm Meisters Wanderjahre / 2. Buch / 3. Kapitel
HA 8, 170

eräugnen, sich
sich vor Augen stellen, sich offenbaren, sich begeben
Du bist ja sonst des stärksten Mutes voll. / Nun wird sich gleich ein Greulichstes eräugnen, / Hartnäckig wird es Welt und Nachwelt leugnen: / Du schreib es treulich in dein Protokoll.
Faust II / Kaiserliche Pfalz / Vers 5916 f.
HA 3, 183
Doch mag sich, was auch will, eräugnen, / Den Eselskopf möcht' ich verleugnen.
Faust II / Klassische Walpurgisnacht / Vers 7750 f.
HA 3, 236
Du siehst, daß ich nicht nötig habe mich mit den Tagesblättern abzugeben, da die vollkommensten Symbole vor meinen eigenen Augen sich eräugnen.
An Zelter, 19. 3. 1818
HAB 3, 421

erblassen
sterben
Auch fand man sie zuletzt unvermutet erblaßt und ohne Empfindung; sie öffnete die Augen nicht wieder, sie war, was wir tot nennen.
Wilhelm Meisters Lehrjahre / 8. Buch / 9. Kapitel
HA 7, 591

erbötig
zu etwas bereit
Dies zu deuten, bin erbötig! / Hab' ich dir nicht oft erzählt, / Wie der Doge von Venedig / Mit dem Meere sich vermählt?
Westöstlicher Divan / Buch Suleika / „Dies zu deuten …"
HA 2, 65
Die Schlange fand sich erbötig, / Schwur den teuersten Eid …
Reineke Fuchs / 9. Gesang / Vers 233 f.
HA 2, 386

erbrechen
öffnen (einen Brief)
Überrascht und verwirrt erbrach Wilhelm den Brief …
Wilhelm Meisters Lehrjahre / 7. Buch / 8. Kapitel
HA 7, 472
Ew. Hochwohlgeboren wünsche in dem Augenblicke da Sie Gegenwärtiges erbrechen eine frohe ruhige Stunde …
An Cotta, 26. 1. 1827
HAB 4, 214

Erdäpfel
Kartoffeln
Indessen hatten die Frauen angefangen, Erdäpfel zu sieden und die mitgebrachten Speisen auszupacken und zu bereiten.
Wilhelm Meisters Lehrjahre / 4. Buch / 5. Kapitel
HA 7, 223
In einem schätzbaren Aufsatz über das Vaterland der Erdäpfel und ihre Verbreitung in Europa erörtert Graf Sternberg lichtvoll zuvörderst die allgemeine historische Frage …
Monatsschrift der Gesellschaft des vaterländischen Museums in Böhmen
AGA 14, 589

Erdfall

durch Einsturz entstandene Vertiefung im Boden

Bei näherer Untersuchung fand ich sie um einen trichterförmigen Erdfall gelagert, der, von dem reinsten Quellwasser gefüllt, oben etwa dreißig Fuß im Durchmesser haben konnte.

Campagne in Frankreich / 30. August 1792

HA 10, 204

Zusammen durch die Stadt über die Brücke zum Schießhaus und weiter zum Erdfall.

Tagebuch, 26. 6. 1823

FA II, 10, 48

Erdgebor(e)ner (s. a. → Autochthone)

jemand, der in seinem Geburtsland groß geworden ist, Urbewohner

Auch er (Rubens) *ist kein Erdgeborner; man schaue die große Erbschaft, in die er eintritt, von den Urvätern des 14ten und 15ten Jahrhunderts durch alle die trefflichen des 16ten hindurch, gegen dessen Ende er geboren wird.*

Antik und modern

HA 12, 175

erdreisten (s. a. → dreist)

sich erkühnen, sich getrauen

Säume nicht, dich zu erdreisten, / Wenn die Menge zaudernd schweift; / Alles kann der Edle leisten, / Der versteht und rasch ergreift.

Faust II / Anmutige Gegend / Vers 4662 ff.

HA 3, 147

Der erste, der sich jener Tat erdreistet; / Sie ist getan, und du hast es geleistet.

Faust II / Kaiserliche Pfalz / Vers 6299 f.

HA 3, 193

erheitern

klar und rein machen, aufmuntern

Ein lustger Springbrunn wirst du mir / Aus tausend Röhren spielen / Wirst alle meine Kräffte mir / In meinem Sinn erheitern / Und dieses enge Daseyn hier / Zur Ewigkeit erweitern.

An Merck, 5. 12. 1774

FA II, 1, 410

Diese bei solcher Gelegenheit abermals erregten Bilder und Gefühle erheiterten mich auf einmal in dem betrübtesten Augenblick …

Campagne in Frankreich / 29. Oktober 1792

HA 10, 291 f.

Erheiterung

Erhellung, Belebung, Ermunterung

Zu großer Erheiterung dieser halb traurigen Gefühle machten ihm die Damen beim Abschiede noch ein Geschenk …

Die Wahlverwandtschaften / 2. Teil / 7. Kapitel

HA 6, 406

erklaftern

mit ausgebreiteten Armen umfassen

Jenen (einen riesigen Triglyphen) *maß ich mit ausgespannten Armen und konnte ihn nicht erklaftern …*

Italienische Reise / Sizilien / 25. April 1787

HA 11, 276

erledigen

ledig machen, befreien

Dazu aber verordnet findet sich nun auch jenes Heilmittel für das ganze Leben, und stets harrt ein einsichtiger, frommer Mann, um Irrende zurecht zu weisen und Gequälte zu erledigen.

Dichtung und Wahrheit / 2. Teil / 7. Buch
HA 9, 291

erlegen
(einen Menschen) töten
Beide (Hektor und Ajas) *töten mehrere. Menelaus erlegt den Dolops.*
Ilias / Funfzehnter Gesang
AGA 14, 642

Erleuchtung
Beleuchtung
(eines Zimmers oder Gebäudes)
Das kluge Kammermädchen hatte den Kammerdiener dahin vermocht, die Erleuchtung zu steigern …
Wilhelm Meisters Wanderjahre / 2. Buch / 4. Kapitel
HA 8, 201
[…] als uns die Vettern wieder begegneten und von der herrlichen Erleuchtung sprachen, womit der brandenburgische Gesandte sein Quartier ausgeschmückt habe.
Dichtung und Wahrheit / 1. Teil / 5. Buch
HA 9, 208

Erotikon
Schätzchen, Geliebte
[…] doch kann ich dir versichern, daß ich mich herzlich nach Hause sehne, meine Freunde und ein gewisses kleines Erotikon (Christiane Vulpius) *wieder zu finden, dessen Existenz die Frau dir wohl wird vertraut haben.*
An Herder, 10. 8. 1789
HAB 2, 119

erschranzen
nach Art von schmarotzenden Höflingen gewinnen
Sonst haben wir manchen Bissen erschranzt, / Nun aber Gott befohlen! / Unsere Schuhe sind durchtanzt / Wir laufen auf nackten Sohlen.
Faust I / Walpurgisnachtstraum / Vers 4371
HA 3, 136

esoterisch
geheim, für Eingeweihte bestimmt
Der Inhalt dieser zweiundzwanzig Seiten ist wahrhaft esoterisch zu nennen, sollte man nicht eine Übersetzung ins Exoterische versuchen?
Nach Zeit und Gegenstand unbestimmbare Kritik
AGA 14, 968

Essenkehrer
Kaminkehrer, Schornsteinfeger
Als Amor kam er […] im Flugwerke herunter, entwickelte sich als Harlekin aus dem Ei und machte als kleiner Essenkehrer schon früh die artigsten Streiche.
Wilhelm Meisters Lehrjahre / 4. Buch / 18. Kapitel
HA 7, 268

Essor(t)
Aufschwung, Erhebung (von frz. „essor“ mit derselben Bedeutung)
In sich selbst gekehrt, ist's wahr, fühlt sich meine Seele Essorts die in dem zerstreuten Strasburger Leben verlappten.
An Salzmann, 28. 11. 1771
HAB 1, 129

Estrich, das
Zimmerboden, zumeist aus Stein oder Ziegeln
[…] hier aber fehlt das Geld. / Vom Estrich zwar ist es nicht aufzuraffen …
Faust II / Kaiserliche Pfalz / Vers 4890 f.
HA 3, 154

Springt das Estrich, und von oben / Rieselt Kalk und Schutt verschoben …
Faust II / Hochgewölbtes, enges gotisches Zimmer / Vers 6624
HA 3, 203
Ein durch braunrote Ziegelrauten regelmäßig verziertes Estrich …
Dichtung und Wahrheit / 3. Teil / 14. Buch
HA 10, 33
Eine Schilfmatte diente gegen die Einflüsse des Estrichs …
Italienische Reise / Neapel / 26. Februar 1787
HA 11, 185

etiolieren
bleichsüchtig werden, verkümmern
[…] die Schneeglöckchen wuchsen etioliert unter dem Schnee und gaben keine erfreuliche Blüte …
An E. H. F. Meyer, 23. 4. 1829
HAB 4, 329
Zu dem abnormen Wachstum rechnen wir auch die durch Vorsatz oder Zufall etiolierten Pflanzen. Wenn sie, ihrer Natur zuwider des Lichts beraubt, im Finstern aus dem Samen aufgehen, so verhalten sie sich teils wie unter der Erde fortlaufende Wurzeln …
Zur Metamorphosenschrift / Nacharbeiten und Sammlungen
FA I, 24, 468

exaltiert
erhöht, angeregt, emporgehoben
Auch war Jung durch Herdern dergestalt exaltiert, daß er sich in allem seinen Tun gestärkt und gefördert fühlte …
Dichtung und Wahrheit / 2. Teil / 10. Buch
HA 9, 414

Exequien
Totenfeier
Exequien der Mutter Gretgens
Szenen-Überschrift im „Urfaust“, nach Vers 1310
AGA 5, 56
Exequien deutschgeschrieben!
An C. Goethe, 6. 12. 1765
FA II, 1, 26
Am Abend lud der Abbé zu den Exequien Mignons ein.
Wilhelm Meisters Lehrjahre / 8. Buch / 8. Kapitel
HA 7, 574

exkolieren
ausbilden
Täglich wird mir's deutlicher, daß ich eigentlich zur Dichtkunst geboren bin, und daß ich die nächsten zehen Jahre […] dieses Talent exkolieren und noch etwas Gutes machen sollte …
Zweiter römischer Aufenthalt / 22. Februar 1788
HA 11, 518

exoterisch
allgemein faßbar, für Uneingeweihte verständlich
Der Inhalt dieser zweiundzwanzig Seiten ist wahrhaft esoterisch zu nennen, sollte man nicht eine Übersetzung ins Exoterische versuchen?
Nach Zeit und Gegenstand unbestimmbare Kritik
AGA 14, 968

expedieren, sich
sich beeilen
Er (Goethes Vater) *verbarg nicht seinen Wunsch, daß man sich mit der Kur expedieren möge …*

Dichtung und Wahrheit / 2. Teil / 8. Buch
HA 9, 338

Expedition
schriftliche Ausfertigung, Schriftstück
Die Rechtsgelehrten, von Jugend auf gewöhnt an einen abstrusen Stil, welcher sich in allen Expeditionen [...] auf die barockste Weise erhielt ...
Dichtung und Wahrheit / 2. Teil / 7. Buch
HA 9, 277

Extremität
Notlage
Achtest du meinen Mann so wenig, daß du in dieser Extremität seine Hilfe verschmähst?
Götz / 3. Akt / Jaxthausen
HA 4, 137

Exuvien
abgelegte Hülle oder Kleidung
Helenens Gewande lösen sich in Wolken auf, umgeben Faust, heben ihn in die Höhe und ziehen mit ihm vorüber. Phorkyas nimmt Euphorions Kleid, Mantel und Lyra von der Erde, tritt ins Proszenium, hebt die Exuvien in die Höhe und spricht:
Faust II / Arkadien / Regieanweisung vor Vers 9955
HA 3, 300
[...] der Augenschein hatte mir [...] gezeigt, daß ich mich auf altem abgetrockneten Meeresgrund, unter den Exuvien seiner Ureinwohner befinde.
Dichtung und Wahrheit / 3. Teil / 11. Buch
HA 9, 485
Über Deutsche hat er (Tischbein) *durch die Exuvien von Redlichkeit, mit denen er sich aufstutzt, und durch seine harmlos scheinende naive Hasenfüßereien eine Weile ein Ascendant.*
An Herder, 2. 3. 1789
HAB 2, 112
[...] denn zwischen gedachten Exuvien und jenem Götterbilde krümmt sich ein kleiner beweglicher Drache, begierlich nach der anlockenden Beute schauend.
An Zelter, 31. 3. 1822
HAB 4, 31
Und so habe ich denn [...] ein anständiges Gehäus projektiert, wo sie dereinst meine Exuvien und die Schillerschen wiedergewonnenen Reste zusammen unterbringen mögen.
An Boisserée, 19. 1. 1827
HAB 4, 212

Fabrik
Produktionsstätte
Es ist eine große Fabrik in dem Orte, die viel Leute ernährt.
Wilhelm Meisters Lehrjahre / 2. Buch / 3. Kapitel
HA 7, 87
Ja er bezeugte, daß man in Griechenland Reste von solchen Fabriken entdeckt habe, wo noch dergleichen fertige Votivbilder mit ihren Formen seien gefunden worden.
Zwei antike weibliche Figuren
AGA 13, 1076

Fabrikant
Unternehmer
Kluge Fabrikanten und Entrepreneurs haben die Künstler in ihren Sold genommen und durch geschickte mechanische Nachbildungen die […] Liebhaber in Kontribution gesetzt (zu Zahlungen veranlaßt) …
Kunst und Handwerk
AGA 13, 128

fackeln
unruhig sein wie die Flamme einer Fackel, ungestüme Bewegungen machen
Die Glocke, Glocke tönt nicht mehr, / Die Mutter hat gefackelt.
Die wandelnde Glocke
Vers 13 f.
HA 1, 290
Ich sollte vergessen daß ich den Geiler von Kaisersberg gelesen hatte, und des Gebrauchs der Sprüchwörter entbehren, die doch, statt vieles Hin- und Herfackelns, den Nagel gleich auf den Kopf treffen …
Dichtung und Wahrheit / 2. Teil / 6. Buch
HA 9, 251

Fahrleise
Fahrspur (Leise = Spur)
Ich ließ um so eher aus der schrecklichen Fahrleise hinabwärts ausbiegen, als ich unten Offiziere und Reitknechte hin- und widersprengen, Packwagen und Chaisen aufgefahren sah …
Campagne in Frankreich / 6. September 1792
HA 10, 216

falb
fahl
Bald wird Sturm auch das zerstreuen, / Wenn es falb im Herbst geschwankt.
„Dauer im Wechsel", Vers 7 f.
HA 1, 247
So weit wir bei falbem Licht umhersahen, schien alles öd und leer; wir horchten vergebens, weder Gestalt noch Ton war zu vernehmen.
Campagne in Frankreich / 29. September 1792
HA 10, 248

Falbel
Faltensaum, Falten
Ein kurzes weißes rundes Röckchen mit einer Falbel, nicht länger, als daß die nettsten Füßchen bis an die Knöchel sichtbar blieben …
Dichtung und Wahrheit / 2. Teil / 10. Buch
HA 9, 433

Falge
geeggtes Brachland
Man hatte sich auf den zähen, hie und da quelligen roten Tonfeldern notgedrungen unvorsichtig eingelassen; in einer solchen Falge mußte zuletzt auch dem tüchtigen Küchengespann die Kraft ausgehen.

Campagne in Frankreich / 4. Oktober
HA 10, 255

famos
berühmt
Heut Abend hatte ich mir den famosen Gesang der Schiffer bestellt, die den Tasso und den Ariost auf ihre Melodie singen.
Reisetagebuch für Frau von Stein / 7. 10. 1786
FA II, 3, 108

Farfarellen
Motten, kleine Schmetterlinge
Er schüttelt den herabgenommenen Pelz; Zikaden, Käfer und Farfarellen fahren heraus.
Faust II / Hochgewölbtes, enges gotisches Zimmer / Regieanweisung vor Vers 6592
HA 3, 202

fast
recht, sehr
Der arme Freund ist ausgezogen, / Und fast, wie Adam, bloß und nackt.
„Der Müllerin Verrat", Vers 15 f.
FA I, 1, 675

Faulbett
Lotterbett
Werd' ich beruhigt je mich auf ein Faulbett legen, / So sei es gleich um mich getan!
Faust I / Studierzimmer / Vers 1692 f.
HA 3, 57

Federspule
Federkiel
Was soll ich vom Herren (Gott) *sagen mit Federspulen, was für ein Lied soll ich von ihm singen?*
An C. v. Stein, 10./11. 12. 1777
HAB 1, 246

feiern
ruhen, nichts tun
Er selbst feierte so wenig als seine Abgesandten.
Geschichte vom Prokurator in: Unterhaltungen deutscher Ausgewanderten
HA 6, 169

fertig
geschickt
Nun mochten sich auch wohl fertige Künstler finden, welche eine leichte Figur auf eine solche einfärbige Wand in die Mitte zeichneten …
Pompeji, Herkulanum, Stabiä
AGA 13, 1053
Er gehörte unter die Chemiker jener Zeit, die […], bei unzulänglichen Kenntnissen, nicht fertig genug dasjenige zu leisten verstanden, woraus eigentlich ökonomischer und merkantilischer Vorteil zu ziehn ist.
Dichtung und Wahrheit / 2. Teil / 10. Buch
HA 9, 422
Wenn der talentvolle, fähige und fertige Felix (Mendelssohn) *mich manchmal beim Nachtisch den Kopf umwenden und nach dem Flügel schauen sähe, so würde er fühlen, wie sehr ich ihn vermisse …*
An A. Mendelssohn, 5. 12. 1821
HAB 4, 23

Festone, der
Blumengewinde, Girlande (vom gleichnamigen italienischen Wort)
Hier kann man sich eine Idee von Festonen bilden!
Italienische Reise / Verona bis Venedig / 19. September 1786
HA 11, 52

Feuerrohr

Gewehr, Schußwaffe
Im Felde schleich ich still und wild, / Lausch mit dem Feuerrohr …
„Jägers Nachtlied" (1. Fassung), Vers 1 f.
HA 1, 121

Filet

netzartige Handarbeit
[…] alles erinnr ich mich noch, biss auf den bunten Teppich des Tisches an dem sie sas und Filet machte …
An Kestner, 15. 9. 1773
HAB 1, 151

Filetschurz

Filet: netzartige Handarbeit; Schurz: Schürze, Umhang, Schal
„Ihr sagtet: ich! Wie? Wer?" / Gut denn, ihr Herrn, grad aus: Ich bin der Bär! / In einem Filetschurz gefangen, / An einem Seidenfaden ihr zu Füßen.
„Lilis Park", Vers 46 ff.
HA 1, 99

Filz

Geizhals
Und was auch der Filz von dem Leibe sich schmorgt, / So bleibt für den Heitern doch immer gesorgt …
„Ergo bibamus", Vers 21
HA 1, 263

finzlich

finz(e)lig, überfein
[…] wie sich mein Erdgeruch und Erdgefühl gegen die […] schwumelende Mägdlein, und gegen die Hurenhaffte, strozzliche, schwänzliche und finzliche Junge Mägde ausnimmt …
An den Herzog Carl August, 25. 3. 1776
HAB 1, 211

Firlefanz

urspr. ein lustiger Springtanz, später Bedeutungswandel zu „Flitterkram", „Possen", „Unsinn"
Name in „Hanswursts Hochzeit"
FA I, 4, 580

Firma

Unterschrift
Wir erkennen den Fürsten an, weil wir unter seiner Firma den Besitz gesichert sehen.
Wilhelm Meisters Wanderjahre / 2. Buch / Betrachtungen im Sinne der Wanderer
HA 8, 296
[…] kommt es (das Indische) *aber unter der Firma eines werten Freundes, so wird es immer willkommen sein, denn es gibt mir die erwünschte Gelegenheit mich mit ihm zu unterhalten …*
An W. v. Humboldt, 22. 10. 1826
HAB 4, 206

firn

alt (oder überalt), zumeist von Wein
Die Supp' hätt' können gewürzter sein, / Der Braten brauner, firner der Wein …
„Da hatt' ich einen Kerl zu Gast", Vers 9 f.
HA 1, 62

Fittiche

urspr.: Vogelflügel, dann auch: Kleidungsstücke, Gewänder
Es ist mein Koffer […], und ich werde ihn nicht eher aufmachen, bis es mir beliebt. Ihre paar Fittiche, die ich Ihnen aufgehoben, können wenig betragen …
Wilhelm Meisters Lehrjahre / 4. Buch / 8. Kapitel
HA 7, 233

Flachhand
Handfläche, flache Hand
Denn da sind herrliche Sachen und so begreiflich wie die Flachhand, wenn man sie nur gefaßt hat.
Zweiter römischer Aufenthalt / 1. Dezember 1787
HA 11, 444

flämisch
mürrisch, verdrießlich
Du bist ein Narr, so gräulich! – / Da macht er ein flämisch Gesicht: / „Du Hausherr! Wie abscheulich! / Was gibst dir für ein Gewicht!
„Valet", Vers 21 ff.
FA I, 2, 552
Sie […] machten ihm nicht bloß durch ihre Gegenwart, sondern auch oft durch flämische Gesichter und bittre Reden einen verdrießlichen Augenblick.
Wilhelm Meisters Lehrjahre / 4. Buch / 19. Kapitel
HA 7, 274
Der Vorleser summte fort, machte dem Advokaten ein flämisch Gesicht; doch das sind alles verabredete Späße.
Italienische Reise / Venedig / 3. Oktober 1786
HA 11, 77

Flaus
dickwolliger Rock
Ich schüttle noch einmal den alten Flaus …
Faust II / Hochgewölbtes, enges gotisches Zimmer / Vers 6606
HA 3, 203

Flederwisch
leichter Degen (eigentlich: Gänseflügel zum Abwischen)
Heraus mit Eurem Flederwisch! / Nur zugestoßen! ich pariere!
Faust I / Nacht / Vers 3706 f.
HA 3, 118
Und steht der Neider an der Wand, / Hervor, den Degen in der Hand! / 'raus, feurig, frisch, / Den Flederwisch!
Claudine von Villa Bella / Dorfherberge
HA 4, 229

flick
flügge
Nicht alles Übel erfolgt, was man oft hypochondrisch vorzusehen glaubt; ich kenne aber noch ein hübsches Nest von Unheil, das bei dieser Gelegenheit flick werden wird.
An C. G. v. Voigt, 27. 2. 1816
HAB 3, 344

Fliegengott
Übersetzung des hebräischen „Beelzebub": Teufel
Bei euch, ihr Herrn, kann man das Wesen / Gewöhnlich aus dem Namen lesen, / Wo es sich allzudeutlich weist, / Wenn man euch Fliegengott, Verderber, Lügner heißt.
Faust I / Studierzimmer / Vers 1331 ff.
HA 3, 47
Selbst an Mücken fehlt es nicht, und der ganz schwarze Fliegengott im trüben Felde, umgeben vom farbigen Ewigkeitssymbol, scheint hier auf das eingekerkerte böse Prinzip zu deuten …
An Trebra, 16. 2. 1811
FA II, 6, 639

Flöhhot
Einer, der Flöhe hutscht (warmhält)?
Name in „Hanswursts Hochzeit"
FA I, 4, 580

Flor

durchsichtiges, feines Gewebe, Nebelschleier

Die Gegend deckte mir ein trüber Flor …
„Zueignung“, Vers 14
HA 1, 149

Ein Teppich deckt es bald und auch ein Flor …
„Die Geheimnisse“, Vers 316
HA 2, 279

Der Wohlstand (= Schicklichkeit), *wie der leichte Flor auf ihrem Busen, kann die Bewegung ihres Herzens nicht verbergen …*
Wilhelm Meisters Lehrjahre / 4. Buch / 14. Kapitel
HA 7, 247

flüchtig

schwerelos, mühelos, flink

Dieser hatte seine akademischen Hefte mit großer Sorgfalt geschrieben, und sich eine flüchtige leserliche Hand erworben.
Dichtung und Wahrheit / 1. Teil / 4. Buch
HA 9, 142

Flüchtigkeit

Schwerelosigkeit

Mit welchem Reize, mit welcher Flüchtigkeit bewegte sie sich!
Die Leiden des jungen Werthers / 1. Buch / 16. Juni
HA 6, 25

Flüchtling

flüchtiger, leichtsinniger Mensch

[…] und dann gibt's Flüchtlinge und üble Spaßvögel, die sich herabzulassen scheinen, um ihren Übermut dem armen Volke desto empfindlicher zu machen.
Die Leiden des jungen Werthers / 1. Buch / 15. Mai
HA 6, 11

Flügelmann, flügelmännisch

Flügelmann: derjenige in einer Mannschaft, nach dem sich die andern ausrichten; Muster seiner Gattung
flügelmännisch: für die andern maßgebliche Gebärden oder Bewegungen

Solche Naturen können als geistige Flügelmänner angesehen werden
Anhang zu Benvenuto Cellini / Schilderung Cellinis
AGA 15, 894

Phantastisch-flügelmännische Beschwörungsgebärden
Faust II / Grablegung / Regieanweisung vor Vers 11636
HA 3, 350

Ihr Firlefanze, flügelmännische Riesen, / Greift in die Luft, versucht euch ohne Rast!
Faust II / Grablegung / Vers 11670 f.
HA 3, 351

Doch ist ein Trost, mein Flügelmann von allen […] kommt mit Vergnügen (zur Armee) *und sein Vater giebt den Seegen dazu.*
An C. v. Stein, 6. 3. 1779
HAB 1, 264

So sind Nord und Süd, Ost und West, Oxygen und Hydrogen schon solche Scherwenzels und die Flügelmänner einer wunderlichen Topik, daß man aus dem besten Willen herausgeschreckt wird.
An W. v. Humboldt, 22. 8. 1806
HAB 4, 485

In einem jeden guten Gedichte muß die ganze Poesie stecken, dieses (der „Agamemnon“ von Aischylos) *ist aber ein Flügelmann.*
An W. v. Humboldt, 1. 9. 1816
HAB 3, 366

[…] habe im Namen aller Naturfreunde verpflichteten Dank zu sagen für die wichtige Akquisition des Flügelmanns des

ganzen Vögelgeschlechtes (eines Straußes für das Museum in Jena).
An den Großherzog Carl August, 7. 3. 1828(?)
FA II/10, 597

Flügelrock
Rock mit mehrfachen, übereinandergelegten Kragen
[...] die Hatschiergarde selbst, in schwarzsamtnen Flügelröcken, alle Nähte reich mit Gold galoniert, darunter rote Leibröcke und lederfarbne Kamisole, gleichfalls reich mit Gold besetzt.
Dichtung und Wahrheit / 1. Teil / 5. Buch
HA 9, 193

Flurzug
feierlicher Grenz-Umgang auf dem Feld
Am schönsten, heitersten, längsten Tage einmal auf dem Wege, hielt man einen sinnigen Flurzug um und durch das Ganze.
Wilhelm Meisters Wanderjahre / 1. Buch / 8. Kapitel
HA 8, 94

Flußfieber
rheumatisches Fieber
[...] brachten mir ein Flußfieber zuwege, das mir die rechte Hälfte des Kopfs sehr schmerzlich angriff.
An Schiller, 12. 5. 1795
AGA 20, 74

folgelos
ungleichmäßig, ohne Konsequenz
Um die äußerst mannigfaltigen und folgelosen Witterungs-Erscheinungen mir einigermaßen zu deuten, verfahr ich folgenderweise:
An Zelter, 6. 9. 1828
HAB 4, 298

formalisieren, sich
Befremden oder Mißfallen äußern
Sie formalisiren Sich über das ganz besondere Compliment an Ihre Nachbarinn.
An K. Schönkopf, 1. 11. 1768
HAB 1, 71
Wenn ich denken müßte, daß ein Freund [...] über Wortgebrauch und Stellung, ja wohl gar über Interpunktion, die ich dem Schreibenden überlasse, sich formalisiere, so bin ich augenblicklich paralysiert und keine Freiheit kann stattfinden.
An Zelter, 18. 1. 1823
HAB 4, 59

Fotze
Vulva
*Und doch kann dich nichts vernichten, / Wenn, Vergänglichem zum Trotze, / Willst dein Sehnen ewig richten / Erst zur Flasche dann zur ****
Zahme Xenien (seit 1815)
AGA 2, 414

Fotzenhut
Hahnrei, der den Ehebruch seiner Frau duldet
Name in „Hanswursts Hochzeit“
FA I, 4, 580

Fratz(e)
– kindische Person, Narr
Dem Fratzen da ist gar nichts recht ...
Satyros, Vers 218
HA 4, 194
Ich weiß wohl, wenn ein Fratze keinen Schildhalter unter den Bären, Greifen und Schweinen finden kann, so nimmt er einen Herkules dazu.
Götter, Helden und Wieland
HA 4, 212

Und jetzt macht der Fratze große Augen, da der andere nun wirklich kommt und ihm das Mädchen wegnimmt.
Die Leiden des jungen Werthers / 1. Buch / 30. Juli
HA 6, 42
– Wunderlichkeit, Spleen
Da dieses (Selbstverstümmelung mit einem Dolch) *aber niemals gelingen wollte, so lachte ich mich zuletzt selbst aus, warf alle hypochondrische Fratzen hinweg, und beschloß zu leben.*
Dichtung und Wahrheit / 3. Teil / 13. Buch
HA 9, 585
[...] da ich nicht zu befürchten habe, daß Du Dich auf die philosophischen und religiosen Fratzen einlassen möchtest, welche jetzt in Deutschland sogar manchen guten Kopf verwirren ...
An A. v. Goethe, 3. 6. 1808
HAB 3, 73
Solche Hoffnungen und Aussichten machen freilich im Durchschnitt gegen die Fratzen des Augenblicks tolerant und gutmütig.
An Reinhard, 7. 10. 1810
HAB 3, 137

fratzenhaft
wunderlich, närrisch
Gegen seine Landsleute erlaubte er (Behrisch) *sich eine fratzenhafte Abneigung, und schilderte, was sie auch vornehmen mochten, mit lustigen Zügen.*
Dichtung und Wahrheit / 2. Teil / 7. Buch
HA 9, 299

Fraueneis
durchsichtiger Gips
Auf dem Wege fand ich schon ganze Felsen Fraueneis zu Tage anstehend, nachdem ich ein sandiges Tongebirg hinter mir gelassen hatte.
Italienische Reise / Ferrara bis Rom / 20. Oktober 1786
HA 11, 110

Fräulein
unverheiratete Frau von vornehmer Abkunft
Mein schönes Fräulein, darf ich wagen, / Meinen Arm und Geleit Ihr anzutragen?
Faust I / Straße / Vers 2605 f.
HA 3, 84
Denk, Kind, um alles in der Welt! / Der Herr dich für ein Fräulein hält ...
Faust I / Der Nachbarin Haus / Vers 2905 f.
HA 3, 93

frech
anmaßend, unbedenklich, unbeherrscht
Ach, dacht' ich, hat er in deinem Betragen / Was Freches, Unanständiges gesehn?
Faust I / Garten / Vers 3171 f.
HA 3, 101
Du traust der Schonung, die dich nur zu sehr / Im frechen Laufe deines Glücks verzog ...
Torquato Tasso / 1. Aufzug / 3. Auftritt / Vers 1376 ff.
HA 5, 110

Frechheit
Dreistigkeit, Kühnheit
Zuerst ward die Schöne vorgeführt, die, ohne Frechheit, gelassen und mit Bewußtsein ihrer selbst hereintrat.
Wilhelm Meisters Lehrjahre / 1. Buch / 13. Kapitel
HA 7, 49
[...] und da wir den Verfasser (Lord

Byron) *nun einmal kennen und schätzen, ihn auch nicht anders wollen als er ist, so genießen wir dankbar, was er uns mit übermäßiger Freiheit, ja mit Frechheit vorzuführen wagt.*
Byrons Don Juan
AGA 14, 790
Verzeihen Sie daß ich mit solcher Frechheit mich an einen Künstler wende.
An Reichardt, 25. 10. 1790
HAB 2, 132

Freiredoute
öffentlicher Maskenball
Es ist eben, als wenn ihr eine Freiredoute gäbt; es können alle Stände daran teilnehmen.
Wilhelm Meisters Lehrjahre / 8. Buch / 10. Kapitel
HA 7, 609

Freisinn
freie Gesinnung, Offenheit
Gleich bei dem ersten Zusammentreten fand man einen unbedingten Freisinn, eine heitere Offenherzigkeit im Gespräch, und ein gelegentliches Handeln ohne Bedenken.
Dichtung und Wahrheit / 4. Teil / 16. Buch
HA 10, 83

freisinnig
sich frei fühlend
Um jedoch einen Boden zu finden, worauf man poetisch fußen, um ein Element zu entdecken, in dem man freisinnig atmen könnte, war man einige Jahrhunderte zurückgegangen …
Dichtung und Wahrheit / 4. Teil / 18. Buch
HA 10, 122

Freite
Heiratswerbung
[…] der Entschluß ward gefaßt, mich auf die Freite zu schicken.
Wilhelm Meisters Wanderjahre / 3. Buch / 6. Kapitel
HA 8, 369

Fresse
Mund, Schnauze
Wenn einer mir ins Auge sieht, / Werd' ich ihm mit der Faust gleich in die Fresse fahren …
Faust II / Hochgebirg / Vers 10331 f.
HA 3, 312

fromm
– ehrlich, tüchtig, fügsam
Und doch bist du's und blickst so gut, so fromm.
Faust I / Kerker / Vers 4535
HA 3, 143
– ehrfürchtig-liebevoll
An ihrem Vater hängt ihr frommes Herz …
Die natürliche Tochter / 1. Aufzug / 1. Auftritt / Vers 120
HA 5, 218
Tellis scheinet dem Altertum als ein gegen seine Eltern frommes Kind bekannt gewesen zu sein …
Polygnots Gemälde
AGA 13, 384
– gutmütig
Ein Schimmel, lebhaft, fromm und glänzend wie das Licht …
Elpenor / 2. Aufzug / 2. Auftritt
HA 5, 327

Fuchs
Anfänger, Schüler
Wo ich, ängstlich und beklommen, / War als guter Fuchs gekommen?

Faust II / Hochgewölbtes, enges gotisches Zimmer / Vers 6703 f.
HA 3, 206

Funktion
Geschäft, Verrichtung, Kult
Ich nötigte sie jedoch zuletzt, mit mir in jenes Zimmer zu gehen, sobald sie sich versichert hatte, daß die Funktion (Prognose einer Kartenlegerin) *vorbei sei.*
Dichtung und Wahrheit / 2. Teil / 9. Buch
HA 9, 392
Die Funktion war angegangen, Papst und Kardinäle schon in der Kirche.
Italienische Reise / Rom / 3. November 1786
HA 11, 127

furzen
farzen
Es f-t die Hexe, es stinkt der Bock.
Faust I / Walpurgisnacht / Vers 3961
HA 3, 125

Furzpeter
Name in „Hanswursts Hochzeit"
FA I, 4, 581

Fußtritt
Schritt
(nicht „Stoß mit dem Fuß")
Nicht einen Fußtritt / Für den obersten der Götter mehr.
Prometheus, 1. Akt, Zeile 37 f.
FA I, 4, 410 f.

Gan-Erbschaft
alte Erbengemeinschaft
Die lutherische Konfession führte das Regiment, die alte Gan-Erbschaft, vom Hause Limpurg den Namen führend, das Haus Frauenstein, mit seinen Anfängen nur ein Klub …
Dichtung und Wahrheit / 4. Teil / 18. Buch
HA 10, 120

gäh
– jäh
… indem ich scheide, / Befällt mich grausend gäher Furcht Gewalt.
Die natürliche Tochter / 1. Aufzug / 6. Auftritt / Vers 566 f.
HA 5, 231
– steil
Den Berg aufwärts wimmelt's bunt von Menschen, auf mehr oder weniger gähen Fußpfaden, die Höhe zu ersteigen bemüht.
Sankt-Rochus-Fest zu Bingen
HA 10, 409

gähling
jählings, überstürzt
[…] wir löschten gähling unsern heftigen Durst und fühlten uns noch mehr begeistert.
Dichtung und Wahrheit / 4. Teil / 18. Buch
HA 10, 144

Galloch Schalloch
zur Sexual-Anspielung „Loch"
Name in „Hanswursts Hochzeit"
FA I, 4, 582

Gamasche
Reiterstiefel, knöpfbarer Überstrumpf
Vier ungeheure Riesen, mit modernen, zugeknöpften Gamaschen tragen das Gesims, auf welchem dem Eingang gerade gegenüber die heilige Dreieinigkeit schwebt.
Italienische Reise / Sizilien / 9. April 1787
HA 11, 243

Garnierung
Besatz, verzierende Einfassung
[…] Augenblick da ich zun Füssen eurer an Lottens Garnirung spielte …
An Kestner, 10. 4. 1773
HAB 1, 146

gastieren
bewirten
[…] aber eine Gesellschaft […] die nicht immer zur rechten Zeit ihre Grenzen fand, zu gastieren, war ich keineswegs eingerichtet …
Dichtung und Wahrheit / 1. Teil / 5. Buch
HA 9, 171 f.

gäten
jäten
Gätet Mädchen Hanf / An dem Herrengarten …
„Gätet Mädchen Hanf. Altböhmisch", Vers 1 f.
AGA 15, 133
Man gätet hier sehr fleißig, die Männer gehen wie bei einem Treibjagen das ganze Feld durch.
Italienische Reise / Sizilien / 20. April 1787
HA 11, 271

gätlich (s. a. → gattlich)
angemessen, schicklich, passend, bequem
Hier fand sich, wie man zu sagen pflegt, eine sehr gätliche, erwünschte Partie …

Dichtung und Wahrheit / 4. Teil / 18. Buch
HA 10, 132
Die Felsen waren so prächtig und an der Chaussee die Haufen so gätlich zerschlagen, daß man gleich Voigtische (Mineralien-)*Kabinettchen daraus hätte bilden und verpacken können.*
Italienische Reise / Vom Brenner bis Verona / 14. September 1786
HA 11, 37
Es (zwei Schauspielerinnen) *sind zwei schöne Figuren, gute Stimmen, artige, muntere, gätliche Persönchen.*
Italienische Reise / Venedig / 3. Oktober 1786
HA 11, 75
Bedenk ich manchmal daß man gelegentlich ganze Strecken eines angenehm genutzten Lebens mit dem einen und dem andern tagtäglich, stundstündlich zusammen war und recht gätliche Fäden miteinander zwirnte …
An Boisserée, 3. 7. 1830
HAB 4, 384

gattlich (s. a. → gätlich)
passend, geeignet, angenehm
[…] so hielt sie sich hauptsächlich an die Ähnlichkeit beider, an den Vorzug, den diesem die Jugend gebe, der zugleich, als vollkommen gattlicher Lebensgefährte gewählt, die völlige Verwirklichung des väterlichen Daseins […] verspräche.
Wilhelm Meisters Wanderjahre / 2. Buch / 5. Kapitel
HA 8, 219

Gau
Landstrich, Gegend
Auf der Höhe über Biebrich erschaute man das weite prächtige Flußtal mit allen Ansiedelungen innerhalb der fruchtbarsten Gauen.
Sankt-Rochus-Fest zu Bingen
HA 10, 401

Gauch
einfältiger Mensch, Narr, Schelm
Und kommt er auch – So ist's ein Gauch –
Faust II / Kaiserliche Pfalz / Vers 4976
HA 3, 156
Was duckt und zuckt ihr? ist das Höllenbrauch? / So haltet stand und laßt sie streuen. / An seinen Platz ein jeder Gauch!
Faust II / Grablegung / Vers 11710 f.
HA 3, 352

gebildet
körperlich ausgestattet, gewachsen
Er, ein munteres Bürschchen von mittlerer Größe […] sie, nicht minder wohl und kräftig gebildet …
Wilh. Meisters Lehrjahre / 2. Buch / 4. Kap.
HA 7, 97
Eine edle, charakteristisch sichere Gestalt eines bejahrten, aber wohlerhaltenen, wohlgebildeten Herrn zeigt sich in herkömmlicher Kleidung …
Portraits historiques de Gérard
AGA 13, 990

gedrungen
gedrängt, kompakt
Je mehr aber bei allem das Gedrungene gesucht wird, desto mehr wird Beurteilung möglich …
Dichtung und Wahrheit / 2. Teil / 7. Buch
HA 9, 270

gefällig
angenehm, erwünscht, freundlich
Wie machen wir's, daß alles frisch und neu / Und mit Bedeutung auch gefällig sei?

Faust I / Vorspiel auf dem Theater / Vers 48 f.
HA 3, 10
Drei Tropfen nur / In ihren Trank umhüllen / Mit tiefem Schlaf gefällig die Natur.
Faust I / Marthens Garten / Vers 3511 ff.
HA 3, 111
Schickt ihr nur euren gefälligen Weislingen herum …
Götz / 1. Akt / Herberge im Wald
HA 4, 76
Und deine Sanftmut, dein gefällig Wesen …
Torquato Tasso / 4. Aufzug / 2. Auftritt / Vers 2244 f.
HA 5, 134
[…] der Fürst, der nicht geantwortet und nur mit einem gefälligen Blicke seinen Beifall gezeigt hatte, wandte sich seitwärts …
Wilhelm Meisters Lehrjahre / 3. Buch / 8. Kapitel
HA 7, 179
[…] das Verlangen, dieses Selbstgefühl andern mitzuteilen, macht gefällig, das Gefühl eigner Anmut macht anmutig.
Wilhelm Meisters Wanderjahre / 2. Buch / 3. Kapitel
HA 8, 175
Ferner schien dabei das Gefällige dem Pathetischen vorzuziehen …
Preisaufgabe 1799
AGA 13, 212
Das rein Natürliche, insofern es sittlich gefällig ist, nennen wir naiv.
Naivität und Humor
AGA 13, 779

Gefälligkeit
Bereitwilligkeit, Verständnis
Weder ihre (der Sittenlehre) *Strenge […], noch ihre Gefälligkeit, mit der sie unsre Neigungen zu Tugenden macht, konnte mir genügen.*
Wilhelm Meisters Lehrjahre / 6. Buch / Bekenntnisse einer schönen Seele
HA 7, 393

gegen
auf etwas zu, in Richtung von
Schelling wendete sich gegen die Natur, ehrte sie und suchte ihr Recht zu behaupten …
An Boisserée, 2. 3. 1828
HAB 4, 271

Gehecke
Durcheinander,
Gewirr
Man entwirrt sich wohl endlich, aber es ist ein unglaubliches Gehecke ineinander …
Italienische Reise / Venedig / 30. September 1786
HA 11, 70

Gehocke, Hocke
auf dem Feld stehende Getreidehaufen
Vor diesem Orte (Gelnhausen) *Weinberge, sodann dies alte Gehocke, das schrecklicher, nach den letzten Leiden, aussieht als je.*
An C. v. Goethe, 28. 7. 1814
HAB 3, 270

Gehren
beim Zuschneiden von Stoff abfallende Stücke
[…] ohne Maß zu nehmen, schneidet sie aus dem Ganzen und weiß dabei alle Flecken und Gehren dergestalt zu nutzen, daß großer Vorteil daraus entsteht …
Wilhelm Meisters Wanderjahre / 3. Buch / 4. Kapitel
HA 8, 335

geil
üppig wuchernd,
lüstern
[…] sie schränkt nur ein, beschneidet die geilen Reben …
Die Leiden des jungen Werthers / 1. Buch / 26. Mai
HA 6, 15
Es („Laidion" von Heinse) *ist mit der blühendsten Schwärmerey der geilen Grazien geschrieben …*
An G. F. E. Schönborn, 1. 6.–4. 7. 1774
HAB 1, 164

geilen
auf unverschämte Art betteln
Die Mägdlein, ach, sie geilen viel!
Urfaust, Vers 283 f.
HA 3, 374

Geilheit
Übermut, Ausgelassenheit
Einsiedel ist in Geilheit starck befangen, ich habe die ganze Nacht von Heerzügen geträumt die alle wohl abgelauffen sind, besonders von einer Reise aus der Schweiz nach Pohlen …
An den Herzog Carl August, 24. 12. 1775
FA II, 2, 12

geistreich
begabt, gescheit, inspiriert
[…] und zeichnete mit viel Bedacht und Genauigkeit ein Grabmahl […], so ernst in seinen Teilen, so geistreich in seinen Zieraten, daß man es mit Vergnügen entstehen sah und, als es fertig war, bewunderte.
Die Wahlverwandtschaften / 2. Teil / 4. Kapitel
HA 6, 380

Gelag
ins Gelag: ohne viel Bedenken, drauflos
[…] wir müssen diese Kleinigkeiten nur ins Gelag hineinschreiben und zuletzt sorgfältig auswählen.
An Schiller, 30. 12. 1795
HAB 2, 211

gelassen
herzlos, ohne Anteilnahme (nicht nur „ruhig")
Nicht der Erinnyen Fackel, das Bellen der höllischen Hunde / Schreckt den Verbrecher so in der Verzweiflung Gefild, / Als das gelaßne Gespenst mich, das mir die Schöne von ferne / Zeiget: die Türe steht wirklich des Gartens noch auf!
„Alexis und Dora", Vers 139 ff.
HA 1, 189

Gelegenheit
Lage, Gegend, Beschaffenheit
Auch ist die eigentlich schlimme Landstrecke höchstens vier bis sechs Stunden breit und hat, sowohl an dem Argonner Waldgebirge her als gegen Reims und Chalons zu, schon wieder günstigere Gelegenheit.
Campagne in Frankreich / 24. September
HA 10, 241

gelind
mild, sanft
Was sucht ihr, mächtig und gelind, / Ihr Himmelstöne, mich am Staube?
Faust I / Nacht / Vers 762
HA 3, 31

Gemäß
Meßgefäß, Hohlmaß
[…] er hatte das Schwert abgelegt, in seiner Rechten hielt er ein silbernes gehenkel-

tes Gemäß, und ein Streichblech in der Linken.
Dichtung und Wahrheit / 1. Teil / 5. Buch
HA 9, 204

gemein

alltäglich, gewöhnlich
[...] wenn du nicht imstande bist, dich gelassen über Verhältnisse hinauszusetzen, die einen gemeinen Menschen ängstigen würden ...
Clavigo / 4. Akt / Clavigos Wohnung
HA 4, 293
Das Gemeinste, was geschah, hatte einen Zug von himmlischem Leben ...
Die Wahlverwandtschaften / 2. Teil / 2. Kapitel
HA 6, 367
Die Erfindung (bei einem Gedicht) *ist gemein, und ich erinnere mich nicht, ob die Verse etwas taugen ...*
Wilhelm Meisters Lehrjahre / 1. Buch / 8. Kapitel
HA 7, 32
O mein Freund, wäre mein Schicksal gemein, ich wollte gern gemeines Übel ertragen ...
Wilhelm Meisters Lehrjahre / 4. Buch / 15. Kapitel
HA 7, 252
Die Geschichte der Philosophie, der Wissenschaften, der Religion, alles zeigt, daß die Meinungen massenweis sich verbreiten, immer aber diejenige den Vorrang gewinnt, welche faßlicher, d. h. dem menschlichen Geiste in seinem gemeinen Zustande gemäß und bequem ist.
Wilhelm Meisters Wanderjahre / 3. Buch / 18. Kapitel
HA 8, 473
So können uns Kräuter und Blumen der gemeinsten Art ein liebes Tagebuch bilden ...
Dichtung und Wahrheit / 2. Teil / 6. Buch
HA 9, 225
Die Poesie, die er (Lenz) *in das Gemeinste zu legen wußte, setzte mich oft in Erstaunen ...*
Dichtung und Wahrheit / 3. Teil / 14. Buch
HA 10, 10
In diesen Gegenden [...], wo die Gegend selbst gemein ist und nur allenfalls ein schon vollkommnes Künstler Auge zur Nachahmung reizt, (denn freilich ist am Ende nichts gemein was trefflich nachgeahmt wird) ...
An F. Müller, 12. 6. 1780
HAB 1, 305
[...] daß manches auf andere Künste passe, daß manches gemein sein werde, versteht sich von selbst.
An Schiller, zwischen 8. und 19. 10. 1794
HAB 2, 185

Gemeine, das

das Allgemeine, Alltägliche
Die grösste Schwürigkeit ist dass ich das Gemeine kaum fassen kan.
An C. v. Stein, 14. 6. 1780
HAB 1, 306
Wir kommen end(lich) hier an die Zerschlagung der Güter (Aufteilung eines Gutes)*, die bey Euch etwas gemeines ist.*
An Merck, 13. 2. 1785
HAB 1, 472

Gemeine, die

Gemeinde
Was ich mir nicht versagen konnte, war, so bald als nur möglich den Umgang mit den Gliedern der herrnhutischen Gemeine fortzusetzen ...
Wilhelm Meisters Lehrjahre / 6. Buch / Bekenntnisse einer schönen Seele
HA 7, 414

Der protestantische Gottesdienst hat zu wenig Fülle und Konsequenz, als daß er die Gemeine zusammen halten könnte …
Dichtung und Wahrheit / 2. Teil / 7. Buch
HA 9, 288
Allein Lavater war ganz anders gesinnt; er liebte seine Wirkungen ins Weite und Breite auszudehnen, ihm ward nicht wohl als in der Gemeine …
Dichtung und Wahrheit / 3. Teil / 14. Buch
HA 10, 19

gemütlich
aus dem Gemüt kommend, herzlich, gefühlvoll, anrührend
Blick und Händedruck, und Küsse, gemütliche Worte, / Silben köstlichen Sinns wechselt ein liebendes Paar.
„Römische Elegien" XIII, Vers 29 f.
HA 1, 166
[…] hatte der Dichter vor kurzem, bei einem herrlichen Feste in Allerhöchster Gegenwart, das Glück nach seiner Weise gemütlich abzutragen.
Westöstlicher Divan / Noten und Abhandlungen / Künftiger Divan
HA 2, 196
Weil aber die meisten derselben (Maximen und Sentenzen) *wohl nicht durch ihre eigene Reflexion entstanden sein können, so ist es wahrscheinlich, daß man ihr irgendeinen Heft mitgeteilt, aus dem sie sich, was ihr gemütlich war, ausgeschrieben.*
Die Wahlverwandtschaften / 2. Teil / 4. Kapitel
HA 6, 383
Ein sanftes, gemütliches Lied jedoch möcht' ich unserm Freunde zu hören geben, eines, das ihr so ernst-lieblich vorträgt …
Wilhelm Meisters Wanderjahre / 2. Buch / 8. Kapitel
HA 8, 255
Mein Vater, von Karl dem Siebenten zum kaiserlichen Rat ernannt, und an dem Schicksal dieses unglücklichen Monarchen gemütlich teilnehmend, neigte sich mit der kleinern Familienhälfte gegen Preußen.
Dichtung und Wahrheit / 1. Teil / 2. Buch
HA 9, 46
Vergebens durchsucht man Geschichte, Fabel, Überlieferung und Legende, um einen gleich günstigen, reichen, gemütlichen und anmutigen Gegenstand (Anbetung der Könige) *auszufinden …*
Heidelberg
AGA 13, 690
Zwischen Herder und uns waltete dagegen ein gemütlich literarischer Verkehr höchst lebhaft fort …
Dichtung und Wahrheit / 3. Teil / 12. Buch
HA 9, 516
Bei dem obgenannten hatte ich mich besonders zu erfreuen, und zwar will ich zuvörderst der gemütlich-ausführlichen Darstellung des Messias von Händel gedenken;
Für Freunde der Tonkunst
AGA 14, 337
Meine Gespräche mit beiden hohen Personen waren die gemütlichsten, und sie schlossen sich, bei der Abschiedsaudienz, wiederholt mit der Versicherung: es würde ihnen beiderseits angenehm sein, mich bald in Weimar zu sehn.
Dichtung und Wahrheit / 4. Teil / 18. Buch
HA 10, 131
[…] wenn ich mir es (das Christentum) *in seiner Reinheit vergegenwärtigte, so wie wir es in der Apostelgeschichte sehen, so mußte mir schaudern, was nun auf jenen*

gemütlichen Anfängen ein unförmliches, ja barockes Heidentum lastet.
Italienische Reise / Ferrara bis Rom / 27. Oktober 1786
HA 11, 123
Ist das (gegenseitige Offenheit) *geleistet, so sind beide Teile zufrieden, und das Gemütliche, was das Erste und Letzte von allem ist, erscheint als reine Zugabe.*
Italienische Reise / Neapel / 3. Juni 1787
HA 11, 348
Auch wird sie (die Überlieferung) *leicht sentimental, so daß wir uns nur, was gemütlich ist, aneignen.*
Maximen und Reflexionen Nr. 202
HA 12, 392
Er schreibt eine Hand, die nicht schön aber gemütlich ist.
An Jacobi, 9. 9. 1788
HAB 2, 100
[…] so gelingt es ihm (dem Schauspieler) *auch […] sich von seiner eigenen Individualität […] zu separieren und sie nur da, wo ihn die Nachahmung verläßt, bei gemütlichen, herzlichen und würdigen Stellen hervortreten zu lassen.*
An J. H. Meyer, 18. 4. 1796
HAB 2, 219
Fahren Sie fort, wie es Ihnen gemütlich ist, und ich will sehen, ob ich an die Ausführung des zweiten Teils (von „Pandora") *kommen kann.*
An Zelter, 26. 6. 1811
HAB 3, 159
Die Anwesenheit unsrer wackern Doris (Zelters Tochter) *hat uns Deine Zustände recht anmutig aufgehellt und uns gar gemütlich so gut wie hineinversetzt.*
An Zelter, 23. 2. 1832
HAB 4, 472
[…] Freunde […], die durch Neigung, Wohlwollen und Teilnahme geneigt schienen über die ungeheure Lücke (Tod des Großherzogs), *die in mein Leben gerissen worden, wieder einen gemütlichen Stieg in die Gefilde des Lebens hinüberzuschlagen.*
An C. F. M. P. v. Brühl, 23. 10. 1828
FA II, 11, 69

Gemütlichkeit

Herzlichkeit, Innigkeit, Gefühlskultur
[…] dies ist die Epoche des Werdens, des Friedens, des Nährens, der Künste, der Wissenschaften, der Gemütlichkeit, der Vernunft.
Farbenlehre / Historischer Teil / Zwischenzeit
AGA 16, 341
So verging ihnen der Tag zusammen; alle häuslichen Epochen wurden mit der größten Gemütlichkeit durchlebt …
Wilhelm Meisters Wanderjahre / 2. Buch / 3. Kapitel
HA 8, 170
Dagegen haben jene ersten (Vorstudien zu einem Gemälde) *eine Gemütlichkeit ohnegleichen, weil sie unmittelbar aus der Seele des großen Meisters hervortraten …*
Cäsars Triumphzug von Mantegna
AGA 13, 938
Er (Klinger) *empfahl sich durch eine reine Gemütlichkeit, und ein unverkennbar entschiedener Charakter erwarb ihm Zutrauen.*
Dichtung und Wahrheit / 3. Teil / 14. Buch
HA 10, 12

genestelt (s. a. → Nestel)

impotent: man glaubte früher, Nestelknüpfen als Zauberpraktik gegen einen Mann mache diesen impotent
Und wenn ich dann nicht weiter kann,
Steh' ich wie ein genestelter Mann.

„Künstlers Apotheose", Vers 9f.
HA 1, 68f.

genial(isch)

geistvoll, schöpferisch, spontan
[...] die Neigung kümmert sich um keine Antezedentien (frühere Ereignisse), *und wie sie blitzschnell genialisch hervortritt, so mag sie weder von Vergangenheit noch Zukunft wissen.*
Dichtung und Wahrheit / 4. Teil / 19. Buch
HA 10, 167
„Lilis Park" mag ohngefähr in diese Epoche gehören; ich füge das Gedicht hier nicht ein, weil es jenen zarten empfindlichen Zustand nicht ausdrückt, sondern nur, mit genialer Heftigkeit, das Widerwärtige zu erhöhen und durch komisch ärgerliche Bilder das Entsagen in Verzweiflung umzuwandeln trachtet.
Dichtung und Wahrheit / 4. Teil / 19. Buch
HA 10, 168
Meist schon frühere Bekannte [...], sämtlich mit meiner Mutter vertraut, ihre genialen Eigenheiten schätzend ...
Campagne in Frankreich / 23. August 1792
HA 10, 189
An der Fassade konnte ich mich nicht satt sehen, wie genialisch konsequent auch hier der Künstler gehandelt.
Italienische Reise / Ferrara bis Rom / 25. Oktober 1786
HA 11, 117
[...] sein (des Abbate Casti) *heiterer freier Vortrag schien jene geistreichen, übermäßig genialen Darstellungen vollkommen ins Leben zu bringen.*
Zweiter römischer Aufenthalt / Störende Naturbetrachtungen
HA 11, 379
Es liegen so manche Dinge (literarische Projekte Goethes) *[...] und bedürfen eigentlich nur einer gewissen genialen Redaktion.*
An Nees v. Esenbeck, 24. 5. 1827
HAB 4, 234

Genie

kraftvoller, inspirierter Mensch (aber noch nicht „Mensch von höchster, außerordentlicher Begabung")
War unser Umgang nicht ein ewiges Weben von der feinsten Empfindung, dem schärfsten Witze, dessen Modifikationen, bis zur Unart, alle mit dem Stempel des Genies bezeichnet waren?
Die Leiden des jungen Werthers / 1. Buch / 17. Mai
HA 6, 12

Genius

Schutzgeist
Dank sei meinem Genius, der mich damals in meiner häuslichen Verfassung so eingeschränkt hielt.
Wilhelm Meisters Lehrjahre / 6. Buch / Bekenntnisse einer schönen Seele
HA 7, 398

Gentleman

Mann von Erziehung und gesellschaftlicher Bildung
Gentlemanartig in Stellung und Kleidung, ist er (der Offizier Ferdinand Imécourt) *eben im Begriff die breiten Stufen zu einem einfachen Gartenhaus hinaufzusteigen ...*
Portraits historiques de Gérard
AGA 13, 994
Mit Wilhelm Meister ging es mir noch schlimmer. Die Puppen waren den Gebil-

deten zu gering, die Komödianten den Gentlemen zu schlechte Gesellschaft, die Mädchen zu lose; hauptsächlich aber hieß es, es sei kein Werther.
An Schultz, 10. 1. 1829
HAB 4, 312

genugsam
genügend, ausreichend
[...] daß er (Oeser), *bei einem sehr schönen Naturell, seine jungen Jahre nicht in genugsamer Tätigkeit verwendet, deswegen er auch nie dahin gelangt sei, die Kunst mit vollkommener Technik auszuüben.*
Dichtung und Wahrheit / 2. Teil / 8. Buch
HA 9, 309

Geräms
Gitterwerk (aus Holz oder Eisen) als Vorbau an einem Haus
Einen solchen Vogelbauer, mit dem viele Häuser versehen waren, nannte man ein Geräms. Die Frauen saßen darin, um zu nähen und zu stricken; die Köchin las ihren Salat; die Nachbarinnen besprachen sich von daher miteinander ...
Dichtung und Wahrheit / 1. Teil / 1. Buch
HA 9, 11
Was das Geräms betrifft [...], so kann man [...] sich den Ursprung desselben am ersten denken, wenn man sich vorstellt, wie zur Sommerszeit Bürgersleute Stühle und Bänke vor ihre Häuser setzten ...
An Reinhard, 13. 2. 1812
HAB 3, 175

Gerechtsame
Befugnis, Vorrecht
Man erfährt ihre (der Städte, Flecken und Dörfer) *Gerechtsame zugleich mit den rechtlichen Gründen, es wird uns bekannt, wo das Grundkapital des Staats liegt und was es für Interessen* (Zinsen) *bringt.*
Dichtung und Wahrheit / 3. Teil / 13. Buch
HA 9, 596

gerichtlich
anklagend
Isegrim aber, der Wolf, begann die Klage; von allen / Seinen Vettern und Gönnern, von allen Freunden begleitet, / Trat er vor den König und sprach die gerichtlichen Worte ...
Reineke Fuchs / 1. Gesang / Vers 20f.
HA 2, 285

Geruch
Ruf
Die dabei zu übernehmende Arbeit würde [...] einem Verleger, dem Gewinn von allen Seiten her guten Geruch bringt, sichern Vorteil gewähren.
Vorschlag vom 3. Februar 1824
AGA 14, 333

Geschäftsfreund
Kollege in einem staatlichen Amt
Welche sorgenvolle Verhandlungen ich mit meinem treuen und ewig unvergeßlichen Geschäftsfreunde, dem Staatsminister von Voigt, damals gewechselt, möchte schwer auszusprechen sein;
Tag- und Jahreshefte / 1806
HA 10, 495

Geschäftsmann
Staatsbeamter, Staatsmann
Als tüchtiger genauer Geschäftsmann tut er (Rabener) *seine Pflicht, und erwirbt sich dadurch die gute Meinung seiner Mitbürger und das Vertrauen seiner Oberen ...*
Dichtung und Wahrheit / 2. Teil / 7. Buch
HA 9, 260

Besonders wurden auch solche Personen verehrt, die, neben jenem angenehmen Talente (als Dichter und Gelehrte), *sich noch als emsige, treue Geschäftsmänner auszeichneten.*
Dichtung und Wahrheit / 2. Teil / 10. Buch
HA 9, 397

geschlägelt → schlegeln

Geschoß

Steuer oder Abgabe auf Grundbesitz
Ich armer Teufel, Herr Baron, / Beneide Sie um Ihren Stand / [...] / Um Ihres Vaters festes Schloß, / Um seine Wildbahn und Geschoß.
Wilhelm Meisters Lehrjahre / 3. Buch / 9. Kapitel
HA 7, 182

geschossen

närrisch, von Sinnen
[...] Jawohl! wenn Sie's nicht haben? / Possen! / Wo taten Sie's denn hin? / Ich glaub', du bist geschossen!
Die Mitschuldigen / 3. Aufzug / 2. Auftritt / Vers 644 f.
HA 4, 55

Geschworener

(vereidigter) Aufseher und Führer in einem Bergwerk
Der Geschworne ward einen Schritt vor mir von einem Stück Gebürg das sich ablöste zu Boden geschlagen ...
An C. v. Stein, 7.–9. 12. 1777
HAB 1, 245

gesetzlich

geregelt, geordnet
[...] da sie (Charlottes Gartenknaben) *sich denn in ihren heitern, reinlichen Uniformen, mit gesetzlichen Bewegungen und einem natürlichen lebhaften Wesen sehr gut ausnahmen.*
Die Wahlverwandtschaften / 2. Teil / 7. Kapitel
HA 6, 407

Gesicht

– Sehvermögen, Auge
Unsere arme Freundin Kalb ist wirklich sehr übel. Sie ist schon des besten Gebrauchs ihres Gesichts beraubt.
An Schiller, 6. 1. 1798
AGA 20, 488
[...] beide hatten blaugraue Augen, ein scharfes Gesicht in der Nähe und Ferne.
Farbenlehre / Physiologische Farben
AGA 16, 54
Man [...] drängte sich, sie ins Gesicht zu fassen (= zu erblicken)
Wilhelm Meisters Lehrjahre / 2. Buch / 4. Kapitel
HA 7, 105
– (unheimliche) Erscheinung
Wer ruft mir? / Schreckliches Gesicht! / Du hast mich mächtig angezogen ...
Faust I / Nacht / Vers 482 f.
HA 3, 23

Gespanschaft

Spielkameradschaft
(von „Gespan" = Gefährte)
Die Zerstreuungen der Jugend, da meine Gespanschaft sich zu vermehren anfing ...
Wilhelm Meisters Lehrjahre / 1. Buch / 7. Kapitel
HA 7, 26

Gespenst

Trugbild
Kehren wir dagegen das geöffnete Auge nach einer Wand und betrachten das uns

vorschwebende Gespenst in bezug auf andre Gegenstände …
Farbenlehre / Physiologische Farben
HA 13, 333
[…] daß Doppelbilder als halbierte Bilder, als eine Art von durchsichtigem Gespenst erscheinen …
Farbenlehre / Physische Farben
HA 13, 381
Doch gegen alle diese kunstwidrigen Gespenster sollte mein Sinn für das Schöne durch die herrlichste Kraft geschützt werden.
Dichtung und Wahrheit / 3. Teil / 12. Buch
HA 9, 537
Heute früh ging ich mit dem festen, ruhigen Vorsatz, meine dichterischen Träume fortzusetzen, nach dem öffentlichen Garten, allein eh' ich mich's versah, erhaschte mich ein anderes Gespenst, das mir schon diese Tage nachgeschlichen (gemeint: die Vorstellung einer Urpflanze).
Italienische Reise / Sizilien / 17. April 1787
HA 11, 266

Geströhde
massenhaftes Stroh, Strohhaufen
[…] dabei sei noch der wunderliche Umstand, daß man fürchte, nach weggeschafftem misthaftem Geströhde werde erst deutlich zum Vorschein kommen, wie schlecht das Pflaster darunter beschaffen sei …
Italienische Reise / Sizilien / 5. April 1787
HA 11, 236
[…] das gröbere Geströhde wenigstens von einem Orte zum andern geschoben und dadurch wundersame, reine Mäander auf das Pflaster gezeichnet.
Italienische Reise / Sizilien / 15. April 1787
HA 11, 265

gewältigen
bemeistern, bezwingen
[…] das eigentliche Organ, durch das er seine innere Welt aufzubauen und die äußere zu gewältigen suchte.
Farbenlehre / Historischer Teil / 18. Jh.
AGA 16, 575
[…] die grenzenlose Bemühung, dieses schrecklichste aller Ereignisse in seinen Ursachen und Folgen dichterisch zu gewältigen.
Zur Wissenschaftslehre / Bedeutende Fördernis
AGA 16, 881
Er […] schlief endlich ein und erwachte nicht eher, als bis die Sonne mit herrlichem Blick heraufstieg und die frühsten Nebel gewältigte.
Die Wahlverwandtschaften / 1. Teil / 13. Kapitel
HA 6, 327

gewaltsam
heftig, stark
In der Ecke der Kapelle oder des Saals stand ein Kasten mit Steinen, welchen Felix, der seit unserer Wanderung durchs Gebirg eine gewaltsame Neigung zum Gestein bekommen, eifrig hervorzog …
Wilhelm Meisters Wanderjahre / 1. Buch / 3. Kapitel
HA 8, 29

gewärtig
achthabend, (dienst)bereit
Siehst du, es geht! Des Dichters Wink gewärtig / Melodisch klingt die durchgespielte Leier …
„Sonette" l, Vers 9 f.
HA 1, 295

Gewerbe
Gelenk am Stengel einer Pflanze
Man gebe sich Rechenschaft von der Empfindung, die uns ergreift, wenn die berührte Mimosa ihre gefiederten Blätter paarweise zusammen faltet, und endlich das Stielchen wie an einem Gewerbe niederklappt.
Dichtung und Wahrheit / 4. Teil / 16. Buch
HA 10, 79

Gewerke, der
Werkmann
Das dritte, die Vollendung, ist die Sorge gar vieler Gewerke …
Die Wahlverwandtschaften / 1. Teil / 9. Kapitel
HA 6, 300
Die Gruben werden durch einzelne Gewerken betrieben …
Aus Teplitz, 1813
AGA 17, 513

Gewerkschaft
Gesamtheit der Inhaber an Bergwerks-Anteilen
Wir haben […] einen Heimlichen Handel angelegt um die fatale Schneidemühle […] durch Kauf an die Gewerckschafft zu bringen …
An den Herzog Carl August, 18. 10. 1784
HAB 1, 455

gewissen, im → im gewissen

Gift, der
verderbenbringender, gefährlicher Stoff
Ich habe selbst den Gift an Tausende gegeben / Sie welkten hin, ich muß erleben, / Daß man die frechen Mörder lobt.
Faust I / Vor dem Tor / Vers 1053 ff.
HA 3, 39
Anstatt dessen verdirbt mir der Gift dieses Parteigeistes die schönsten […] Augenblicke meines Lebens!
Dichtung und Wahrheit / 1. Teil / 3. Buch
HA 9, 103

Gift, die
Gabe, Geschenk
Des Kaisers Wort ist groß und sichert jede Gift / Doch zur Bekräftigung bedarf's der edlen Schrift …
Faust II / Des Gegenkaisers Zelt / Vers 10927 f.
HA 3, 329

Gigue
Tanzmusik im Tripeltakt
Wenn wir nun der Menuett genug hatten, so ersuchte ich den Vater um andere Tanzmusiken, dergleichen die Notenbücher in ihren Giguen und Murkis reichlich darboten …
Dichtung und Wahrheit / 2. Teil / 9. Buch
HA 9, 389

Gimpel
urspr.: Dompfaff oder Goldfink (Vogelname), auch: einfältiger, leichtgläubiger Mensch
Umständlich erzählte er […] und lachte herzlich über die Gimpel, denen im Anfange so wohlgetan habe, sich von einem angesehenen […] Offizier […] geschätzt und hervorgezogen zu sehen.
Wilhelm Meisters Lehrjahre / 3. Buch / 11. Kapitel
HA 7, 195 f.

Glast
Glanz
Denk', o Herr! wenn du getrunken, / Sprüht um dich des Feuers Glast!

Westöstlicher Divan / Schenkenbuch / „Denk', o Herr! wenn du …"
HA 2, 96

gleichmäßig
auf gleiche, entsprechende Weise
Abstrahiere ich nun von Ihrer Persönlichkeit und suche das was Ihnen gehört mir anzueignen, so finde ich sehr vieles was ich aus meinem bestimmten Gesichtspunkte gar gern gleichmäßig ausdrücke.
An A. Schopenhauer, 23. 10. 1815
FA II, 7, 537
Jetzt, unter leidlichen Auspizien nach Hause gelangt, fühl ich gleichmäßig, daß man immer auf innern und äußern Krieg gerüstet sein muß.
An Zelter, 29. 10. 1815
FA II, 7, 540

glorios
des Rühmens voll
Mein Vater war sehr glorios über dieses Gelingen, und der gute Hausfreund, der eben zu Tische kam, mußte die Freude teilen.
Dichtung und Wahrheit / 1. Teil / 4. Buch
HA 9, 144

görzen
politisieren (nach dem Namen des preußischen Diplomaten Grafen Görtz)
Wir haben gekannegiesert und gegörzt, und aus allem was ich von den vier Enden der erde höre, zieh ich immer meine eigne Nuzanwendung.
An C. v. Stein, 5. 5. 1780
HAB 1, 302

Grasaffe
für: junges Mädchen
Der Grasaff'! ist er weg? / Hast wieder spioniert?
Faust I / Marthens Garten / Vers 3521
HA 3, 112
Haben Sie eine Ahndung mich heut zu sehen? Hier ist was für die Grasaffen (die Kinder von Charlotte)!
An C. v. Stein, 16. 4. 1776
FA II, 2, 33
Ich ging zu Lili und fand den schönen Grasaffen mit einer Puppe von sieben Wochen spielen, und ihre Mutter bey ihr.
An C. v. Stein, 24. 9. 1779
HAB 1, 273

graß
schrecklich
[…] da denn doch zuletzt nur widernatürliche und widergeistige, grasse Gestalten zum Vorscheine kommen.
Westöstlicher Divan / Noten und Abhandlungen
HA 2, 160
Wer mir den Rücken kehrt, gleich liegt ihm schlapp / Hals, Kopf und Schopf hinschlotternd graß im Nacken …
Faust II / Auf dem Vorgebirg / Vers 10514
HA 3, 317

Graus
Schutt, Trümmer, auch: Grauen, Grausen, Entsetzen
Nach Erbschafts Moder und langer Nacht, / Zog es endlich der Jungfrauen Flor / Aus Schutt und Staub und Graus hervor …
„In ein altes Stammbuch", Vers 20 ff.
FA I, 1, 186
Die Kirche stürzt in Graus, / Dadroben brennt das Haus.
„Die Zerstörung Magdeburgs", Vers 29 f.
FA I, 1, 723
Entfernt des Vorwurfs glühend bittre Pfeile, / Sein Innres reinigt von erlebtem Graus.

Faust II / Anmutige Gegend / Vers 4624 f.
HA 3, 146
Er führte mich, durch Graus und Wog' und Welle / Der Einsamkeiten, her zum festen Strand.
Faust II / Kaiserliche Pfalz / Vers 6551 f.
HA 3, 201

grieseln
gruseln
In diesem Bezug [...] finden wir eins der Grimmischen Kindermärchen zu empfehlen, wo der naturfeste Bauerjunge, der immer von Schaudern (Grieseln) hört und, höchst neugierig, was denn das eigentlich für eine Empfindung sei, die gespensterhaftesten Abenteuer [...] besteht ...
The foreign quarterly review
AGA 14, 929

Grille
Heimchen (Insekt), aber auch: Laune
Ihr liebt, und schreibt Sonette! Weh der Grille!
„Sonette" XIV, Vers 1
HA 1, 301
Des Verfassers Grille, nicht unter der Akademie stehen zu wollen ...
An Schiller, 25. 2. 1795
AGA 20, 64
[...] und besonders was die Musik betrifft hast Du wunderliche Grillen in Deinem Köpfchen erstarren lassen, die mir insofern lieb sind weil sie Dein gehören ...
An B. Brentano, 11. 1. 1811
HAB 3, 142

grillen
Launen haben
Schmollt der Mann und grillt die Frau, / So faßt sie nur behende / Führt mir nach dem Mittag Sie, / Und Ihn an Nordens Ende.
Faust I / Walpurgisnachtstraum / Vers 4247 f.
HA 3, 133

grillenhaft
launenhaft
Die keusche Luna launet grillenhaft / Mars, trifft er nicht, so dräut euch seine Kraft.
Faust II / Kaiserliche Pfalz / Vers 4959 f.
HA 3, 155

grillisieren
Launen nachjagen, grübeln
Es ist nicht das erste Mal, daß ich das Wichtigste nebenher tue, und wir wollen darüber nicht weiter grillisieren und rechten.
Italienische Reise / Rom / 10. Januar 1787
HA 11, 158

Grindschiepel
von „Grind" (= Schorf); Schniepel: „eitler Schönling", „Stutzer"
Name in „Hanswursts Hochzeit"
FA I, 4, 579

Grummet
zweite Mahd des Grases
[...] und ob ich wohl wußte, daß er die Pferde morgen früh zum Einfahren des Grummets brauchte ...
Italienische Reise / Vom Brenner bis Verona / 11. September 1786
HA 11, 23
Sobald das Grummet von den Wiesen ist, kommt erst das Rindvieh drauf; die Schafe nicht eher als bis es gefroren hat.
Reise in die Schweiz, 27. August 1797
FA I, 16, 134

gruneln
nach frischem Grün duften
Heile mich, Gewitterregen, / Laß mich, daß es grunelt, riechen!

Westöstlicher Divan / „All-Leben“
HA 2, 18
Und es grunelt und es grünet / In den irdischen Bezirken.
Westöstlicher Divan / „All-Leben“
HA 2, 18
Tränen beleben den Staub, / Schon grunelt's.
Westöstlicher Divan / Aus dem Nachlaß / „Laßt mich weinen!“
HA 2, 124
Hier weht gar eine weiche Luft, / Es grunelt so, und mir behagt der Duft!
Faust II / Klassische Walpurgisnacht / Vers 8265 f.
HA 3, 250
[…] daß der Sommerstaub, den ein Gewitterregen aus der Atmosphäre niederschlägt, sogleich lebt und belebt, wie der grunelnde Geruch erquicklich andeutet …
An C. G. Nees v. Esenbeck, 18. 6. 1816
HAB 3, 357

Grünhaus
Gewächshaus
[…] und in den Grünhäusern brach ich die beiden Zweige (von Lorbeer und Myrte), *verknüpfte sie und mit wenigen, aber wohlempfundnen Reimen begleitet gingen sie ab.*
An M. v. Willemer, 9. 5. 1824
HAB 4, 109

Grus
verwittertes Gestein,
Steinschutt
Ja, zu Verherrlichung der Lieben, / Gießbäche, Soumelpours durchwühlt, / Aus Erde, Grus, Gerill, Geschieben / Dir Diamanten ausgespült.
Westöstlicher Divan / Buch Suleika / „Nur wenig ist's, was ich verlange …“
HA 2, 69
Es fiel nämlich durch Gras, Blätter und Blumen wie Sand und Grus in Menge herunter …
Wilhelm Meisters Wanderjahre / 3. Buch / 6. Kapitel
HA 8, 374
Wir rückten dem roten Berge näher, ich stieg hinauf: er ist ganz aus rotem vulkanischem Grus, Asche und Steinen zusammengehäuft.
Italienische Reise / Sizilien / 5. Mai 1787
HA 11, 295

Guerilla
Kämpfer im Untergrund
[…] auch er (der junge Feldjäger) *nahm in Aranjuez in dem zerstörten Palast des Friedensfürsten Quartier, litt von behenden Guerillas, schmachtete unter eigennützigen Krankenwärtern und verkam beinahe im grausamen unverdienten Gefängnis.*
Der junge Feldjäger
AGA 14, 522

Gütchen
Hausgeister, Wichtelmänner
Den frommen Gütchen nah verwandt, / Als Felschirurgen wohlbekannt …
Faust II / Kaiserliche Pfalz / Vers 5848 f.
HA 3, 181

gutmütig
freundlich, wohlwollend, hilfsbereit
[…] aber nicht das leere Suchen, sondern das wunderbare gutmütige Suchen begabt ihn …
Wilhelm Meisters Lehrjahre / 8. Buch / 4. Kapitel
HA 7, 532

Haareule
Frau mit hoher, unordentlicher Frisur
Name in „Hanswursts Hochzeit"
FA I, 4, 580

Haartour
Haarteil als Zusatz zur Frisur
Hierbei bleibe nun nichts übrig, als mir eine Haartour gefallen zu lassen, bis der natürliche Wachstum sich wieder nach den Erfordernissen der Zeit hergestellt habe.
Dichtung und Wahrheit / 2. Teil / 9. Buch
HA 9, 369

habsüchtig
nach Besitz verlangend
Kann man dergleichen Umgebung (antike Statuen) *in Rom tagtäglich genießen, so wird man zugleich habsüchtig darnach; man verlangt, solche Gebilde neben sich aufzustellen, und gute Gipsabgüsse als die eigentlichsten Faksimiles geben hiezu die beste Gelegenheit.*
Zweiter römischer Aufenthalt / Bericht (April)
HA 11, 545

Häckerling
gehacktes oder geschnittenes Stroh
Das Kränzel reißen die Buben ihr, / Und Häckerling streuen wir vor die Tür!
Faust I / Am Brunnen / Vers 3575 f.
HA 3, 114
Der große Juchtensack, den uns Hackert geliehen, kam diesmal sehr zugute und ward vorläufig mit Häckerling angefüllt.
Italienische Reise / Sizilien / 28. April 1787
HA 11, 282

häkeln
tadeln
Am Flusse kannst du stemmen und häkeln; / Überschwemmung läßt sich nicht mäkeln.
„Sprichwörtlich"
FA I, 2, 387

halbschürig (s. a. → zweischürig)
mangelhaft, schwächlich, unzureichend (ursprünglich von der halbjährlich geschorenen Schafwolle gesagt, welche weniger dicht war als die „einschürige", die man bei jährlicher Schur gewann)
Eine Musik, die den heiligen und profanen Charakter vermischt, ist gottlos, und eine halbschürige, welche schwache, jammervolle, erbärmliche Empfindungen auszudrücken Belieben findet, ist abgeschmackt.
Wilhelm Meisters Wanderjahre / 2. Buch / Betrachtungen im Sinne der Wanderer
HA 8, 290

halten
halten für, ansehen, meinen
Wenn uns nun diese sämtlich nicht in Verwunderung setzen, weil ihr Tun und Lassen ohne Wandern meist nicht denkbar wäre, so sollten wir diejenigen, die ihren Fleiß dem Boden widmen, doch wenigstens an denselben gefesselt halten.
Wilhelm Meisters Wanderjahre / 3. Buch / 9. Kapitel

Hand
Handschrift
Seine (Joseph Balsamos) *große Gabe, alle Hände nachzuahmen, ließ er nicht unbenutzt ...*
Italienische Reise / Sizilien / 13./14. April 1787
HA 11, 255

Er schreibt eine Hand, die nicht schön aber gemütlich ist.
An Jacobi, 9. 9. 1788
HAB 2, 100

Handquehle
Handtuch
Der Erbkämmerer ritt sodann gleichfalls auf jene Gegend zu und brachte ein Handbecken nebst Gießfaß und Handquehle zurück.
Dichtung und Wahrheit / 1. Teil / 5. Buch
HA 9, 204

Hans Arsch von Rippach
Name in „Hanswursts Hochzeit"
FA I, 4, 579

Hans Tapp ins Mus
Volkstümlich für „Tölpel", „ungeschickter Mensch"
Name in „Hanswursts Hochzeit"
FA I, 4, 579

Hasenfuß
als Kosename
(nicht „Angsthase")
Denn euch andern lebenslustigen Hasenfüsen wäre hier das köstlichste Gastmahl bereitet.
An C. v. Goethe, 1. 8. 1814
FA II, 7, 359

hasig
glatt, anschmiegsam, schnucklig
Ich lege ein kleines Halstuch für Carolinchen bei, welches recht hasig ist und ihr Freude machen wird.
An C. v. Goethe, 3.–5. 6. 1810
FA II, 6, 561

Hauderer
Lohnkutscher
Mit einem so gellenden Nachklange [...] fuhr ich im September 1768 von Leipzig ab, in dem bequemen Wagen eines Hauderers ...
Dichtung und Wahrheit / 2. Teil / 8. Buch
HA 9, 336

haudern
nach Art eines Lohnkutschers langsam und wenig rücksichtsvoll fahren
Ekles Schwindeln zögert / Mir vor die Stirne dein Haudern.
An Schwager Kronos, Vers 4 f.
HA 1, 47
Von Freiberg sodann [...] läßt er (Johann Christoph Sachse) *sich über Frauenstein zu gehen [...] bereden, erreicht bei großer Hitze die Grenze Böhmens, wird nach leidlicher Mautvisitation eingelassen und muß nun den schlimmen Weg des Nickelsberges hinunterhaudern.*
Nekrolog des deutschen Gil Blas
AGA 14, 502

häufig
zahlreich, in großer Menge
Die Feierlichkeiten [...] wurden emsig und häufig vorbereitet, und mir besonders war dabei das Gebäude merkwürdig, das zu ihrem (Marie Antoinettes) *Empfang [...] aufgerichtet stand.*
Dichtung und Wahrheit / 2. Teil / 9. Buch
HA 9, 362
Auch handelte ich sogleich mit den Einwohnern um solches Gefieder, welches sie auch sogleich häufig, getötet, herbeibrachten.
Italienische Reise / Ferrara bis Rom / 19. Oktober 1786
HA 11, 108

Hautelisse
Gobelin, Wandteppich
Diesen (den Hauptsaal) *hatte man mit viel größern, glänzendern, reichern und von gedrängten Zieraten umgebenen Hautelissen behängt, die nach Gemälden neuerer Franzosen gewirkt waren.*
Dichtung und Wahrheit / 2. Teil / 9. Buch
HA 9, 363
Der Köniqinn Zimmer. Große Säle. Französche Hautelissen.
Tagebuch, 15. 8. 1813
FA II, 7, 254

hefteln
etwas mit Hefteln (= Häkchen) schließen
Ich heftelte mich in mein Zelt ein und durfte so die hohen Herrschaften, welche unmittelbar davor ganz vertraulich auf und nieder gingen, auf das genauste beobachten.
Belagerung von Mainz
10, 366

heften
haften
Bleibe nicht am Boden heften, / Frisch gewagt und frisch hinaus!
Wilhelm Meisters Wanderjahre / 3. Buch / 9. Kapitel
HA 8, 392

Hegire
die Auswanderung Mohammeds von Mekka nach Medina
Hegire
Westöstlicher Divan / Gedichttitel
HA 2, 7
[...] es (der 3. September) *war der Jahrestag meiner Hegire von Karlsbad ...*
Zweiter römischer Aufenthalt / Bericht (September)
HA 11, 401
Und daß ich meine Hegire just von Ihrem Geburtstag datiere.
An den Herzog Carl August, 14. 10. 1786
HAB 2, 15
Ich segne meinen Entschluß zu dieser Hegire, denn ich bin dadurch der Zeit und dem lieben Mittel-Europa entrückt ...
An Knebel, 8. 2. 1815
HAB 3, 293

hehr
erhaben, herrlich
Ein wundersamer Zustand bei hehrem Mondenschein brachte mir das Lied „Um Mitternacht", welches mir desto lieber und werter ist, da ich nicht sagen könnte, woher es kam und wohin es wollte.
Tag- und Jahreshefte / 1818
HA 10, 521 f.

Heidekorn
Buchweizen
Ich glaube die Ursache dieses krankhaften Zustandes in dem häufigen Gebrauch des türkischen und Heidekorns zu finden.
Italienische Reise / Vom Brenner bis Verona / 14. September 1786
HA 11, 38

Heimchen
Hausgrille
Unter der Laube oder vor dem Altar, mit Umarmungen oder goldenen Ringen, beim Gesange der Heimchen oder bei Trompeten und Pauken ...
Wilhelm Meisters Lehrjahre / 8. Buch / 7. Kapitel
HA 7, 565

heimlich
traulich, anheimelnd, vertraut
[…] durch eben diese Straße mit Saitenspiel und Gesang in goldnen Phantasieen hinschweben, und sein am heimlichen Gegitter lauschendes Mädchen mit wonnevollen Erwartungen entzünden!
Clavigo / 5. Akt / Straße vor dem Hause Guilberts
HA 4, 303
[…] und wir dachten es uns so bequem, so artig, so gemütlich und heimlich, die Welt, die wir zusammen nicht sehen sollten, in der Erinnerung zu durchreisen.
Die Wahlverwandtschaften / 1. Teil / 1. Kapitel
HA 6, 247
Hier ist der völlige Winter eingetreten und hat die ganze Gegend in sein weises Kleid gehüllt. Man sieht keinen Berg für Wolcken und es wäre recht heimlich wenn man nicht so allein wäre.
An C. v. Stein, 9.–11. 11. 1785
FA II, 2, 604

Hemdelemper
von „lempern“: schlottern
Name in „Hanswursts Hochzeit“
FA I, 4, 582

herstellen, sich
sich von etwas erholen
Vergebens suchte das junge Gemüt sich gegen diese Eindrücke herzustellen …
Dichtung und Wahrheit / 1. Teil / 1. Buch
HA 9, 31

herzig
herzerquickend, anmutend, lieblich
Es ist ein gar zu herziges Ding um die Hoffnung, wiederzusehen.
An F. Brion, 15. 10. 1770
HAB 1, 118
Das herzige Spielwerk (die Pflege des Gartenhauses im Park von Weimar) *ist ein Kahn, auf dem ich oft über flache Gegenden meines Zustandes wegschwimme.*
An Merck, 5. 8. 1778
HAB 1, 252

herzlich
von Herzen kommend, innig
[…] und wenn er nur einigermaßen bei sich gewesen wäre, so hätte ihm ein tiefes Atemholen verraten müssen, daß sie herzliche Seufzer zu verbergen habe.
Wilhelm Meisters Wanderjahre / 1. Buch / 8. Kapitel
HA 8, 99
25. Thetis und Eurynome den Hephästos aufnehmend. Zierliche, herzliche Gruppe.
Gegenstände aus der Ilias
AGA 13, 187
Hier verlangt er (der Deutsche) *Stücke, die eine gewisse einfache Gewalt über ihn ausüben, die ihn entweder zu herzlichem Lachen oder zu herzlicher Rührung bewegen.*
Weimarisches Hoftheater
AGA 14, 70
Die Grabmäler sind herzlich und rührend und stellen immer das Leben her.
Italienische Reise / Verona bis Venedig / 16. September 1786
HA 11, 42
Gestern Abend ist mirs herzlich weh geworden, recht von Grund aus, davon mündlich mehreres …
An C. v. Stein, 31. 12. 1780
HAB 1, 339
[…] so gelingt es ihm (dem Schauspieler) *auch […] sich von seiner eigenen Individualität […], zu separieren und sie nur*

da, wo ihn die Nachahmung verläßt, bei gemütlichen, herzlichen und würdigen Stellen hervortreten zu lassen.
An J. H. Meyer, 18. 4. 1796
HAB 2, 219

Herzlichkeit
Kraft des Herzens und Gefühls
Die Aufgabe, einen verklärten Lehrer mit seinen zwölf ersten und vornehmsten Schülern [...] gebührend vorzustellen, hat er (Raffael) *mit einer solchen Einfalt, Mannigfaltigkeit, Herzlichkeit und mit einem so reichen Kunstverständnis aufgelöst, daß wir diese Blätter für eines der schönsten Monumente seines glücklichen Daseins halten können.*
Über Christus und die zwölf Apostel
AGA 13, 76

heucheln
falschen Schein erwecken
Der zierliche Topf nimmt manchen Strauch, manche Zwiebel auf, um in winterhafter Häuslichkeit den Sommer zu heucheln, und auch in dieser Jahreszeit kein Fest ohne Blumen und Kränze zu lassen.
Lyrische Gedichte von Johann Heinrich Voß
AGA 14, 197

Heularsch
Name in „Hanswursts Hochzeit“
FA I, 4, 581

Hingang
Tod
„*Hingang*“ als Überschrift des letzten Abschnitts von: Winckelmann und sein Jahrhundert
AGA 13, 450

hinlänglich
ausreichend
Ich sagte schon: weder Spezereien noch irgendeine Anweisung ist hinlänglich ...
Wilhelm Meisters Wanderjahre / 2. Buch / 3. Kapitel
HA 8, 177

hinpfahlen
mit Pfählen abstecken (von holländ. „bepaalen“)
Aber er (Holbach) *mochte von der Natur so wenig wissen als wir: denn indem er einige allgemeine Begriffe hingepfahlt, verläßt er sie sogleich ...*
Dichtung und Wahrheit / 3. Teil / 11. Buch
HA 9, 491

Hinterhalt
Rückhalt, Unterstützung
So würde dieser Pfaffe nicht sprechen, wenn er keinen Hinterhalt hätte, er würde jetzt nicht so sprechen, wenn nicht eben jetzt das Tempo wäre, die Armee zu sondieren und Bewegungen gegen den General hervorzubringen.
Eröffnung des weimarischen Theaters
AGA 14, 27 f.

Hintritt
Tod
[...] nach dem seligen Hintritt unserer drei geliebten Nymphen ...
An Schiller, 3. 2. 1798
AGA 20, 515

Hippine
Nachtwächterhorn
Das Waldhorn lautet, nun, wie es lautet. keine Hippine giebt hier.
An C. Goethe, 7. 12. 1765
FA II, 1, 27

hocherhaben
in Hochrelief-Technik
Luca della Robbia und seine Sippschaft umgaben mit bunt verglasten, hocherhabenen Blumen- und Fruchtkränzen anbetungswerte heilige Bilder.
Blumenmalerei
AGA 13, 781

Hofmeister
Erzieher
Das Schicksal [...] ist ein vornehmer, aber teurer Hofmeister.
Wilhelm Meisters Lehrjahre / 2. Buch / 9. Kapitel
HA 7, 121

Hohle
Einsenkung im Boden,
Hohlweg
[...] die eine Seite der Hohle war nahezu glühend, mit rötlichem, weißgebrannten Stein bedeckt; ein dicker Dampf stieg aus den Klunsen hervor ...
Dichtung und Wahrheit / 2. Teil / 10. Buch
HA 9, 421
Nach Tische weggefahren, in der Hohle gleich hinter Schleiz umgeworfen, gegen 6 Uhr nach Neustadt, welches der Kutscher verkannte und vorüberfuhr.
Tagebuch, 13. 9. 1808
FA II, 6, 367

Höllenbrudel
Höllendunst
Der vorausgegangene Führer (auf dem Vesuv) *kehrte bald um, ergriff mich, und wir entwanden uns diesem Höllenbrudel.*
Italienische Reise / Neapel / 20. März 1787
HA 11, 216

Hosenscheißer
Name in „Hanswursts Hochzeit"
FA I, 4, 580

hübsch
geschickt, besonders brauchbar
Haben Sie tausend Dank, daß Sie uns wieder zur Auferbauung einen hübschen Mann (den Musiker Eberwein), *soweit es gehen wollte, gebildet und als einen fördernden Mitbürger zurückgeschickt haben.*
An Zelter, 30. 10. 1809
FA II, 6, 504

hucken
packen, laden
Die Kerls kann ich nicht ausstehen; sie hucken unserm Hause tagtäglich etwas ab.
Italienische Reise / Neapel / 12. März 1787
HA 11, 202

hufen
zurückgehen, zurückdrängen
Da wird gehuft, geschoben, gehoben, und indem einer huft, müssen alle hinter ihm auch zurückweichen, bis einer zuletzt so in die Klemme kommt, daß er mit seinen Pferden in die Mitte hineinlenken muß.
Zweiter römischer Aufenthalt / Das römische Karneval
HA 11, 505

Humor
Stimmung, Laune
Was mich am meisten betrübte, war, daß ich an seinen Gesichtszügen zu bemerken schien, es sei mehr Eigensinn und übler Humor als Eingeschränktheit des Verstandes, der ihn sich mitzuteilen hinderte.
Die Leiden des jungen Werthers / 1. Buch / 1. Juli
HA 6, 32

Nun mußte sie sich unerwartet als Führerin einer kleinen Karawane darstellen und verstand auch diese zu leiten, für sie zu sorgen und den guten Humor […] zu unterhalten.
Unterhaltungen deutscher Ausgewanderten
HA 6, 125
Dies gab mir den allerschlimmsten Humor, besonders da ich den Übungsort selbst ganz unerträglich fand.
Dichtung und Wahrheit / 1. Teil / 4. Buch
HA 9, 147
Sie sind so freundlich und gut, daß ich ein paar Worte an Sie zu diktieren wage, ob ich gleich vom bösesten Humor bin.
An C. v. Schiller, 20. 12. 1803
HAB 2, 462
Daß Sie sich aus dem letzten Stücke von Kunst und Altertum gerade dasjenige aneignen, was ich im besten Humor geschrieben, freut mich sehr.
An Rochlitz, 22. 4. 1822
HAB 4, 35

Hundsfutt (Hundsfott)

Schimpfwort für einen feigen, verächtlichen Menschen
Ich wollte lieber mein ander Bein dazu verlieren, als so ein Hundsfutt sein.
Götz / 2. Akt / Im Spessart
HA 4, 116
als Name in „Hanswursts Hochzeit"
FA I, 4, 579

huronisch

frei, unabhängig (wie die Huronen, ein nordamerikanischer Indianerstamm)
Die Redensweise des guten alten Herren (J. A. H. Reimarus) *ist gerade die, die mich in meiner Jugend aus den philosophischen Schulen vertrieb und zu dem huronischen Zustande hindrängte, in dem ich mich noch befinde.*
An Reinhard, 28. 8. 1807
HAB 3, 50

idiotisch
mundartlich
Abermals ging es mir also hier (in Straßburg) *wie vordem in Leipzig, nur daß ich mich diesmal nicht auf das Recht meiner Vatergegend, so gut als andere Provinzen idiotisch zu sprechen, zurückziehn konnte, sondern hier, auf fremdem Grund und Boden, mich einmal hergebrachten Gesetzen fügen sollte.*
Dichtung und Wahrheit / 3. Teil / 11. Buch
HA 9, 480

illuminiert
koloriert,
mit Farben versehen
Geographische Karten zu sinnlicher Darstellung der über die Welt verteilten Sprachen wurden mit Wilhelm von Humboldts Teilnahme bearbeitet, begrenzt und illuminiert …
Tag- und Jahreshefte / 1813
HA 10, 512

im gewissen
sicherlich,
mindestens
Dresden ist freilich jetzt sehr lebhaft; wenn man denkt, daß es schon für sich im gewissen 40 000 Einwohner hat …
An C. v. Goethe, 22./25. 4. 1813
HAB 3, 234

impassibel
kaltblütig,
teilnahmslos
[…] den linken Arm auf eine Tischplatte gelehnt […], den rechten Fuß über den linken geschlagen, erscheint er (Talleyrand) *vollkommen impassibel.*
Portraits historiques de Gérard
AGA 13, 993
Er (Graf Haugwitz) *war der Jüngste von uns […], teilnehmend, aber mit solchem Maße, daß er gegen die andern als impassibel abstach.*
Dichtung und Wahrheit / 4. Teil / 18. Buch
HA 10, 128
In einer offenen […] Landschaft sehen wir […] das schönste nackte Mädchen liegen, bequem, gelassen, impassible, wie auf dem einsamsten Polster.
An Zelter, 31. 3. 1822
HAB 4, 31

imprimieren
einprägen
Dann zog ich mich gegen das Regiment zurück und war bemüht, einige genaue Umrisse aufs Papier zu bringen, um mir die Bezüge und die Distanzen der landschaftlichen Gegenstände desto besser zu imprimieren.
Belagerung von Mainz
HA 10, 363

Imse
Ameise
Ihr Imsen alle, / Rührig im Schwalle / Schafft uns Metalle!
Faust II / Klassische Walpurgisnacht / Vers 7634 ff.
HA 3, 232

Incentive
Reizmittel
Sodann auch ist das ungeheure Siegesglück aufs schnellste so weit vorgeschritten, daß wir auf heftige Incentive nicht mehr zu denken brauchen.
An Arnim, 23. 2. 1814
HAB 3, 263

indianisch
indisch
Es ist immer als sähe man indianische Götter, wo einer zehn Köpfe, der andre hundert Arme, und der dritte tausend Füße hätte …
An Reinhard, 22. 1. 1811
HAB 3, 144

Indier
Indianer
[…] wie wir ja selbst tatouierten Indiern einen gewissen Beifall nicht versagen.
Wilhelm Meisters Wanderjahre / 1. Buch / 9. Kapitel
HA 8, 105

indisponieren
in üble Laune versetzen, unlustig stimmen
Ich würde jedoch die alte Reinheit und Aufrichtigkeit verletzen, wenn ich Dir verschwiege, daß mich das Büchlein ziemlich indisponiert hat.
An Jacobi, 10. 5. 1812
HAB 3, 191

indulgieren
nachgeben, sich gehen lassen
[…] wie es denn eigentlich um ihren Vorgänger gestanden und wie solcher, bei entschiedenen, von der Natur aufgedrungenen Anlagen, erst dem Genius indulgiert, durchs Ungeschick sich durchgehalten …
An Schubarth, 2. 4. 1818
HAB 3, 425

Industrie
Betriebsamkeit, Fleiß
Der schöne Handel fällt es kommt kein Contreband / Durch unsre Industrie dir künftig mehr zur Hand …
Jahrmarktsfest zu Plundersweilern / Vers 529 f.
FA I, 5, 144
Wie dank' ich der kühnen Industrie meiner Frau, daß sie mir so viel verschafft.
Der Groß-Cophta / 2. Aufzug / 1. Auftritt
FA I, 6, 36
Ja, ich möchte fast das Paradox aufstellen, daß zu Neapel verhältnismäßig vielleicht noch die meiste Industrie in der ganz niedern Klasse zu finden sei.
Italienische Reise / Neapel / 28. Mai 1787
HA 11, 336

Ingenuität
Freimut
Dabei behielt ich etwas von der Ingenuität des Voltairischen Huronen noch im späteren Alter, so daß ich zugleich unerträglich und liebenswürdig sein konnte.
Campagne in Frankreich / November 1792
HA 10, 312
Ich trug ihm (Plessing) *darauf mit großer Ingenuität eine Schilderung vor, die für mich nicht schwer wurde, da die seltsame Person in der seltsamsten Lage mir gegenwärtig stand …*
Campagne in Frankreich / November
HA 10, 329

Inkumbenz
Obliegenheit, Schuldigkeit
Vielmehr wünschte ich: Sie entbänden mich, mit einem freundlichen Worte, meiner bisherigen Inkumbenz …
An den Herzog Carl August, 27.–29. 5. 1787
HAB 2, 55

Inkursion
Streifzug
[...] und Ihnen auch von meinen Bemühungen von Zeit zu Zeit Rechenschaft zu geben, welche freilich nur als Inkursionen in ein fremdes Gebiet angesehen werden dürfen.
An A. J. G. C. Batsch, 26. 2. 1794
HAB 2, 175

Interessen (s. a. → verinteressieren)
Zinsen
[...] dagegen sollte sie [...] versprechen, das Vermächtnis ihrer Tante noch einige Jahre gegen geringe Interessen in des Vaters Händen zu lassen.
Wilhelm Meisters Lehrjahre / 1. Buch / 14. Kapitel
HA 7, 56
[...] das Kapital soll niemand angreifen, die Interessen werden ohnehin im Weltlaufe schon jedermann angehören.
Wilhelm Meisters Wanderjahre / 1. Buch / 6. Kapitel
HA 8, 269
Der alte lahme Bildhauer Merks, der mir Interessen schuldig ist von seinem Häuschen so lang ...
Wilhelm Meisters theatralische Sendung / 1. Buch / 1. Kapitel
HA 8, 489
Man erfährt ihre (der Städte, Flecken und Dörfer) *Gerechtsame* (Befugnisse) *zugleich mit den rechtlichen Gründen, es wird uns bekannt, wo das Grundkapital des Staats liegt und was es für Interessen bringt.*
Dichtung und Wahrheit / 3. Teil / 13. Buch
HA 9, 596
Sie (Angelika Kauffmann und ihr Mann) *haben keine Kinder, können ihre Interessen nicht verzehren, und sie verdient täglich auch mit mäßiger Arbeit noch genug hinzu.*
Zweiter römischer Aufenthalt / 18. August 1787
HA 11, 379

interkalieren
einschalten
Haben wir doch schon Blätter für sämtliche Tageszeiten! ein guter Kopf könnte wohl noch eins und das andre interkalieren.
Wilhelm Meisters Wanderjahre / 2. Buch / Betrachtungen im Sinne der Wanderer
HA 8, 289

Inzest
Liebe zwischen Blutsverwandten
[...] so fing er an, das Vergehen ihr mit schrecklichen Farben vorzumalen, das Vergehen, sich einem Geistlichen ergeben zu haben, das er als eine Art Sünde gegen die Natur, als einen Inzest behandelte.
Wilhelm Meisters Lehrjahre / 8. Buch / 9. Kapitel
HA 7, 586

irren
beirren, aus der Fassung bringen
[...] einer wunderlichen Dynastie von Göttern abenteuerliche Riesen, Zauberer und Ungeheuer entgegensetzt, die nur beschäftigt sind, die höchsten Personen während ihres Regiments zu irren, zum besten zu haben ...
Dichtung und Wahrheit / 3. Teil / 12. Buch
HA 9, 537

Judenkrämchen
Paket mit kleinen Geschenken, die meist bei jüdischen Händlern auf einer Messe eingekauft wurden
Meine erste Sorge war das Judenkrämchen das morgen eingepackt und die nächste Woche abgeschickt wird.
An Christiane Vulpius, 17. 8. 1792
HAB 2, 149
In Paris wirds allerlei geben, in Frankfurt gibts noch ein zweites Judenkrämchen.
An Christiane Vulpius,
10. 9. 1792
HAB 2, 155

Jungfer Wurstnickel
zu „Nickel“ (von Nikolaus): Kobold; eigensinniger, kleiner Mensch.
„Wurst“ als sexuelle Anspielung.
Name in „Hanswursts Hochzeit“
FA I, 4, 584

Kabriolett, Cabriolet
leichter zweirädriger Wagen
Ich strich mich sacht aus der vornehmen Gesellschaft, ging, setzte mich in ein Kabriolett und fuhr nach M …
Die Leiden des jungen Werthers / 2. Buch / 15. März
HA 6, 69
Man kennt aber schon die Poesie der Leute auf den Sophas und in den Cabriolets.
An C. v. Stein, 2. 11. 1779
HAB 1, 282

kachektisch
krank aussehend, geschwächt
Notwendig muß das (das ständige Essen von Maisbrei) *die ersten Wege verleimen und verstopfen, besonders bei den Kindern und Frauen, und die kachektische Farbe deutet auf solches Verderben.*
Italienische Reise / Vom Brenner bis Verona / 14. September 1786
HA 11, 38

Käfterchen
kleiner enger Wohnraum,
Kabuff
Sobald ich in Tennstedt angelangt bin, in Gottes großer Kaserne mein Käfterchen, (nach neuer deutscher Mundart meine Kofe) bezogen habe, sende ich einen Brief an Dich.
An Zelter, 22. 7. 1816
HAB 3, 360

Kahlmäuserei
Schulfuchserei, Pedanterie
Man zeige mir doch, was aus der Newtonischen Farben-Kahlmäuserei Gutes entsprungen sei.
Aphorismen und Fragmente
AGA 17, 777

Kalessar
Kutscher oder Vermieter einer Kalesche
[…] die Kalessaren, ihre Knechte und Jungen, die bei den einspännigen Kaleschen auf den großen Plätzen stehen, ihre Pferde besorgen und einem jeden, der sie verlangt, zu Diensten sind …
Italienische Reise / Neapel / 28. Mai 1787
HA 11, 333

kalfatern
(ein Schiff) wasserdicht machen,
ausbessern
Wie sonderbar kommt es mir vor, dich in meinem Garten zu denken, in denen niedrigen Zimmerchen, wohl eingepackt und kalfatert …
An Knebel, 21. 12. 1787
HAB 2, 73

Kalmank
gestreifter Wollstoff
Seine Schlafröcke von Kalmank oder Damast waren durchaus sehr sauber.
Dichtung und Wahrheit / 1. Teil / 4. Buch
HA 9, 161

Kamillen
vornehme, bei antiken Opfern dienende Knaben
[…] mit inschriftlicher Widmung: Dem triumphierenden Halbgott Julius Cäsar! Geschmückte Opfertiere; zierliche Kamillen und fleischermäßige Popen.
Cäsars Triumphzug von Mantegna
AGA 13, 926

Kamisol
kurze Jacke
[…] die Hatschiergarde selbst, in schwarzsamtnen Flügelröcken, alle Nähte reich mit Gold galoniert, darunter rote Leibröcke

und lederfarbne Kamisole, gleichfalls reich mit Gold besetzt.
Dichtung und Wahrheit / 1. Teil / 5. Buch
HA 9, 193

kannibalisch
urspr.: grausam, wild; dann auch: „überaus", „übermäßig"
Uns ist ganz kannibalisch wohl, / Als wie fünfhundert Säuen!
Faust I / Auerbachs Keller / Vers 2293
HA 3, 74

Kaphaus
(unbeheiztes) Gewächshaus (urspr. zum Ziehen von Pflanzen aus Südafrika)
Die zahlreichen Erica, Diosma, Phylica, Passerina deuten auf wohlbesetzte Kaphäuser, die Helicteres, Curcuma auf Warmhäuser.
Monatsschrift der Gesellschaft des vaterländischen Museums in Böhmen
AGA 14, 588

Kapitalist
Besitzer von viel Bargeld
Sehn Sie hier diesen glücklichen Menschen, der bald ein Kapitalist oder Gott weiß was werden wird!
Wilhelm Meisters Lehrjahre / 7. Buch / 8. Kapitel
HA 7, 474

kapitulieren
unterhandeln, Vertrag schließen
Um einen Leibarzt habe ich sehr gebeten, er ist aber abgeschlagen worden, ich habe auf einen Chirurgus kapituliert, der nun leider erst gesucht wird.
An den Herzog Carl August, 17. 11. 1787
HAB 2, 71

kaputt
hinfällig, kraftlos, handlungsunfähig
Mönchlein ohne Kapp' und Kutt' / Schwatz' nicht auf mich ein! / Zwar du machest mich kaputt, / Nicht bescheiden, nein!
Westöstlicher Divan / „Derb und tüchtig"
HA 2, 17

Kärger
(Karren-)Fuhrmann
Kannst du mir zehen Carolin schicken so thus mit den nächsten Kärgern.
An J. H. Merck, 7. 10. 1775
HAB 1, 196

Kase
Feld auf einem Spielbrett
Der Theaterboden wird alsdann eine Art von Damenbrett; denn der Schauspieler kann sich vornehmen, welche Kase er betreten will …
Regeln für Schauspieler, § 87
AGA 14, 90

Katzenpastete
Pastete aus Katzen- statt aus Hasenfleisch, Gericht von fragwürdiger Zusammensetzung
Titel eines Gedichts
FA I, 2, 371
Auf Michael werde ich mit Vergnügen in Betrachtung ziehen, wie sich die Newtonianer gebärden, nachdem ich ihnen die Knöchelchen dieser alten Katzenpastete wohl gebleicht und zusammengeworfelt vorgestellt.
An Sartorius, 19. 4. 1810
FA II, 6, 544

kauzen
kauern
Eule will ich deinetwegen / Kauzen hier auf der Terrasse, / Bis ich erst des Nordgestirnes / Zwillingswendung wohl erpasse.
Westöstlicher Divan / Das Schenkenbuch / „Sommernacht"
HA 2, 98
Da droben auf dem Viergespann / Das ist gewiß ein Scharlatan; / Gekauzt da hintendrauf Hanswurst, / Doch abgezehrt von Hunger und Durst.
Faust II / Kaiserliche Pfalz / Vers 5640 f.
HA 3, 175
Als ich aus Falkenau […] herausging, fand ich ihn (Anton Fürnstein) *auf meinen Pfaden in seinem Sesselwägelchen zusammengekrümmt, ein herzergreifender Anblick; denn gekauzt wie er war, hätte man ihn mit einem mäßigen Kubus bedecken können.*
Deutscher Naturdichter
AGA 14, 505
Wir geben unser Bestes schwarz auf weiß; jeder kauzt sich damit in eine Ecke und knopert daran, wie er kann.
Italienische Reise / Verona bis Venedig / 22. September 1786
HA 11, 57
Das (römische Architektur) *ist freilich etwas anderes als unsere kauzenden, auf Kragsteinlein übereinander geschichteten Heiligen der gotischen Zierweisen …*
Italienische Reise / Venedig / 8. Oktober 1786
HA 11, 88

Kehle
zartes Fleisch am Hinterkopf von Fischen
Er bekam oft eine große Schüssel Kehlen, die hinten am Kopf des Tonno sind. Dies ist das zarteste Fleisch an jedem Fisch …
Philipp Hackert / Geschenke
AGA 13, 542

Keuler
Keiler (= Wildeber)
[…] Löw und Keuler stehen zunächst und horchen, Hirsch und Hase sind durch die fürchterliche Gegenwart ihres Erbfeindes nicht erschreckt …
Orpheus
AGA 13, 869

kielkröpfig
„Kielkropf": Mißgeburt, vom Teufel geschaffenes Wesen
Mit Hexen-Fexen, mit Gespenst-Gespinsten, / Kielkröpfigen Zwergen steh' ich gleich zu Diensten.
Faust II / Kaiserliche Pfalz / Vers 6199 ff.
HA 3, 191

kindisch
kindlich
[…] und ob sich die Hühner gerettet, / Die ich besonders geliebt: denn kindisch war mein Gemüt noch.
Hermann und Dorothea / 2. Gesang / Vers 131 f.
HA 2, 450
[…] Gelassen hört / Ihr unser Flehn das um Beschleunigung / Euch kindisch bittet, aber eure Hand / Bricht unreif nie die goldnen Himmelsfrüchte.
Iphigenie / 3. Aufzug / 1. Auftritt / Vers 1108 ff.
HA 5, 37
Die Zärtlichkeit, womit er mich empfing, war nicht kindisch, und von dem Tage an war ich für ihn entschieden.
Wilhelm Meisters Lehrjahre / 6. Buch / Bekenntnisse einer schönen Seele
HA 7, 362

[…] ging man an dem mannigfaltigsten, wunderlichsten […] Schauspiel vorbei, an dem unsere kindische Neugier sich nicht genug ergetzen konnte.
Dichtung und Wahrheit / 1. Teil / 1. Buch
HA 9, 19
Also Herkules am Boden. Schon sind von dem Druck der kindischen Faust Lebens- und Ringelkräfte der Drachen aufgelöst, schlaff ziehen sich ihre Windungen am Estrich …
Philostrats Gemälde
AGA 13, 826
Als Zeichen der Aufmerksamkeit auf das Allerbesonderste brachte ich Durchzeichnungen von Bildern aus einer alten Handschrift des „Sachsenspiegels" Kennern und Liebhabern in die Hände, welche denn auch davon den löblichsten Gebrauch machten und die Symbolik eines in Absicht auf bildende Kunst völlig kindischen Zeitalters gar sinnig und überzeugend auslegten.
Tag- und Jahreshefte / 1807
HA 10, 500
Andere (Kinder) *suchen einen kleinen Gewinn, indem sie Obst, gesponnenen Honig, Kuchen und Zuckerware einkaufen und wieder als kindische Handelsleute den übrigen Kindern anbieten und verkaufen …*
Italienische Reise / Neapel / 28. Mai 1787
HA 11, 334

kirren
fügsam machen
[…] sogar Päpste glaubten ihn (Voltaire) *durch einige Nachgiebigkeit kirren zu müssen.*
Dichtung und Wahrheit / 3. Teil / 11. Buch
HA 9, 486

kläglich
klagend
Gilt dieses klägliche Bekenntnis, diese unschuldige Entschuldigung vor Ihrem freundschaftlichen Herzen, so wird die Pause zwischen meinen Briefen künftig nicht so lang sein …
An Gräfin J. O'Donell, 24. 11. 1812
HAB 3, 210

Klamme
Schlucht, enges Tal
Wir traten in eine Klamme und fanden uns in der Region des brennenden Berges.
Dichtung und Wahrheit / 2. Teil / 10. Buch
HA 9, 421

Kläms Töffel, Klämsenlaberig
von „Kläms" (Clemens) und „Töffel" (Christoffel);
„laberig": schwatzhaft; „ungeschlachter, dummer Mensch"
Name in „Hanswursts Hochzeit"
FA I, 4, 581

kläppern
in hellem Ton klappern
Die Pflasterer, die bis zum letzten Augenblicke gekläppert haben, packen ihr Werkzeug auf und machen der Arbeit scherzend ein Ende.
Zweiter römischer Aufenthalt / Das römische Karneval
HA 11, 489

klecken
ausreichen, gelingen
Eben das will ich behandeln, / Und ich denk', es soll mir klecken, / Hier! genieß die frischen Mandeln, / Und der Wein wird wieder schmecken.

Westöstlicher Divan / Das Schenkenbuch / „Welch ein Zustand ...“
HA 2, 94

Kloben

in einen Balken eingelassenes Eisen- oder Holzstück, an dem etwas befestigt werden kann
[...] sie war mir bei meinen heimlichen Anschlägen der Kloben, an den eine Strickleiter befestigt ist ...
Wilhelm Meisters Lehrjahre / 2. Buch / 2. Kapitel
HA 7, 85
So war denn zuletzt Talma ganz eigentlich der Kloben, woran das erste Theater Frankreichs und der Welt im Schweben gehalten wurde.
Französisches Haupttheater
AGA 14, 140
Wir zahlten ein Billiges; nun sollte es geschlachtet werden, es geschah, und als im Nebenzimmer am Tragebalken ein Kloben eingeschraubt zu sehen war, hing das Schwein sogleich dort, um kunstmäßig zerstückt und bereitet zu werden.
Campagne in Frankreich / 4. Oktober 1792
HA 10, 260

klopffechten

sich mit Fechten für Geld sehen lassen, kämpfen
(Goethes Vater) *genoß besonders bei Tisch, wo die Gegenwart von Fremden auch einheimische Freunde und immer wieder sonstige Durchreisende heranzog, sehr gern eines muntern, ja paradoxen Gespräches, da ich ihm denn, durch allerlei dialektisches Klopffechten, großes Behagen und ein freundliches Lächeln bereitete ...*
Dichtung und Wahrheit / 4. Teil / 17. Buch
HA 10, 92

klosterbrudrisieren

Dichten in der Art von Tieck und Wackenroder
Wem ist in diesen Phrasen die neukatholische Sentimentalität nicht bemerklich, das klosterbrudrisierende, sternbaldisierende Unwesen, von welchem der bildenden Kunst mehr Gefahr bevorsteht als von aller Wirklichkeit fodernden Kalibanen (gemeint Caliban in Shakespeares „Sturm“)*?*
Über Polygnots Gemälde
AGA 13, 451

Klub

geschlossene Gesellschaft
Da sieh nur, welche bunten Flammen! / Es ist ein muntrer Klub beisammen.
Faust I / Walpurgisnacht / Vers 4035
HA 3, 127

Klunde

Auch „Klunte“, „Klun(c)ke“
für „Schlampe“, „Dirne“
Name in „Hanswursts Hochzeit“
FA I, 4, 579

Klunse

Spalte
[...] die eine Seite der Hohle war nahezu glühend, mit rötlichem, weißgebrannten Stein bedeckt; ein dicker Dampf stieg aus den Klunsen hervor ...
Dichtung und Wahrheit / 2. Teil / 10. Buch
HA 9, 421

Knabe

junger, unverheirateter Mann
Die Gegenwart von einem braven Knaben / Ist, dächt' ich, immer auch schon was.

Faust / Vorspiel auf dem Theater / Vers 79
Er (ein junger Tenor) *hatte von diesem seltsamen Phänomen reden hören und zweifelte, als ein munterer Knabe, an einem solchen Wunder.*
Unterhaltungen deutscher Ausgewanderten
HA 6, 125

Knaul
Knäuel
Einen verworrenen Knaul kann man dir bequem auf einmal in die Hand geben; um ihn zu entwirren aber [...] braucht es Zeit und Raum.
Diderots Versuch über die Malerei / 1. Über die Zeichnung
AGA 13, 212
Das Problem oder vielmehr der Knaul von Problemen [...] mußte mich in Verwunderung setzen ...
An N. Borchardt, 1. 5. 1828
HAB 4, 275

knicken
(Insekt) knackend zerdrücken
Und durften sie nicht knicken, / Und weg sie jucken nicht / Wir knicken und ersticken / Doch gleich, wenn einer sticht.
Faust I / Auerbachs Keller / Vers 2235 ff.
HA 3, 72

knopern
knabbern
Wir geben unser Bestes schwarz auf weiß; jeder kauzt sich damit in eine Ecke und knopert daran, wie er kann.
Italienische Reise / Verona bis Venedig / 22. September 1786
HA 11, 57

Knorren
Knöchel
Schelme, die mir nicht an den Knorren reichten ...
Rameaus Neffe
AGA 15, 947
An den vorderen Füßen verlor Herr Isegrim also / Seine Schuhe bis an die Knorren ...
Reineke Fuchs / 6. Gesang / Vers 62 f.
HA 2, 342
Vier ansehnliche, schöne, sauber gekleidete französische Soldaten wateten eine Zeitlang neben unseren Wagen her [...] und wußten so gut hin und her zu treten, daß ihr Fußwerk nur bis an die Knorren von der schmutzigen Wallfahrt zeugte, welche die guten Leute bestanden.
Campagne in Frankreich / 11. Okt. 1792
HA 10, 272

Kohlengestiebe
massenhafter Kohlenstaub
[...] man deckt eilig mit Rasen und Erde, mit Kohlengestiebe und was man bei der Hand hat, die [...] Flamme zu.
Wilhelm Meisters Wanderjahre / 1. Buch / 4. Kapitel
HA 8, 40

kohobieren
klären, läutern
Nehmt Froschlaich, Krötenzungen, kohobiert, / Im vollsten Mondlicht sorglich distilliert ...
Faust II / Kaiserliche Pfalz / Vers 6325 f.
HA 3, 194
Den Menschenstoff gemächlich komponieren, / In einen Kolben verlutieren / Und ihn gehörig kohobieren ...
Faust II / Laboratorium / Vers 6851 ff.
HA 3, 210

Das Interessante meines neuen [...] Plans geht vielleicht [...] in die Luft, wir wollen es noch ein wenig kohobieren lassen.
An Schiller, 22. 6. 1797
HAB 2, 280
[...] und ich habe nichts angelegentlicher zu tun als dasjenige was an mir ist und geblieben ist wo möglich zu steigern und meine Eigentümlichkeiten zu kohobieren, wie Sie es, würdiger Freund, auf Ihrer Burg ja auch bewerkstelligen.
An W. v. Humboldt,
17. 3. 1832
HAB 4, 481

Kollation
Imbiß, kleine Mahlzeit
Wir hielten nun eine köstliche Kollation, bedauerten den guten Vater, der nicht teil daran nehmen mochte ...
Dichtung und Wahrheit / 1. Teil / 3. Buch
HA 9, 100
Mein Gast war spät gekommen und die Dämmerung verhinderte uns, weiter zu sehen, ich zog ihn zu einer kleinen Kollation ...
Der Sammler und die Seinigen / Fünfter Brief
HA 12, 74

Kollett
Reitjacke (von frz. „collet")
Auch für Reinlichkeit und Zierde war gesorgt, gelbe Kreide angeschafft, die Kolletts gesäubert und gefärbt, und unsere Reiter trabten wieder ganz schmuck einher.
Campagne in Frankreich / Oktober 1792
HA 10, 303

Kolonialwort
„importiertes", nichtdeutsches Wort
[...] und das Gespräch fängt schon an ein Pfänderspiel zu werden, wo man dem Redenden aufpaßt ob er ein Kolonialwort vorbringt.
An Riemer, 25. Mai 1816
HAB 3, 354

kompromittieren
jemanden zum Schiedsrichter wählen
Wir kompromittirten daher auf den Professor de Saussure und nahmen uns vor nichts zu thun oder zu lassen als was dieser zu oder abrathen würde.
An C. v. Stein, 2. 11. 1779
HAB 1, 283

konditionieren
dienen, Dienste leisten
[...] laßt den Gregorio rufen, der lange daselbst konditioniert hat, der wird am besten in der Sache entscheiden können.
Italienische Reise / Vom Brenner bis Verona / 14. September 1786
HA 11, 34

Konkurs
Wettstreit
[...] daß Tischbein und Monti einen Konkurs machen mußten mit einem aufgegebenen historischen Sujet, welches jeder allein für sich zu machen hatte ...
Philipp Hackert / Direktorstelle
AGA 13, 574

Kontignation
Gebälk, Zusammenfügung von Balken
Früher oder später bringt der Zimmermann seine vorbereiteten Kontignationen herbei, und so steigt nach und nach das Beabsichtigte in die Höhe.
Wilhelm Meisters Wanderjahre / 3. Buch / 12. Kapitel
HA 8, 411

Eine Wissenschaft ist, wie jede menschliche Anstalt und Einrichtung, eine ungeheure Kontignation von Wahrem und Falschem …
Tag- und Jahreshefte / 1811
HA 10, 510
Der Eintritt in diese Kirche (St. Paul vor den Mauern in Rom) *verleiht einen erhabenen Eindruck […] obschon das Ganze, wäre die Kontignation an festlichen Tagen mit Teppichen überspannt, von unglaublicher Wirkung sein müßte.*
Zweiter römischer Aufenthalt / Bericht (Dezember)
HA 11, 452
[…] aber daß ein Philosoph (Hegel), *durch einen Umweg über die Ur- und Ungründe des Wesens und Nicht-Wesens, seine Schüler zu dieser trocknen Kontignation* (dem christlichen Kreuz) *hinführt, will mir nicht behagen.*
An Zelter, 27. 1. 1832
HAB 4, 469

Kontorsion
Verdrehung, Verrenkung, Verzerrung
Wenn man die beiden entgegengesetzten Enden eines lebendigen Wesens durch Kontorsion zusammenbringt, so gibt das noch keine neue Art von Organisation; es ist allenfalls nur ein wunderliches Symbol, wie die Schlange, die sich in den Schwanz beißt.
An A. H. Müller, 28. 8. 1807
HAB 3, 53

Konvenienz
Bequemlichkeit, Zuträglichkeit
Jedermann findet seine Konvenienz sich zu isolieren …
An Knebel, 25. 10. 1788
HAB 2, 103

kostbar
kostspielig, teuer
[…] und weil sein bisheriger Aufenthalt so kostbar als unangenehm gewesen, erborgte ich eine Summe Geldes für ihn, die er auf einen bestimmten Termin zu erstatten versprach.
Dichtung und Wahrheit / 2. Teil / 10. Buch
HA 9, 410

Koterie
geschlossener Kreis (von frz. „coterie“ = Clique)
Es entspann sich bald unter uns eine Koteriesprache, wodurch wir vor allen Menschen reden konnten, ohne daß sie uns verstanden …
Dichtung und Wahrheit / 2. Teil / 8. Buch
HA 9, 338
Eben war ich im Begriff in einem Brief an Sie, werteste Frau Gevatterin, die neckische Koteriesprache fortzusetzen, in der sich Ihr Herr Gemahl während dieser letzten glücklichen Tage freundlich gefallen wollte …
An C. Sartorius, 17. 5. 1814
FA II, 7, 342

Krabskrälligkeit
Schwangerschaft (in Goethes und Christianes Privatsprache)
Ich schickte Dir noch einen großen Shawl, und da wärst Du in der Krabskrälligkeit recht geputzt.
An C. Vulpius, 17. 5. 1793
Gräf I, 17

Krakelwerk
unregelmäßig und wirr gestaltetes Bauwerk (von „Krakel“ = sperriges Geäst)
Hieraus entstand nun (in Luxemburg) *eine Verkettung unübersehbarer Bastio-*

nen, Redouten, halber Monde und solches Zangen- und Krakelwerk, als nur die Verteidigungskunst im seltsamsten Falle zu leisten vermochte.
Campagne in Frankreich / 15. Oktober 1792
HA 10, 280 f.

kränken
krank machen
Doch wozu das alles? warum behalt' ich nicht für mich, was mich ängstigt und kränkt?
Die Leiden des jungen Werthers / 2. Buch / 4. September
HA 6, 77
Diese kränkenden Vorstellungen waren, wie ich mich leicht überzeugte, nur durch Tätigkeit zu verbannen;
Dichtung und Wahrheit / 2. Teil / 6. Buch
HA 9, 220

Kribskrabs
verworrenes oder verwunderliches Durcheinander
Vom Kribskrabs der Imagination / Hab' ich dich doch auf Zeiten lang kuriert …
Faust I / Wald und Höhle / Vers 3268 f.
HA 3, 104

Kriegesthunder
Kriegesdonner
Nun flötet's immer voll / Im Kriegesthunder, / Ich werde rasend, toll; / Ist das ein Wunder?
Westöstlicher Divan / Buch des Sängers / „Zwiespalt"
HA 2, 14 f.

Kringe(n), der
gepolsterter Ring, um auf dem Kopf Lasten zu tragen
Sie legte ihren Kringen zurecht, und ich half ihr.
Die Leiden des jungen Werthers / 1. Buch / 17. Mai
HA 6, 11

Kriz (Kritz)
gekritzter Strich,
Gekritzel
Neuerdings haben sie diese Kirche (den Dom von Speyer) *blaulich ausgemahlt und mit Schniz und Kriz possen ausstaffirt dass man gern wieder herausgeht.*
An C. v. Stein, 24. 9. 1779
HAB 1, 271

kröpeln
sich schwerfällig hin- und herbewegen
[…] daß ich schon in Naumburg und Leipzig bin, mittlerweile sie noch bei Weimar und Blankenhan herumkröpeln.
An Zelter, 28. 2. 1811
HAB 3, 150

Kufe
Bottich
[…] besonders freuten mich die Wagen, die mit 4 Ochsen bespannt, grose Kufen fuhren, in denen die Weintrauben aus den Weingärten gehohlt und gestampft werden …
Reisetagebuch für Frau von Stein / 19. 9. 1786
FA II, 3, 64

Kugelung
Auslosung (bei einem Wahlverfahren) mittels Kugeln
Und als wirklich bald darauf einer der Schöffen vom Schlage gerührt starb, verordnete er am Tage der Wahl und Kugelung, daß zu Hause im stillen alles zum

Empfang der Gäste und Gratulanten solle eingerichtet werden …
Dichtung und Wahrheit / 1. Teil / 1. Buch
HA 9, 40

kümmeltürkisch
(„Kümmeltürke" = urspr.: Student aus einer kümmelanbauenden Gegend [z. B. der Umgebung von Halle]), im Sinne von: spießbürgerlich
Wenn ich es recht übersehe und bedenke, so ist mir sein Heidelbergischer Aufenthalt lieber als sein Jenaischer: es kommt schon etwas Kümmeltürkisches in ihn (August v. Goethe).
An C. v. Goethe, 30. 3. 1810
FA II, 6, 541

Kummer
kümmerlicher Zustand, Dürftigkeit
Den Byzantinern standen die unschätzbaren Werke hellenischer Kunst vor Augen, ohne daß sie aus dem Kummer ihrer ausgetrockneten Pinselei sich hervorheben konnten.
Heidelberg
AGA 13, 699

Kunstkörper
Gesamtheit von Künstlern und ihren Leistungen
Man hat vielleicht jetzo mehr Ursache als jemals Italien als einen großen Kunstkörper zu betrachten, wie er vor kurzem noch bestand.
Propyläen / Einleitung
AGA 13, 155

künstlich
geübt, kunstreich, geschickt
Reineke stand und wußte darauf gar künstlich zu dienen / Dann ergriff er das Wort …
Reineke Fuchs / 4. Gesang / Vers 78 f.
HA 2, 322
[…] wodurch […] die Gesellschaft […] sich denn sogleich teilte, der Dame für ihren vortrefflichen Ausdruck und dem Architekten für seine künstliche und zierliche Zeichnung eine freudige Bewunderung zu beweisen.
Die Wahlverwandtschaften / 2. Teil / 4. Kapitel
HA 6, 381
Er saß auf seinem Zimmer und überdachte seinen Reiseplan, wie ein künstlicher Dieb […] manchmal die Füße aus den […] Ketten herauszieht, um die Überzeugung […] zu nähren, daß seine Rettung möglich …
Wilhelm Meisters Lehrjahre / 1. Buch / 11. Kapitel
HA 7, 42
Gretchen, ein gesetztes, freundliches Kind, führte mich ab, mir die künstlichen Gewebe vorzuzeigen …
Wilhelm Meisters Wanderjahre / 3. Buch / 13. Kapitel
HA 8, 417
[…] in dem Tore eines Gasthofs glaube er immer ein großes Spinnengewebe ausgespannt zu sehen, so künstlich, daß die Insekten zwar hineinwärts, aber selbst die privilegierten Wespen nicht ungerupft heraus fliegen könnten.
Dichtung und Wahrheit / 2. Teil / 8. Buch
HA 9, 318
[…] sie wollte mich noch nicht fahren lassen, und brachte künstlich genug die Argumente der Gegenwart alle vor, so daß ich endlich leidenschaftlich und begeistert die Worte Egmonts ausrief: „Kind, Kind! nicht weiter! …"
Dichtung und Wahrheit / 4. Teil / 20. Buch
HA 10, 187

Künstlich genug hatte man das Pferd auf einen Oberboden gebracht und hinter Heu versteckt ...
Campagne in Frankreich / 4. Oktober 1792
HA 10, 262

kurtesieren, kourtoisieren
den Hof machen
Das war ein Spazieren, / Auf Dorf und Tanzplatz Führen, / Mußt' überall die Erste sein, / Kurtesiert' ihr immer mit Pastetchen und Wein ...
Faust I / Am Brunnen / Vers 3553 ff.
HA 3, 113
[...] Personen, welche sich zur Stadt hinaus auf die Reede begaben, um frische Luft zu schöpfen, sich zu unterhalten und allenfalls zu kourtoisieren.
Italienische Reise / Sizilien / 3. April 1787
HA 11, 230

Kurverein
Kollegium der Kurfürsten
[...] man mochte zur letzten kurfürstlichen Sitzung zusammenfahren, um die rückständigen Punkte zu erledigen und den Kurverein zu erneuern, nichts konnte mich aus meiner leidenschaftlichen Einsamkeit hervorrufen.
Dichtung und Wahrheit / 1. Teil / 5. Buch
HA 9, 215

kürzlich
in Kürze, kurz und knapp
Da hatten wir ihn in der Mitte! – / Freundlich ernst, nach Prophetensitte, / Wurden wir kürzlich von ihm beschieden; / Wir aber waren sehr unzufrieden.
Westöstlicher Divan / Buch des Paradieses / „Deine Liebe, dein Kuß ..."
HA 2, 113
Schreib mir kürzlich von deiner Reise.
An Lavater, Mitte August 1774
FA II, 1, 387
Hierüber uns diesmal herauszulassen, verbeut uns Tag und Platz, deshalb sagen wir nur kürzlich soviel:
Don Alonzo ou l'Espagne
AGA 14, 860
Das Gebirge, die Steinarten erwähne ich nur kürzlich ...
Italienische Reise / Vom Brenner bis Verona / 14. September 1786
HA 11, 37
Ich erzählte kürzlich meinen Morgen mit einigen Bemerkungen ...
Italienische Reise / Sizilien / 13. Mai 1787
HA 11, 308
Ich führe nur kürzlich an, daß er (Goethes Sohn August) *von Jugend auf in mancherlei Kenntnissen unterrichtet worden ...*
An den Herzog Carl August, 8. 10. 1810
HAB 3, 138

Lacerte / Lazerte
von lat. „lacerta" = Eidechse. Bezeichnung für flinkes, dem Liebesdienst sich widmendes Mädchen
Wollt ihr mirs künftig erlauben, so nenn ich die Tierchen Lazerten; / Denn ich brauche sie noch oft als gefälliges Bild.
Epigramme, Venedig 1790 / Nr. 67
AGA 1, 236
Die Kleine möcht' ich mir verpfänden … / Lacerte schlüpft mir aus den Händen!
Faust II / Klassische Walpurgisnacht / Vers 7773
HA 3, 236

Lahn
dünner Metalldraht
[…] die bedeutendsten Symbole mit Pappe, Gold- und anderm Papier, Zindel und Lahn …
An Schiller, 26. 1. 1798
AGA 20, 507

lallen
mit schwerer Zunge reden
Auch lallen wir nur eine Anzeige, um jeden wahren Liebhaber einzuladen, mit uns die Freuden der Empfindung und Erkenntnis zu genießen, die eine anhaltende Betrachtung solch eines Werks (ein Blatt nach Caravaggio) *einer fühlenden Seele reichlich gewährt.*
Kupferstiche
AGA 13,9

Landsmännin
Mitbürgerin
[…] meine Schwester übertraf alle ihre Landsmänninnen an Schönheit und Reiz
Der Sammler und die Seinigen / Zweiter Brief
AGA 13, 212

längstens
spätestens bis
[…] haben die Güte ihre Zeichnungen […] dergestalt frankiert abzusenden, daß sie längstens den fünfundzwanzigsten August dieses laufenden Jahres in Weimar einlangen können.
Preisaufgabe 1799
AGA 13, 212

Lapparsch
Schimpfwort für antriebslosen Menschen
Name in „Hanswursts Hochzeit"
FA I, 4, 580

Lappsack
Schimpfwort für antriebslosen Menschen
Name in „Hanswursts Hochzeit"
FA I, 4, 581

Larven
böse Geister von Verstorbenen (von lat. „larvae")
Der Erde schöner grüner Teppich soll / Kein Tummelplatz für Larven sein …
Iphigenie / 2. Aufzug / 1. Auftritt / Vers 587 f.
HA 5, 23

lässig
träge, gleichgültig
Man entferne ihn (einen mißlaunigen Kritiker) *aus der Gesellschaft, aus der man jeden ausschließen sollte, dessen vernichtende Bemühungen nur die Handelnden mißmutig, die Teilnehmenden lässig und die Zuschauer mißtrauisch und gleichgültig machen könnten.*
Literarischer Sansculottismus
AGA 14, 185

läßlich

– bequem, leicht, unkompliziert

[…] das Hauswesen, das zwischen läßlicher Amtsbeschäftigung, städtischem Gewerb, Feld- und Gartenbau mit mäßiger Tätigkeit sich hin und wider bewegt, lädt uns zu freundlicher Teilnahme …

Dichtung und Wahrheit / 2. Teil / 10. Buch

HA 9, 417

Damit gelangte ich weit, indem ich bei meiner läßlichen Art zu arbeiten von meinem Vater […] Tag und Nacht angespornt wurde …

Dichtung und Wahrheit / 4. Teil / 19. Buch

HA 10, 171

Das Hofwesen ist überhaupt sehr läßlich behandelt und die Oberhofmeisterin mit wenigen Zügen lebhaft dargestellt.

Bekenntnisse einer schönen Seele, von ihr selbst geschrieben

AGA 14, 235

Bis sein Schicksal entschieden wäre, hielt man ihn (einen Gefangenen) *läßlich.*

Campagne in Frankreich / 3. September 1792

HA 10, 212

– verzeihlich

Unter die läßlichsten Versuche, sich etwas Höheres anzubilden, […] gehört wohl der jugendliche Trieb, sich mit Romanfiguren zu vergleichen.

Dichtung und Wahrheit / 3. Teil / 11. Buch

HA 9, 463

lastbar

Lasten tragend

Es lag eine unwiderstehliche Neigung in mir, diesem Heiligen (Sankt Joseph) *nachzufolgen; und da sich ähnliche Begebenheiten nicht leicht herbeirufen ließen, so wollte ich wenigstens von unten auf anfangen, ihm zu gleichen: wie ich denn wirklich durch den Gebrauch des lastbaren Tieres schon lange begonnen hatte.*

Wilhelm Meisters Wanderjahre / 1. Buch / 2. Kapitel

HA 8, 21 f.

Joseph, an das beladene, lastbare, aus einem Steintroge sich nährende Tier gelehnt, scheint einer augenblicklichen Ruhe stehend zu genießen …

Antik und modern II

AGA 13, 848

lästig

lastend, schwerfällig

Nun sind unsere Augen und durch sie unser ganzes inneres Wesen an schlankere Baukunst hinangetrieben und entschieden bestimmt, so daß uns diese stumpfen, kegelförmigen, enggedrängten Säulenmassen lästig, ja furchtbar erscheinen.

Italienische Reise / Neapel / 23. März 1787

HA 11, 219

latitudinarisch

weitherzig (mit negativem Beiklang)

[…] und so ist denn unser Held latitudinarisch gesinnt bis zur Intrige, bis zum Kuppeln …

Der deutsche Gil Blas

AGA 14, 491

Latz

geschnürtes Stück an einer Kleidung

Denn der rote Latz erhebt den gewölbeten Busen, / Schön geschnürt, und es liegt das schwarze Mieder ihr knapp an …

Hermann und Dorothea / 5. Gesang / Vers 169 f.

HA 2, 475

Die neumodische Art, bei langen Unterkleidern die Hand in den Latz zu stecken, unterlassen sie gänzlich.
Regeln für Schauspieler, § 45
AGA 14, 83

Laufbahn

Rennstrecke
Bald sind die Pferde allem Nachschauen verschwunden, das Volk drängt zu und füllt die Laufbahn wieder aus.
Zweiter römischer Aufenthalt / Das römische Karneval
HA 11, 507

launig

frohgestimmt, heiter
Dieser launige Mann erdachte unter Wilhelms Beistand eine kleine Geschichte …
Wilhelm Meisters Lehrjahre / 3. Buch / 9. Kapitel
HA 7, 186

Lauszippel

„Zipfel" als „pars pro toto" für „Mann": „Lausekerl"
Name in „Hanswursts Hochzeit"
FA I, 4, 579

Lebemann

aktiver, lebensfreudiger Mann, Lebenskünstler
Sprechen wir es aber aufrichtig aus: ein eigentlicher Lebemann, der frei und praktisch atmet, hat kein ästhetisches Gefühl und keinen Geschmack, ihm genügt Realität im Handeln, Genießen, Betrachten ebenso wie im Dichten …
Westöstlicher Divan / Noten und Abhandlungen / Allgemeines
HA 2, 162 f.

Welcher Lebemann möchte gern, wie wir andern Argonauten, den eignen Kahn über die Isthmen schleppen?
An Schiller, 5. 7. 1803
AGA 20, 935
Er (Kraus) *war ein heiterer Lebemann, dessen leichtes erfreuliches Talent in Paris die rechte Schule gefunden hatte.*
Dichtung und Wahrheit / 4. Teil / 20. Buch
HA 10, 171
Man sieht einen überall willkommenen Welt- und Lebemann (gemeint: Herzog Bernhard von Weimar), *einen wohlunterrichteten geprüften Militär, einen Teilnehmenden an Staats- und bürgerlichen Einrichtungen, bei Gastmahlen und Tänzen an seinem Platz, gegen Frauen-Anmut nicht unempfindlich.*
An den Großherzog Carl August, 20. 7. 1826
HAB 4, 196

Lebemensch

jemand, der mitten im Leben steht
[…] die eigentlichen Lebemenschen wollen geschwinder gefördert sein, und deshalb lehnen sie ab und verhindern die Fördernis dessen, was sie selbst fördern könnte.
Allgemeine Betrachtungen zur Weltliteratur / V. Abschnitt
AGA 14, 914

lebenswierig

lebenslänglich
In reinster Verehrung mit unverbrüchlicher Dankbarkeit lebenswierig verharrend
Widmung zum Briefwechsel mit Schiller
AGA 20, 9
Mit vollkommenster, lebenswieriger Verehrung und Anhänglichkeit mich unterzeichnend …

An C. v. Metternich, 4. 8. 1815
HAB 3, 316

Leckarsch
Name in „Hanswursts Hochzeit“
FA I, 4, 580

lecker
genäschig
[...] die Neugierigen warten auf die Neuigkeiten aus der Stadt, die Putzliebenden auf die Kleidungsstücke oder Modesachen, die der Reisende etwa mitzubringen Auftrag hatte; die Leckern endlich und besonders die Kinder auf die Eßwaren ...
Wilhelm Meisters Wanderjahre / 3. Buch / 13. Kapitel
HA 8, 419

Legegeld
Eintrittsgeld
Wir haben das Glück, von unsern Zuschauern [...] voraussetzen zu dürfen, daß sie mehr als ihr Legegeld mitbringen ...
Weimarisches Hoftheater
AGA 14, 67

Lehde
unangebautes Stück Land
Das Tal verbreitet sich und alle Lehden sind wo möglich zum Feldbau umgearbeitet.
Reise in die Schweiz, 17. September 1797
FA I, 16, 187

leidig
häßlich, störend
Von der Kuppel der Frauenkirche sah ich diese leidigen Trümmer zwischen die schöne städtische Ordnung hineingesät ...
Dichtung und Wahrheit / 2. Teil / 8. Buch
HA 9, 324
Welch ein leidig Instrument die Orgel sei, ist mir gestern abend in dem Chor von St. Peter recht aufgefallen, man begleitete damit den Gesang bei der Vesper; es verbindet sich so gar nicht mit der Menschenstimme und ist so gewaltig.
Zweiter römischer Aufenthalt / 7. März 1788
HA 11, 527

leidlich
erträglich,
nicht übertrieben
[...] da sie denn durch die Abschiedsverbeugung des Dichters wieder ins Leidliche und Heitere zurückgeführt wird.
An Schiller, 22. 6. 1796
AGA 20, 176
Wenn man's so hört, möcht's leidlich scheinen ...
Faust I / Marthens Garten / Vers 3466
HA3, 110
Sie wurden beide in leidliche Verwahrung genommen ...
Wilhelm Meisters Lehrjahre / 1. Buch / 13. Kapitel
HA 7, 52
Sie war so artig, natürlich und gut, so gefällig und in jedem Sinne leidlich.
Wilhelm Meisters Lehrjahre / 2. Buch / 7. Kapitel
HA 7, 113
Tief in der Nacht war ich nach mühsam erstiegener halber Gebirgshöhe eingetroffen in einer leidlichen Herberge ...
Wilhelm Meisters Wanderjahre / 3. Buch / 5. Kapitel
HA 8, 338
Sie (Kupferstiche nach alten Vorlagen) *sind leidlich genug, sie geben nur einen unvollkommenen, nicht einen falschen Begriff.*

Der Sammler und die Seinigen / Sechster Brief
AGA 13, 292
Übrigens keinen Augenblick ruhig (die Rede ist von Goethes Enkelin Alma), *lärmig, aber leidlich, und mit einigem Scherz gar bald in Ordnung und Zucht gebracht.*
An U. v. Pogwisch, 18. 6. 1831
HAB 4, 433

Leim(en)
Lehm
Alles dieses Pflanzenleben der Flächen und Hügel gedeiht in einem Kiesboden, der, mehr oder weniger mit Leimen gemischt, den in die Tiefe wurzelnden Weinstock vorzüglich begünstigt.
Sankt-Rochus-Fest zu Bingen
HA 10, 403
[...] ieder Bauer giebt dem Zimmermann die Idee zur Schöpfung seiner Leimen Hütte ...
An J. G. Röderer, 21. 9. 1771
HAB 1, 126
Zu derselbigen Zeit setzte sich der Sand mit Leimen gemischt in allen breiten Thälern nieder ...
An Merck, 27. 10. 1782
HAB 1, 410

Leimenwand
Lehmwand
Hebt einen Goldtopf mit der Scholle, / Salpeter hofft er von der Leimenwand / Und findet golden-goldne Rolle ...
Faust II / Kaiserliche Pfalz / Vers 5010 f.
HA 3, 157

Letten
Lehm, Tonerde
Wie ein Atlas an Gebärde, / Hebt er Boden, Rasen, Erde, / Kies und Grieß und Sand und Letten / Unsres Ufers stille Betten.
Faust II / Klassische Walpurgisnacht / Vers 7538 ff.
HA 3, 230
Das Dorf liegt niedriger, auf einem lettenreichen Plateau ...
Der Markgrafenstein
AGA 13, 1031
Es (das Gestein) *schwillt auf, die Lagen verlieren sich, es entsteht eine Art Letten, muschlig, zerbröckelt, auf den Flächen glänzend wie Steinkohlen.*
Italienische Reise / Ferrara bis Rom / 20. Oktober 1786
HA 11, 110

letten
lehmig, aus Tonerde bestehend
Minerva, deine Tochter, / Steht dem Rebellen bei, / Hat ihm den Lebensquell eröffnet / Und seinen lettnen Hof, / Seine Welt von Ton / Um ihn belebt.
Prometheus / Vers 208 ff.
HA 4, 181 f.

letzen
erlaben, stärken, nähren, erquicken (in folgendem Zitat von der Schönheit gesagt, welche die „Kinder" des Künstlers, d. h. seine Werke, „letzen soll")
Meine Kinder! – Göttin, du wirst sie letzen ...
„Des Künstlers Erdewallen" I, Vers 19
HA 1, 63
Wie oft hat die Abenddämmerung mein durch forschendes Schauen ermattetes Auge mit freundlicher Ruhe geletzt ...
Von deutscher Baukunst
AGA 13, 21
Die Eltern, die sich gern an ihm (ihrem Sohn) *letzen möchten, müssen ihn selbst*

wegtreiben, und er, in Schmerzenswonne des Wiedersehens, weiß nicht, wie er sich losreißen soll ...
Campagne in Frankreich / 11. Oktober 1792
HA 10, 274

Lichtwagen
mit Lampen bestückter Wagen auf dem Theater, welcher, für die Zuschauer unsichtbar, Licht auf die Bühne wirft
Stundenlang konnte er am schmutzigen Lichtwagen stehen, den Qualm der Unschlittlampen einziehen, nach der Geliebten hinausblicken ...
Wilhelm Meisters Lehrjahre / 1. Buch / 15. Kapitel
HA 7, 57

Lippen, der
Rockschoß
Es wäre eine Schande wenn wir ihn nicht kriegten. Wenn ich ihn nur einmal beym Lippen habe, er soll nicht loskommen.
Götz / (erste Fassung) / Lager der Reichsexekution
AGA 4, 574
Ich habe beschlossen die Frau (von Herder) *nächstens beym Lippen zu kriegen und ihr meine Herzensmeynung zu sagen ...*
An C. v. Stein, 30. 6. 1780
HAB 1, 309
Dieser schwarze Rock wird so angethan daß er die Taille abscheidet und die Lippen des Corsets bedeckt.
Reisetagebuch für Frau von Stein / 17. 9. 1786
FA II, 3, 57

lispeln
flüstern
Mein lispelnd Lied, der Äolsharfe gleich ...
Faust / Zueignung / Vers 28
HA 3, 9
Er drückte seine Lippen auf diese liebe Hand. „Und für mich, was darf ich hoffen?" lispelte er leise.
Die Wahlverwandtschaften / 2. Teil / 14. Kapitel
HA 6, 461
[...] und unter dem Vorwande, als wenn sie ihm einen guten Morgen bieten wollte, lispelte sie heimlich zu ihm: „Sagen Sie nichts von ihrem Stücke, als was Sie gefragt werden."
Wilhelm Meisters Lehrjahre / 3. Buch / 7. Kapitel
HA 7, 170
„Bist du allein?" lispelte bedenklich der Knabe.
Wilhelm Meisters Wanderjahre / 1. Buch / 4. Kapitel
HA 8, 43
Mit einem Wink machte ich Hackerten aufmerksam und lispelte ihm die Frage zu, ob diese (antike Kandelaber) *nicht ganz denen in Portici ähnlich seien.*
Italienische Reise / Neapel / 27. Mai 1787
HA 11, 331

Literator
Literat, Sprachgelehrter
Wenn über den Alpen der vortreffliche Literator am Ende einer Reihe von Autoren, die er nicht billigt, einen werten Manzoni nachbringt ...
Indicazione di ciò che nel 1819 si è fatto in Italia
AGA 14, 809

Lizenz
Freiheit, Ausgelassenheit, Ungebundenheit
[...] viele Schaulustige folgten aufeinander, und so ward mein unschuldiges Wag-

nis vielen bekannt, und die wunderliche Lizenz mußte zur Stadtgeschichte des Tags werden.
Dichtung und Wahrheit / 4. Teil / 16. Buch
HA 10, 84

Loch König
für „Senk- (= Kot-)grubenräumer“; auch für „Penis“
Name in „Hanswursts Hochzeit“
FA I, 4, 579

Lokat
Fach, Rubrik
[...] aber auch jedes Jahr vertrieb eine Arbeit die andere aus dem Lokat, in dem sie bisher geglänzt hatte.
Dichtung und Wahrheit / 2. Teil / 7. Buch
HA 9, 273

Lokulament
eigentlich: Fach eines Aktenschranks (von lat. loculamentum = Bücherbrett)
Nun aber gibt es doch Geister die zu solchen Glaubensartikeln Fächer haben, neben sonst ganz vernünftigen Lokulamenten ...
An Zelter, 5. 10. 1831
HAB 4, 454

Luftbaum
baumartiges Gewölk
Luftbaum vor der Sonne.
„Wolkengestalt nach Howard“
AGA 17, 658

Lumpenhund
übler Kerl
So treffe dich, du Lumpenhund, / Des frommen Stabes Meisterstreich! / Da krümm und winde dich sogleich!
Faust II / Kaierliche Pfalz / Vers 5471 ff.
HA 3, 171

Lüsternheit
heftiges Verlangen
Die Lüsternheit des Kindes nach den Kirschen und Beeren [...] erinnerte ihn an die Zeit seiner Jugend ...
Wilhelm Meisters Lehrjahre / 8. Buch / 1. Kapitel
HA 7, 501

Lusthaus
Gartenhaus, Laube
Wilhelm hatte das Lusthaus in dem Garten, bei dem er die Nacht zugebracht, liebgewonnen ...
Wilhelm Meisters Lehrjahre / 5. Buch / 14. Kapitel
HA 7, 333

lustig machen, sich
vergnügt leben, kurzweilig leben
Daß Du Dich lustig machst, ist mir sehr angenehm und ich erwarte, daß Du mir recht viel erzählst, wenn wir zusammenkommen.
An C. Vulpius, 28. 7. 1806
HAB 3, 24

Lustlager
prunkvolles militärisches und höfisches Festlager, festliche Zusammenkunft von Fürsten
Merkwürdig ist z. B. seine Frage: ob ein gewisses beschreibendes Gedicht von König auf das Lustlager Augusts des Zweiten wirklich ein Gedicht sei?
Dichtung und Wahrheit / 2. Teil / 7. Buch
HA 9, 264

Lustraum
Raum, um sich zu vergnügen
Die Ufer, Buchten und Busen des Meeres, der Vesuv, die Stadt, die Vorstädte, die Kastelle, die Lusträume!

Italienische Reise / Neapel / 27. Februar 1787
HA 11, 185

Mäkler
Verkäufer, Zwischenhändler
Besonders sollte jungen Leuten, die gut auf den Beinen waren, das Beiläufer- und Mäklerhandwerk und die Übernahme von allerlei Aufträgen […] durchaus […] einträglich sein.
Dichtung und Wahrheit / 1. Teil / 5. Buch
HA 9, 173

Mandel
altes Zählmaß für 15 (kleine Mandel) oder 16 (große Mandel) Stück
Allerliebster Papageno ihr ließt mir wohl eine Mandel (von Eiern gesagt) *zukommen?*
Der Zauberflöte zweiter Teil / Vorsaal im Palast
FA I, 6, 240

Mansch
Unordnung, Wust
Ich sehe täglich mehr dass weniger aber länger zu leiden ist in diesem Mansch.
An C. v. Stein, 13.–16. 9. 1777
HAB 1, 237f.

Mantelsack
Reisesack
[…] und wir finden ihn auf seinem Pferde, den Mantelsack hinter sich, erheitert durch freie Luft und Bewegung …
Wilhelm Meisters Lehrjahre / 2. Buch / 3. Kapitel
HA 7, 86f.

Marli
gazeartiges, netzförmiges Gewebe
Das Zeug, worauf gestickt werden soll, muß weite Fäden haben, und zu einer komischen Oper muß es absolut wie Marli gewoben sein.
Zweiter römischer Aufenthalt / 6. Februar 1788
HA 11, 516
[…] und bringe ein Compliment, eine Dancksagung, und die Marlimuster für dich, von meiner kleinen Wirtin mit …
An C. Goethe, 12.–14. 10. 1767
HAB 1, 51

Marqueur
Zollbeamter (von frz. „marqueur“ = Stempler, Zähler)
An den äußersten Polizeischranken der Vorstadt störte mich einen Augenblick ein Marqueur, der mir freundlich ins Gesicht sah, aber schnell wieder hinwegsprang.
Italienische Reise / Neapel / 3. Juni 1787
HA 11, 347

Marzebille
Verbindung der Namen „Marie“ und „Sibylle“
Name in „Hanswursts Hochzeit“
FA I, 4, 581

Maschinen
Machenschaften (von frz. „machinations“)
In einem fremden Königreiche, wo alle Ihre Beschützer, wo all Ihr Geld nicht im Stande ist, Sie gegen die geheime Maschinen nichtswürdiger Feinde zu sichern.
Clavigo / 2. Akt / Das Haus des Clavigo
HA 4, 268

maschinenmäßig
mechanisch, von selbst
Maschinenmäßig zogen wir uns ins zweite Zimmer zurück, alle waren verstummt.

Wilhelm Meisters Wanderjahre / 3. Buch / 8. Kapitel
HA 8, 382

Masern
knorriger Auswuchs eines Baumstamms
Aus belebten derben Masern / Strecken sie Polypenfasern …
Faust I / Walpurgisnacht / Vers 3898 f.
HA 3, 123

mastig
fett, üppig, wohlgenährt
[…] wenn in der tiefern Gegend Zweige und Stengel stärker und mastiger waren […], so wurden höher ins Gebirg hinauf Zweige und Stengel zarter …
Italienische Reise / Karlsbad bis auf den Brenner / 8. September 1786
HA 11, 19 f.
[…] sie (Pflanzen in Meeresnähe) *sind alle zugleich mastig und streng, saftig und zäh …*
Italienische Reise / Venedig / 8. Okt. 1786
HA 11, 90

Matz
verächtlicher Mensch, Dummrian
[…] da ist der ein Schlingel und iener ein Maz.
An Herder, 10. 7. 1776
HAB 1, 221
Sperrt Maul und Augen auf der Matz / Als ich ihm sagt', er wär' am Platz.
„Fastnachtsspiel vom Pater Brey", Vers 273 f.
FA I, 4, 275
[…] daß man ein guter tüchtiger Kerl sein kann, ohne grade ein Philister und ein Matz zu sein …
An Schiller, 17. 8. 1796
HAB 2, 236

Matzfotz von Dresden
Einfältiger, feiger Mensch
Name in „Hanswursts Hochzeit"
FA I, 4, 579

Matzpumpes
Eingebildeter Narr
Name in „Hanswursts Hochzeit"
FA I, 4, 581

Matztasche
Name in „Hanswursts Hochzeit"
FA I, 4, 581

Mäulchen
Kuß, Küsse
Ja, die Mäulchen schmecken süße, / Und bei Ziblis waren diese / Gar die ersten. Glaubt es mir!
„Ziblis, eine Erzählung", Vers 63 ff.
HA 1, 16
Wenn Schwester Caroline sich meiner erinnert so küssen sie ihr die Hand, und Sophien und Amalgen ein paar Mäulger von mir.
An H. Buff, anfangs Juni 1773
FA II, 1, 309

Maus
Daumenmuskel
[…] und Gott weiß wie, das Gewehr geht los, da der Ladstock noch drin steckt, und schießt den Ladstock einem Mädchen zur Maus herein an der rechten Hand und zerschlägt ihr den Daumen.
Die Leiden des jungen Werthers / 1. Buch / 12. August
HA 6, 45

mausig machen, sich
sich herausputzen,
sich etwas herausnehmen

„Wer ist denn der, der sich so mausig macht?" – „Ich weiß nicht", versetzte der andere, „aber er hat recht."
Campagne in Frankreich / 28. Aug. 1792
HA 10, 200

meinen
lieben, bevorzugen
Und was die Menschen meinen / Das ist mir einerlei; / Möchte mich mir selbst vereinen, / Allein wir sind zu zwei …
Zahme Xenien III
FA I, 2, 630

meist
zum größten Teil
Der andere Morgen ging meist mit Aufsuchen des Kindes hin.
Wilhelm Meisters Lehrjahre / 2. Buch / 4. Kapitel
HA 7, 105

Meister Hämmerlein
Bezeichnet den Beruf des Scharfrichters und Abdeckers (Kadaververwerters); später auch auf Gaukler und Possenreißer übertragen
Name in „Hanswursts Hochzeit"
FA I, 4, 579

Menächmen
Zwillinge (nach dem Lustspiel „Menaechmi" [= Die Zwillingsbrüder] des Menander)
Endlich kamen auch die beiden Majestäten herauf. Vater und Sohn waren wie Menächmen überein gekleidet.
Dichtung und Wahrheit / 1. Teil / 5. Buch
HA 9, 203
Am meisten entzückte uns die Schönheit jenes Gedankens, daß die Alten den Tod als den Bruder des Schlafs anerkannt, und beide, wie es Menächmen geziemt, zum Verwechseln gleich gebildet.
Dichtung und Wahrheit / 2. Teil / 8. Buch
HA 9, 316

Mengsal
Gemenge, Mischmasch
Sehen wir doch den Purismus, der eine durch Mengsal entstellte Sprache wieder herzustellen bemüht ist, so streng und zudringlich verfahren …
Nationelle Dichtkunst / IV. Cours de littérature grecque moderne par Jacovaky Rizo Néroulos
AGA 14, 562

Menschheit
Menschsein, Menschenwürde, Humanität
Grenzen der Menschheit (als Gedichttitel)
HA 1, 146
So, die Menschheit fort zu ehren, / Lasset, freudig überein, / Als wenn wir beisammen wären, / Kräftig uns zusammen sein!
„Dem würdigen Bruderfeste", Vers 13 ff.
HA 1, 343
Der Menschheit ganzer Jammer faßt mich an …
Faust I / Kerker / Vers 4406
HA 3, 139
Sie leben doch noch ganz in dem Gefühl der jüngsten, reinsten Menschheit …
Stella / 2. Akt
HA 4, 320
[…] das bißchen Verstand, das einer haben mag, kommt wenig oder nicht in Anschlag, wenn Leidenschaft wütet und die Grenzen der Menschheit einen drängen.
Die Leiden des jungen Werthers / 1. Buch / 12. August
HA 6, 50

[…] aber das eigentliche Studium der Menschheit ist der Mensch.
Die Wahlverwandtschaften / 2. Teil / 7. Kapitel
HA 6, 417
Wer alles und jedes in seiner ganzen Menschheit tun oder genießen will, […] der wird seine Zeit nur mit einem ewig unbefriedigten Streben hinbringen.
Wilhelm Meisters Lehrjahre / 8. Buch / 7. Kapitel
HA 7, 573
Es wäre ein törichtes Beginnen, alle Menschen auf einen Punkt, und wenn dieser Punkt die Menschheit selbst wäre, aufmerksam machen zu wollen.
Aus Lavaters physiognomischen Fragmenten
AGA 13, 35
So viel aber möchten wir behaupten, daß der köstliche Stoff des pentelischen Marmors sowie der ernste Ton eherner Statuen einer höher und zarter gesinnten Menschheit den Anlaß gegeben, die reine Form über alles zu schätzen …
Pompeji, Herkulanum, Stabiä
AGA 13, 1061
Der Begriff von der Menschheit, der sich in ihm (Lavater) *und an seiner Menschheit herangebildet hatte, war so genau mit der Vorstellung verwandt, die er von Christo lebendig in sich trug …*
Dichtung und Wahrheit / 3. Teil / 14. Buch
HA 10, 16
Inzwischen geschehen kühnere Griffe in die tiefere Menschheit; es entsteht ein leidenschaftlicher Widerwille gegen mißleitende, beschränkte Theorien …
Tag- und Jahreshefte / Von 1769 bis 1775
HA 10, 430
„Verdeckt mir doch nicht die Sonne höherer Kunst und reiner Menschheit."
Italienische Reise / Rom / 6. Januar 1787
HA 11, 156

merkwürdig
weithin bekannt, erwähnenswert, ungewöhnlich
Ich bin aus Tantals merkwürdigem Geschlecht …
Iphigenie, 1. Fassung / 1. Aufzug / 3. Auftritt
AGA 6, 108
Sodann wird Herr Domvikarius Hardy besucht, ein merkwürdiger, achtzigjähriger munterer Greis …
Anzeige zu „Über Kunst und Altertum"
AGA 13, 659
Wir hören die vornehmsten Städte unsers Vaterlands nennen, der größten Feldherrn jenes Jahrhunderts wird gedacht, auf die merkwürdigsten Begebenheiten angespielt …
Dramatische Bearbeitung der Wallensteinischen Geschichte durch Schiller
AGA 14, 15
Von dieser Biographie Schillers wäre nur das Beste zu sagen; sie ist merkwürdig, indem sie ein genaues Studium der Lebensvorfälle unseres Dichters beweist …
The life of Friedrich Schiller
AGA 14, 930
Moritz ist hier, der uns durch „Anton Reiser" und die „Wanderungen nach England" merkwürdig geworden.
Italienische Reise / Rom / 1. Dez. 1786
HA 11, 144
Auf unserer Rückkehr nach Neapel wurden mir kleine Häuser merkwürdig, einstöckig, sonderbar gebaut, ohne Fenster …
Italienische Reise / Neapel / 6. März 1787
HA 11, 195

Die Übersetzung (von Goethes „Tasso" ins Englische) *ist merkwürdig, das wenige Mißverstandene ist nach meiner Bemerkung abgeändert …*
An Zelter, 29. 3. 1827
HAB 4, 221

Metropolis
Weltstadt, Hauptstadt
Was würde Herr Sulzer zu der liebreichen Mutter Natur sagen, wenn sie ihm eine Metropolis, die er mit allen schönen Künsten, Handlangerinnen, erbaut und bevölkert hätte, in ihren Bauch hinunterschlänge?
Die schönen Künste von Sulzer
HA 12, 17

Metze
Hure
Daß alle braven Bürgersleut' / Wie von einer angesteckten Leichen, / Von dir, du Metze! seitab weichen.
Faust I / Nacht / Vers 3753 ff.
HA 3, 119

Metze Dreihaar
zu „Metze" (von Mathilde); junge Frau, Geliebte; auch „schamloses Weib", „Hure";
„Dreihaar": jemand, dem vom Raufen und Schlagen nur wenig Haare übriggeblieben sind
Name in „Hanswursts Hochzeit"
FA I, 4, 582

Mikromegisches
Verwandtschaft des Kleinen mit dem Großen
Die ganze Anlage des Danteschen Höllenlokals hat etwas Mikromegisches und deshalb Sinneverwirrendes.
Dante
HA 12, 340
Spreu, von geriebenem Bernstein angezogen, steht mit dem ungeheuersten Donnerwetter in Verwandtschaft, ja ist eine und eben dieselbe Erscheinung. Dieses Mikromegische gestehen wir auch in einigen andern Fällen zu …
Maximen und Reflexionen Nr. 621
HA 12, 450

milde
freigebig, wohltätig
Trefflich hast du gehandelt, o Frau, daß du milde den Sohn fort / Schicktest mit altem Linnen und etwas Essen und Trinken …
Hermann und Dorothea / 1. Gesang / Vers 13 f.
HA 2, 437
[…] wenn ihn / Ein edler Fürst zu seinem Hofgenossen / Erwählen will und ihn der Dürftigkeit / Mit milder Hand entzieht …
Torquato Tasso / 5. Aufzug / 1. Auftritt / Vers 2957 ff.
HA 5, 153

Misel
hübsche, kokette Frau (von elsässisch „Misel" = Mäuschen)
[…] muss nun inne sizzen und warme Kräutermilch im Mund haben, und kan nicht auf Misels ausgehn …
An C. v. Stein, 6. 9. 1777
HAB 1, 222
Morgen hab ich Misels heraufgebeten. Sie versichern mir alle dass sie mich lieb haben, und ich versichere sie sie seyen Charmant.
An C. v. Stein, 13.–16. 9. 1777
HAB 1, 237
Wenn Sie ein Misel wären hätt ich Sie gebeten das Westgen erst einmal eine

Nacht anzuziehn und es so zu transsubstantiiren …
An C. v. Stein, 2. 3. 1779
HAB 1, 263
Gestern Abend hat mich das schöne Misel (Corona Schröter*), gleich einem Cometen, aus meiner gewöhnlichen Bahn mit sich nach Hause gezogen.*
An C. v. Stein, 30. 3. 1780
HAB 1, 298
Ich mögte iezt etwas recht artigs für Sie und Ihre Misels haben!
An C. v. Stein, 18. 9. 1780
HAB 1, 322

Miselei

Flirt, Liebelei
Meine übrigen kleinen Leidenschafften Zeitvertreibe und Miseleyen, hingen sich nur so an dem Faden der Liebe zu Ihnen an …
An C. v. Stein, 12. 6. 1777
HAB 1, 233

mittägig

südlich
[…] daß alle Dünste, die aus dem Bozner Tal, alle Wolkenstreifen, die von den mittägigern Bergen aufsteigen, nach den höhern mitternächtigen Gegenden zuzogen, sie nicht verdeckten, aber in eine Art Höherauch einhüllten.
Italienische Reise / Vom Brenner bis Verona / 14. September 1786
HA 11, 37
Ich habe alles eingepackt um noch mittägiger, noch weiter von dir zu gehen!
An C. v. Stein, 21. 2. 1787
HAB 2, 50

mitteilen

übergeben, aushändigen, senden, zeigen
Teile mir etwas von deinen Tinkturen, Pomaden und Balsamen mit, und ich will einen Versuch machen.
Wilhelm Meisters Wanderjahre / 2. Buch / 3. Kapitel
HA 8, 176
Gedachten Winter jedoch war die Betrachtung Leonardo da Vinci's an der Tagesordnung, weil von Mailand bedeutende […] Kunstschätze soeben anlangten, und der über das Abendmahl verfaßte Aufsatz Herrn Dr. Nöhdens mitgeteilt wurde.
Leonardo da Vinci's Last Supper
AGA 13, 912
Er (der junge Jerusalem) *teilte bei solchen Gelegenheiten Geßnersche Radierungen mit, und munterte die Liebhaber auf, darnach zu studieren.*
Dichtung und Wahrheit / 3. Teil / 12. Buch
HA 9, 545
[…] sehr viele (Gedichte) *sind zerstoben und verloren gegangen, manche noch übrige lassen sich* (aus moralischen Rücksichten) *nicht wohl mitteilen.*
Dichtung und Wahrheit / 3. Teil / 13. Buch
HA 9, 595
Sagen Sie mir ferner, ob Sie nicht eins und das andere (Blatt) *nur illuminiert und angefärbt, nicht ausgemalt, mitteilen möchten.*
An Ph. O. Runge, 2. 6. 1806
HAB 3, 22f.

Mittel

gesellschaftlicher Kreis
[…] dann verkleideten wir einige aus unserm Mittel und zogen zuletzt die Schwestern mit ins Spiel.
Wilhelm Meisters Lehrjahre / 1. Buch / 8. Kapitel
HA 7, 31

Mittelzeit
Mittelalter
Alles Furchtbare, was ich in den Geschichten der Mittelzeit von Gottesurteilen, den seltsamsten Prüfungen durch glühendes Eisen, flammendes Feuer, schwellendes Wasser gelesen hatte …
Dichtung und Wahrheit / 2. Teil / 7. Buch
HA 9, 294
[…] in einem Lande, das für gut und nützlich erachtet habe, an älteren, aus der Mittelzeit sich herschreibenden Einrichtungen und Sitten fest zu halten.
Dichtung und Wahrheit / 4. Teil / 19. Buch
HA 10, 153
Zur Betrachtung der Baukunst früherer Mittelzeit bietet Trier merkwürdige Monumente …
Campagne in Frankreich / 29. Oktober 1792
HA 10, 294
Die Mittelzeit, wo der Haß noch gegenwirken kann und mag, ist prägnant genug dargestellt (in Goethes Gedicht „Die erste Walpurgisnacht") …
An F. Mendelssohn-Bartholdy, 9. 9. 1831
HAB 4, 447

Mitternacht
Norden
Die paduanischen und vicentinischen Berge und das Tiroler Gebirge schließen zwischen Abend und Mitternacht das Bild ganz trefflich schön.
Italienische Reise / Venedig / 30. September 1786
HA 11, 70

mitternächtig
nördlich
[…] daß alle Dünste, die aus dem Bozner Tal, alle Wolkenstreifen, die von den mittägigern Bergen aufsteigen, nach den höhern mitternächtigen Gegenden zuzogen, sie nicht verdeckten, aber in eine Art Höherauch einhüllten.
Italienische Reise / Vom Brenner bis Verona / 14. September 1786
HA 11, 37

Mockel
großer, schwerer Mensch
Auf dem Rückwege begegnete mir ein großer Volksauflauf über den weg ein schöner Postzug hervorragte, eine treffliche Reisechaise mit Vache und auf dem Bocke der Hofmockel.
An C. v. Goethe, 22./25. 4. 1813
HAB 3, 233

Model
Durchmesser einer Säule
Die Ordnung ist korinthisch, die Säulenweiten etwas über zwei Model.
Italienische Reise / Ferrara bis Rom / 25. Oktober 1786
HA 11, 117

Modul
Maß, Maßstab
Die schriftliche Mitteilung hat das große Verdienst, daß sie weiter und länger wirkt, als die mündliche, und daß der Leser schon mehr Schwierigkeiten findet, das Geschriebene nach seinem Modul umzubilden, als der Zuhörer das Gesagte.
An F. A. Wolff, 28. 11. 1806
HAB 3, 32

Morgen
Osten
[…] denn nicht die Polhöhe allein macht Klima und Witterung, sondern die Bergreihen, besonders jene, die von Mor-

gen nach Abend die Länder durchschneiden.
Italienische Reise / Karlsbad bis auf den Brenner / 8. September 1786
HA 11, 19

Muffel
Kapsel aus Ton zum Glühen von Metall und Glas
[…] und erzählte die oft wiederholte Geschichte: wie er den Stein unter einer Muffel geprüft und über das herrliche Schauspiel der sich entwickelnden Flamme das Feuer zu mildern und auszulöschen vergessen …
Tag- und Jahreshefte / 1805
HA 10, 487

Mummenschanz, die
Maskerade,
Lustbarkeit verkleideter Personen
Ist eben hier eine Mummenschanz / Wie überall, ein Sinnentanz.
Faust II / Klassische Walpurgisnacht / Vers 7795
HA 3, 237

mundieren
ins Reine schreiben
Einen Faszikel aufschlagend, fiel ihm ein Reskript in die Hände, das er selbst mundiert …
Wilhelm Meisters Wanderjahre / 1. Buch / 9. Kapitel
HA 8, 104
Er gab ihm Briefe zu beantworten, Depeschen auszuarbeiten, die denn auch von ihm mundiert, öfter chiffriert, gesiegelt und überschrieben werden mußten.
Dichtung und Wahrheit / 3. Teil / 13. Buch
HA 9, 559

Murki (Murky)
Musikstück mit Oktavenbrechungen im Bass
Wenn wir nun der Menuett genug hatten, so ersuchte ich den Vater um andere Tanzmusiken, dergleichen die Notenbücher in ihren Giguen und Murkis reichlich darboten …
Dichtung und Wahrheit / 2. Teil / 9. Buch
HA 9, 389

Murmelchen
kleines Kind
O große Lust, doch übergroß / Läßt ihn das Glück die Lust empfinden, / Einmal auf der Geliebten Schoß / Ein artig Murmelchen zu finden.
„Bänkelsängerlied", Vers 37 ff.
FA I, 1, 271

Musgretgen
von „Mus" oder „Maus" (= Vagina)
Name in „Hanswursts Hochzeit"
FA I, 4, 582

musivisch
in Mosaiktechnik
Die Kuppeln und Gewölbe der Markuskirche nebst ihren Seitenflächen, alles ist bilderreich, alles bunte Figuren auf goldenem Grunde, alles musivische Arbeit …
Italienische Reise / Venedig / 8. Oktober 1786
HA 11, 87

Nacht

für „Abend“

Denk' ich die Zeiten zurück, wie manche Nacht ich den Mond schon / Dort erwartet …

Hermann und Dorothea / 4. Gesang / Vers 191 f.

HA 2, 466

Wenn unsereins am Spinnen war, / Uns nachts die Mutter nicht hinunterließ …

Faust I / Am Brunnen / Vers 3563 f.

HA 3, 113

Werther, ich habe gestern nacht ausgestanden und heute früh eine Predigt über meinen Umgang mit Ihnen, und ich habe müssen zuhören …

Die Leiden des jungen Werthers / 2. Buch / 16. März

HA 6, 70

So brachte Wilhelm seine Nächte im Genusse vertraulicher Liebe, seine Tage in Erwartung neuer seliger Stunden zu.

Wilhelm Meisters Lehrjahre / 1. Buch / 9. Kapitel

HA 7, 33

Ich gewann bald seine Neigung, und er, klüger als Behrisch, holte mich bei Nachtszeit ab, wir gingen zusammen spazieren, unterhielten uns von interessanten Dingen, und ich begleitete ihn endlich bis an die Türe seiner Geliebten …

Dichtung und Wahrheit / 2. Teil / 8. Buch

HA 9, 333

Lilis Pianospiel fesselte unsern guten André vollkommen an unsre Gesellschaft; als unterrichtend, meisternd, ausführend, waren wenige Stunden des Tags und der Nacht, wo er nicht in das Familienwesen, in die gesellige Tagesreihe mit eingriff.

Dichtung und Wahrheit / 4. Teil / 17. Buch

HA 10, 98

Nahrung

Ernährung, Lebensunterhalt

Ich weiß recht gut, daß man in der Nähe mit dem Gedanken umgeht, selbst Maschinen zu errichten und die Nahrung der Menge an sich zu reißen.

Wilhelm Meisters Wanderjahre / 3. Buch / 13. Kapitel

HA 8, 430

Narrenteidung

Narretei, Narrenpossen

Er ahnet nicht, was uns von draußen droht; / Laß ihn die Narrenteidung treiben! / Ihm wird kein Raum für seine Possen bleiben; / Gesetz ist mächtig, mächtiger ist die Not.

Faust II / Kaiserliche Pfalz / Vers 5797 ff.

HA 3, 179

naschen

an etwas nagen

Da rase draußen Flut bis auf zum Rand, / Und wie sie nascht, gewaltsam einzuschießen

Faust II / Palast / Vers 11570 f.

HA 3, 348

Ich fühl's, es ist der Klang der Mordaxt, die an meiner Wurzel nascht.

Egmont / 5. Akt / Gefängnis

HA 4, 438

Nebler

nebulös formulierende (Möchtegern-) Dichter

Ja zuletzt wollte man nach deutscher Reim- und Klangweise sie als Schwebler und Nebler abfertigen. Man behauptete, sie seien ohne Realität, hätten nie und nirgends ein Dasein, und ihnen fehle Kunstwahrheit als schöne Wirklichkeit.

Der Sammler und die Seinigen / Achter Brief
AGA 13, 313

nebulistisch

nebelhaft, unklar
Das alles war nicht ohne Charakter und nicht ohne einen gewissen Geschmack, aber leider fehlte den Figuren die Proportion und das eigentliche Mark, so wie denn auch die Ausführung höchst nebulistisch war.
Dichtung und Wahrheit / 2. Teil / 8. Buch
HA 9, 347

necken

peinigen, quälen
Vor Augen ist mein Reich unendlich, / Im Rücken neckt mich der Verdruß …
Faust II / Palast / Vers 11154
HA 3, 336
Was hast du von dem Bischof? Weil er dein Nachbar ist? dich necken könnte?
Götz / 1. Akt / Jaxthausen
HA 4, 90
Aber sein Hauptwerk? Acta literaria. Sein Hauptwerk! Rezensieren, necken, lästern.
Leben und Charakter Herrn Christian Adolf Klotzens
AGA 14, 153
Das Hofgesinde neckt und beleidigt ihn (den Helden einer nordischen Sage), *aufgeregt beweist er seine Kraft und aus der rohen tierischen Maske tritt ein Heldenjüngling hervor.*
Frithjofs Saga
AGA 14, 510
Was hilft den Christen ihre entschiedene Schlachtordnung, immerfort von den Sarazenen gereizt, geneckt, angegriffen, teilweise in Scharmützel verwickelt.
Campagne in Frankreich / 27. September 1792
HA 10, 245
[…] dass die Preusen […] sich begnügen in der Stille zu necken, und hier und da einigen Abbruch zu thun.
An den Herzog Carl August, 9. 2. 1779
HAB 1, 261

Neige

Flüssigkeitsrest in einem Gefäß
Sie zerschlugen den Punschnapf und die Neige floß herunter.
Wilhelm Meisters theatralische Sendung / 3. Buch / 9. Kapitel
HA 8, 513

Nerve, die

der Nerv
Diese Sehnsucht nach Ihnen trifft auf eben die Nerve wo der alte Schmerz, dass ich Sie das erste Jahr in Kochberg nicht sehen durfte, sich verheilt hat …
An C. v. Stein, 24. und 26. 6. 1780
HAB 1, 307

Nesseltuch

leichtes Gewebe aus den Bastfasern der Brennessel
Zu ihrer größten Freude hatte sie in dem Paket ein feines Stück Nesseltuch […] gefunden.
Wilhelm Meisters Lehrjahre / 1. Buch / 1. Kapitel
HA 7, 9
[…] dagegen befreite er seinen Hals von der Knechtschaft einer Binde und ließ sich einige Streifen von Nesseltuch ans Hemde heften …
Wilhelm Meisters Lehrjahre / 4. Buch / 2. Kapitel
HA 7, 210
Warum muss das eben Nesseltuch seyn worin das Huhn gestoft wird.

An S. v. La Roche, 20. 11. 1774
HAB 1, 172

Nestel (s. a. → genestelt)
man glaubte früher, Nestelknüpfen als Zauberpraktik gegen einen Mann mache diesen impotent
Gefaßt bei dem was ihm noch nie begegnet, / Spricht er zu sich: so mußt du doch erfahren / Warum der Bräutigam sich kreuzt und segnet, / Vor Nestelknüpfen scheu sich zu bewahren.
„Das Tagebuch", Vers 113 ff.
FA I, 2, 847

nett
bestimmt, deutlich, zierlich, reinlich
Nichts saß ihm knapp noch nett genug, auch hätte er alles neuer und frischer gewünscht.
Wilhelm Meisters Wanderjahre / 1. Buch / 6. Kapitel
HA 8, 64
[…] so war es doch, als wenn Maurer und Steinmetzen soeben erst abgegangen wären, dergestalt neu, vollständig und nett erschienen die Fugen wie die ausgearbeiteten Verzierungen.
Wilhelm Meisters Wanderjahre / 1. Buch / 10. Kapitel
HA 8, 115
Sehn Sie nur, wie nett er angezogen ist!
Wilhelm Meisters Wanderjahre / 2. Buch / 3. Kapitel
HA 8, 185
Er war immer sehr nett gekleidet, und man sah ihn nie anders auf der Straße als in Schuh und Strümpfen und einer wohlgepuderten Lockenperücke, den Hut unterm Arm.
Dichtung und Wahrheit / 1. Teil / 2. Buch
HA 9, 78
Alles ist darin (Marias Zimmer in einem Verkündigungsbild von Jan van Eyck) *so reinlich und nett, wie es sich geziemt für die Unschuld, die nur sich selbst und ihre nächste Umgebung besorgt.*
Heidelberg
AGA 13, 696 f.
Ihr sehr netter Anzug erinnerte an die Kleidung Herrnhutischer Frauen.
Dichtung und Wahrheit / 2. Teil / 8. Buch
HA 9, 339
Die Franzosen haben durch Einführung mißverstandener alter Lehren und durch nette Konvenienz ihre Poesie dergestalt beschränkt, daß sie zuletzt ganz verschwinden muß, da sie sich nicht einmal mehr in Prosa auflösen kann.
Urteilsworte französischer Kritiker
AGA 14, 782
Sie (Susanna Katharina v. Klettenberg) *pflegte nett und reinlich am Fenster in ihrem Sessel zu sitzen …*
Dichtung und Wahrheit / 3. Teil / 14. Buch
HA 10, 41
[…] daß die Prozession […] wirklich einen reinlichen Schlangenweg durch den Morast gebahnt sah und sowohl die sämtliche langbekleidete Geistlichkeit als der nettfüßige Adel, den Vizekönig an der Spitze, ungehindert und unbesudelt durchschreiten konnte.
Italienische Reise / Sizilien / 15. April 1787
HA 11, 265

Nettigkeit
Zierlichkeit
[…] und wenn Sie die Nettigkeit einer vornehm reichen französischen Verirrung zu schätzen wußten …
Wilhelm Meisters Wanderjahre / 1. Buch / 7. Kapitel
HA 8, 85

Der Federumriß (von Giulio Romano) *ist von der größten Nettigkeit und Leichtigkeit und fügt sich dem vollkommensten Ausdruck.*
An Zelter,
21. 1. 1826
HAB 4, 178

Neubruch
neuerdings zu Ackerfeld gemachtes Land
Ja sogar der Eigentümer verläßt seinen erst gerodeten Neubruch, sobald er ihn durch Kultur einem weniger gewandten Besitzer erst angenehm gemacht hat …
Wilhelm Meisters Wanderjahre / 3. Buch / 9. Kapitel
HA 8, 388
Das deutsche geistig-literarische Terrain war damals ganz eigentlich als ein Neubruch anzusehen …
Dichtung und Wahrheit / 4. Teil / 17. Buch
HA 10, 112

Nexer (Neckser, Necker)
jemand, der gerne neckt (= ärgert, plagt)
Mich einen Neider und Nexer zu heissen und dergleichen mehr, das ist all nur seit ihr verheurathet seyd.
An Kestner, 15. 4. 1773
HAB 1, 146

nichtig
kraftlos, hinfällig
Indem ich nun die Tafel hinauf sah, erblickt' ich ganz oben, quer vor, an der ersten Stelle einen alten, kleinen, wohlgestalteten Mann von ruhigem, beinahe nichtigem Betragen.
Campagne in Frankreich / November
HA 10, 320

niederträchtig
gewöhnlich, niedrig,
sich nach unten ziehen lassend
Geheilt will ich nicht sein, mein Sinn ist mächtig; / Da wär' ich ja wie andre niederträchtig.
Faust II / Klassische Walpurgisnacht / Vers 7459f.
HA 3, 227
[…] und was fand ich! einen Pater Abraham a Sancta Clara, der die ganze hohe griechische Kultur im Rücken hat, in der niederträchtigsten Umgebung lebt, und seinem schlechten Publikum mit goldenem Munde das dümmste Zeug vorsagt …
An Zelter, 7.–17. 5. 1815
HAB 3, 309

nojos
langweilig (von it. „noioso" = langweilig, lästig)
Da ich die Glückseligkeit genieße, sehr viel in kurzer Zeit denken und kombinieren zu können, so ist mir eine schrittweise Ausführung nojos und unerträglich.
Zweiter römischer Aufenthalt / 20. Juli 1787
HA 11, 369

Norde
Nordländer, Skandinavier
[…] er hatte den einzigen Fehler, daß er seinen Namen nicht hören konnte und, sobald er ihn vernahm, in eine Heldenwut, wie der Norde sie Berserkerwut benennt, augenblicklich geriet …
Dichtung und Wahrheit / 4. Teil / 18. Buch
HA 10, 125

Nordschein
Nordlicht
Wenn ich dann ferner in des Lebens Weite / Zur Liebsten mußte, weil sie zog, / Gestirn

und Nordschein über mir im Streite, / Ich gehend, kommend Seligkeiten sog …
„Um Mitternacht", Vers 6 ff.
HA 1, 373
Und hätten gerne Dir zu Ehren / Den schönsten Nordschein mitgebracht.
Ein Zug Lappländer / Vers 3 f.
FA I, 5, 437

Nößel
Schoppen, ca. 1/2 Liter
Ich hatte mich bei meinem Nößel Tischwein mäßig verhalten; die Herren aber ließen sich besseren reichen, und ermangelten nicht, auch mir davon mitzuteilen.
Dichtung und Wahrheit / 3. Teil / 12. Buch
HA 9, 548

Notdurft
– Notwendigkeit
[…] Gebeugt vom Joche / Der Notdurft.
„Meine Göttin", Vers 57 f.
HA 1, 145
– Bedarf an Notwendigem
Berechnet Euer Vermögen, und was Euch von Eurer Notdurft übrig bleibt, davon verwehr' ich Euch nicht, ihr ein Geschenk […] zu machen.
Die Leiden des jungen Werthers / 1. Buch / 26. Mai
HA 6, 16
Denn indem er für billige Preise seine Fruchtböden auftat und, was sonst noch zu Nahrung und Notdurft erforderlich wäre, zu verschaffen wußte …
Wilhelm Meisters Wanderjahre / 3. Buch / 1. Kapitel
HA 8, 318
Er muß […] auf die Waldung Aufsicht führen und daraus nur zu seiner Notdurft schlagen und nehmen …
Reise in die Schweiz, 18. September 1797
FA I, 16, 192

notdürftig
notwendig, unentbehrlich
[…] weil man durch die mechanischen Bemühungen und durch die notdürftigen, immer seltsamen Gebärden der Instrumentenspieler so sehr zerstreut und verwirrt werde.
Wilhelm Meisters Lehrjahre / 8. Buch / 5. Kapitel
HA 7, 543

obligat
unerläßlich, erforderlich, zwingend
Es („Wilhelm Meister") *ist unter allen meinen Arbeiten, die ich jemals gemacht habe, die obligateste und in mehr als Einem Sinn die schwerste …*
An J. F. G. Unger, ca. 7. 3. 1796
HAB 2, 217

Öhm, Ohm, der
Onkel (Bruder von Mutter oder Vater)
Glücklich find' ich mich nun, von solchen Öhmen zu wissen; / Denn zu Zeiten der Not bedarf man seiner Verwandten.
Reineke Fuchs / 11. Gesang / Vers 209 f.
HA 2, 415

Ohm, die
altes Flüssigkeitsmaß, vor allem für Wein (ca. 150 Liter)
Wir sendeten unsere leeren Gefäße zu dem Schenken, der uns ersuchen ließ, Geduld zu haben, bis die vierte Ohm angesteckt sei.
Sankt-Rochus-Fest zu Bingen
HA 10, 415

Ohnehosen
Sansculotten; Spottname für die französischen Revolutionäre, welche lange Hosen (Pantalons) trugen statt Kniehosen (Culottes) wie die höheren Stände
Unsere riesenhaften, wohlgekleideten Kürassiere machten einen wunderlichen Kontrast mit den zwergenhaften, schneiderischen, zerlumpten Ohnehosen; der Tod hatte sie ohne Unterschied hingemäht.
Belagerung von Mainz
10, 367

Palm
Handspanne
(Längenmaß: ca. 20 bis 25 cm)
[...] machte ich zwei Figuren einen guten Palm groß ...
Benvenuto Cellini
3. Buch, 2. Kapitel
AGA 15, 670
Hernach fiel es dem König ein, ein großes Bad zu haben, von achtzig Palmen Länge, wo er schwimmen konnte.
Philipp Hackert / San Leocio
AGA 13, 582
Es (das Kloster von S. Maria delle Grazie in Mailand) *liegt aber so tief, das Refektorium tiefer als das übrige, so daß im Jahr 1800 bei anhaltendem Regen das Wasser darin über drei Palmen stand ...*
Leonardo da Vincis Abendmahl
AGA 13, 755

Pannier
Reifrock (von frz. „panier" = Korb, Drahtkorb)
Und auf dem Tisch hier ein Schnupftuch, ein Pannier ein Halstuch drüber, dort hängen des lieben Mädgens Stiefel.
An A. zu Stolberg, 3. 8. 1775
HAB 1, 189

Pantin
Hampelmann
[...] und das ist eben die Seele die mit unserm Körper wie mit einem Pantin spielt ...
An Langer, 29. 4. 1770
HAB 1, 107

Pantoffelholz
Holz der Korkeiche
Endlich kamen wir an ein Wäldchen, buschig, die höheren Bäume nur einzeln; endlich auch Pantoffelholz!
Italienische Reise / Sizilien / 21. April 1787
HA 11, 272

pantomimisch
andeutungsweise
Seine Gesinnungen gegen mich gab er gleichfalls pantomimisch zu erkennen, indem er mir den Platz einer Stiftsdame verschaffte ...
Wilhelm Meisters Lehrjahre / 6. Buch / Bekenntnisse einer schönen Seele
HA 7, 385

Papillotte
Haarwickel
Schick mir doch was, schreib mir doch was von dir, was es auch sey! Wär's eine abgerupfte Papillotte ...
An Herder, 25. 3. 1775
HAB 1, 180

Parentation
Grabrede, Standrede
Wenn sie mich indessen bei der Pyramide zur Ruhe bringen, so können diese beiden Gedichte statt Personalien und Parentation gelten.
Zweiter römischer Aufenthalt / 22. Februar 1788
HA 11, 519
[...] ich habe Herdern mit meiner Parentation zu lachen gemacht.
An Jacobi, 1. 2. 1793
HAB 2, 163
Eine Parentation kann nicht lahmer sein als das, was über deutsche Literatur in gedachter Schrift gesagt wird.
An J. H. Meyer, 20. 6. 1796
HAB 2, 225

Parrhesie
Offenheit, Freimut

Sodann ging ich ohne Anstand zu Hofrat Böhmen […] und erklärte ihm, mit vieler Konsequenz und Parrhesie meine Absicht.
Dichtung und Wahrheit / 2. Teil / 6. Buch
HA 9, 246

Particulier
Privatmann
[…] Graf Bünau, der als Particulier nur ein bedeutendes Buch weniger hätte kaufen dürfen, um Winckelmann einen Weg nach Rom zu eröffnen …
Winckelmann
HA 12, 104

Partner
Teilhaber(in), Mitspieler(in)
[…] und nachdem man viel darüber hin und wider gesprochen hatte, sagte mein lieber Partner: „Wenn ich deine Gebieterin und nicht deine Frau wäre, so würde ich dich ersuchen, dieses Memoire in ein Schauspiel zu verwandeln …"
Dichtung und Wahrheit / 3. Teil / 15. Buch
HA 10, 71

passen
ausharren, warten
Sie hätten noch Jahre lang am Neckar passen können bis etwas, nach Ihrem Sinne, am Niederrhein geschehen wäre.
An Boisserée, 7. 8. 1816
HAB 3, 363

passieren
tolerieren, gelten lassen
Zweierlei Dinge lass' ich passieren, die Welt und die Seele, / Keins weiß vom andern, und doch deuten sie beide auf Eins.
„Xenien", Nr. 83, Vers 1
HA 1, 220

[…] und mich […] gegen das Publikum unbewunden zu erklären und besonders in diesem Falle (angesichts von Frömmelei) *keinem seine Renitenz und Retizenz passieren zu lassen.*
An Schiller, 21. 11. 1795
HAB 2, 204
Da wir Modernen nun diesem Genius nicht entgehen können, so werden wir sie wohl passieren lassen …
An Schiller, 4. 9. 1799
HAB 2, 394
Man muß abwarten, ob ihn (Schopenhauer) *die Herren vom Metier in ihrer Gilde passieren lassen; ich finde ihn geistreich und das übrige lasse ich dahingestellt.*
An Knebel, 24. 11. 1813
HAB 3, 247

Pate
Täufling, Patenkind
Als ältester Enkel und Pate hatte ich seit meiner Kindheit jeden Sonntag bei den Großeltern gespeist …
Dichtung und Wahrheit / 1. Teil / 2. Buch
HA 9, 47
Der älteste Enkel, durch Leben und Lernen aus dem Kreise großväterlicher Liebe hinausgeführt, läßt mir den kleinen zurück, den zierlichen Paten (Wolfgang v. Goethe), *der mir immer liebenswürdiger erscheint, je mehr er sich in meiner Nähe gefällt.*
An Reinhard, 26. 12. 1825
HAB 4, 167
Die jungen Wesen, worunter sich der liebe Pate (Goethes Enkel Wolfgang) *besonders hervortat, drangen ohne poetisches Vehikel in die ersten unmittelbarsten Zustände der Natur.*
An Reinhard, 7. 9. 1831
HAB 4, 444

Patsche
Patschhand
Dem Faun, wenn er die Patsche reicht, / Versagt die Schöne den Tanz nicht leicht.
Faust II / Kaiserliche Pfalz / Vers 5827 f.
HA 3, 180

patschen
klatschend schlagen
Und wie es patscht und wie es schlägt, / Wird neues Flammen aufgeregt …
Faust II / Kaiserliche Pfalz / Vers 5940 f.
HA 3, 183
Wir wollen sie (die Feinde) *patschen.*
Götz / 3. Akt / Gebirg und Wald
HA 4, 132

pausig
aufgebläht, aufgeblasen
Ist es doch so, als ob die Weiber nicht brauschig und die Männer nicht pausig genug sich gefallen könnten!
Novelle
HA 6, 497

peinlich
– gerichtlich, vor Gericht
Wenn ich ihn nun peinlich anklage, daß er heimlich nach Madrid gekommen, sich bei dir unter einem falschen Namen mit einem Helfershelfer anmelden lassen …
Clavigo / 4. Akt / Clavigos Wohnung
HA 4, 295
– peinigend, qualvoll, mühselig
Durch diese Prüfungen wächst Ottiliens Wert; aber seitdem ich den peinlichen Zustand recht deutlich einsehe, habe ich mir Mühe gegeben, sie anderwärts unterzubringen.
Die Wahlverwandtschaften / 1. Teil / 2. Kapitel
HA 6, 252
Nun gesellte sich Neugierde zu der übrigen Unruhe und Ungeduld, es waren peinliche Stunden.
Wilhelm Meisters Wanderjahre / 2. Buch / 5. Kapitel
HA 8, 206
Peinlicher haben nicht leicht drei Menschen sich gegenübergestanden, alle zusammen in Furcht, sich einander zu verlieren …
Wilhelm Meisters Wanderjahre / 3. Buch / 3. Kapitel
HA 8, 435
Albrecht Dürer und die übrigen Deutschen. Sie haben alle mehr oder weniger etwas Peinliches, indem sie gegen die ungeheuern Gegenstände die Freiheit des Wirkens verlieren oder solche behaupten …
Künstlerische Behandlung landschaftlicher Gegenstände
AGA 13, 791
Heute floh sie, floh wie gestern, / Riß der Muse sich vom Schoß; / Ach! sie hat so lästige Schwestern, / Peinlich werden wir sie los.
„Wilhelm Tischbeins Idyllen“ XIII
AGA 13, 903
Es waren peinliche Tage, deren Erinnerung mir nicht geblieben ist.
Dichtung und Wahrheit / 3. Teil / 11. Buch
HA 9, 500
Aber eben durch diese Fülle ward eine strengere Behandlung peinlich, wovon ich Zeuge sein konnte, weil er (Schiller) *sich über alles, was er dichterisch vorhatte, mit andern gern besprach und, was zu tun sein mochte, hin und wider überlegte.*
Tag- und Jahreshefte / 1796
HA 10, 445
Nach zerstreuenden, mitunter peinlich zugebrachten Tagen macht' ich den Umgang

(durch Rom am Schluß des Aufenthaltes) *mit wenigen Freunden einmal ganz allein.*
Zweiter römischer Aufenthalt / Bericht (April)
HA 11, 555
[…] in dem übelsten Befinden, das sich […] anfänglich so vermehrte, daß ich in einen höchst peinlichen Zustand geriet.
An Zelter, 27. 7. 1807
HAB 3, 46
Ich begreife recht wohl, daß Sie bei allen Gütern, womit das Glück Sie begünstigt hat, sich doch manchmal in einer peinlichen Lage befinden, die aber nach meiner Einsicht bloß von einem unvollendeten Streben herkommt.
An J. J. Willemer, 5. 12. 1808
HAB 3, 101
Nun will ich aber mit prosaischen Worten nachholen, Dir sagen und versichern, daß Dein langes Stillschweigen mir höchst peinlich gewesen.
An Zelter, 23. 2. 1814
HAB 3, 260

Pekesche
mit Schnüren besetzter Überrock
Die Frauenzimmer aber hatten […] sich erinnert, daß eine schöne Pekesche eines Vettern im Schrank hänge …
Dichtung und Wahrheit / 2. Teil / 10. Buch
HA 9, 446

Penetration
Einsicht, Scharfsinn
[…] einen jungen Menschen […], der mit einer tiefen reinen Empfindung, und wahrer Penetration begabt, sich in schwärmende Träume verliert …
An G. F. E. Schönborn, 1. 6.–4. 7. 1774
HAB 1, 161

penetrieren
durchdringen, ergründen
Raphael hatte diese Sinnesart penetriert, seine Verklärung ist ein deutlicher Beweis.
An J. H. Meyer, 27. 2. 1789
HAB 2, 110
[…] denn es kommt ja nur darauf an, daß man die Maximen annimmt, sich davon penetriert, sein Studium darauf richtet und in der Ausführung daran fest hält.
An W. v. Humboldt, 16. 9. 1799
HAB 2, 396
Es ist nicht das erstemal, daß jemand, von dem Interesse eines ganz besonderen Zustands penetriert, sich gedrungen fühlt, dieses Komplizierte […] darzustellen.
An Reinhard, 14. 11. 1812
HAB 3, 203
[…] denn wer versteht irgendeine Erscheinung, wenn er sich von dem Gang des Herankommens [nicht] penetriert?
An Zelter, 3. 6. 1830
HAB 4, 382
Er (der Zeichner Neureuther) *hat wirklich den Sinn ganz wundersam penetriert, ja, was merkwürdig ist, das Geheimanmaßliche, was in dem Gedichte liegt, recht bescheiden kühn herausgesetzt.*
An Zelter, 1. 6. 1831
HAB 4, 425

Pennal
Federkasten
Als der Knabe nach der Schule / Das Pennal in Händen ging, / Und mit stumpfer Federspule / Lettern an zu kritzeln fing …
„Der Gräfin Titinne O'Donell", Vers 1 f.
HA 1, 346

pensionieren
besolden
Sie hatten in Höllenangst gesessen, bis der

gewandte Laufer, wahrscheinlich vom Konsul gut pensioniert, einen glücklichen Ausgang des Abenteuers unter hundert Possen erzählte …
Italienische Reise / Sizilien / 13. Mai 1787
HA 11, 309
Der Herzog von Gotha will von einem Maler, den er pensioniert, auch was sehen und will doch auch diesen Maler einmal bei sich wissen …
An Herder, 2. 3. 1789
HAB 2, 111

Pentiment
urspr. Reue, auch: nachträgliche Änderung (z.B. eines Kunstwerks)
[…] so finden wir doch nirgends ein eigentliches Pentiment, keine bedeutende Auslassung noch Abänderung; nur sind hie und da einige allzu derbe Naivitäten ausgelöscht.
The first edition of the tragedy of Hamlet by William Shakespeare
AGA 14, 919f.

Performance
Darstellung, Vorführung, Werk (nach dem gleichbedeutenden engl. Wort)
So ist die Weihe der Kraft (Theaterstück von Zacharias Werner) *eine der tollsten Performances die man je gesehen.*
An Jacobi, 7. 3. 1808
HAB 3, 67

pertinent
angemessen, schicklich
Eine notwendige unerläßliche Handlung der Menschheit in allen ihren Momenten zu studieren, wo jeder bedeutend ist, aber auch manchmal ganz pertinent, schön, grazios und vom besten Sinn und Stil sein kann.
An Schultz, 18. 9. 1831
HAB 4, 450

Pertinenz
Angemessenheit, Zweckdienlichkeit
Den Thaerischen Gesang hab ich diese Tage recht hübsch gehört, auch mich daran aufs neue erfreut wie mit jeder Strophe die Pertinenz mit der Empfindung sich erhöht.
An Zelter, 26. 6. 1824
HAB 4, 112

pervers
verkehrt, übertrieben
Ich bin Ihnen […] Dank schuldig, daß Sie […] auf so eine entschiedene Art diese perverse Manier zur Sprache bringen …
An Schiller, 9. 7. 1796
HAB 2, 231

petzen
kneifen, zwicken
Was hast? was petzt dich dann so sehr? / So kein Gesicht sah ich in meinem Leben.
Urfaust / Allee / Vers 659
HA 3, 392

Pferdeprudel
Ausdünstung von schwitzenden Pferden
Der Aufputz des Mazza hatte schon seine Lebhaftigkeit verloren, und der Pferdeprudel, der nunmehr, schlimmer als der Speisedampf von mönchischer Anrichte, anhaltend die Wände beschlug, erzeugte neuen Moder über dem Bilde …
Leonardo da Vincis Abendmahl
AGA 13, 759

Pfirsche
Pfirsich
O! welch ein Glanz aufblühender Jugendkraft! / Wie eine Pfirsche frisch und voller Saft!
Faust II / Kaiserliche Pfalz / Vers 6453 f.
HA 3, 198
Da stand sie nun wie sie gewöhnlich in den Garten ging [...], und eine Pfirsche in der Hand, von einem Baume, der dieses Jahr zuerst getragen hatte.
Der Sammler und die Seinigen / Zweiter Brief
AGA 13, 265

Pfuiteufelchen
Schwangerschaft
Du hast nun auch einen großen seidnen Shawl, mit dem Du die pfui Teufelchen zudecken kannst.
An C. Vulpius, 3. 6. 1793
Gräf I, 20

Pik
heimlicher Groll
(von frz. „pique" = Spieß, Lanze)
Ich habe alle meine physiognomischen Kunststückchen, die ich aus Pik auf den Propheten (Lavater) *in den Winkel geworfen, wieder hervorgesucht, und sie kommen mir gut zu passe.*
Zweiter römischer Aufenthalt / 23. August 1787
HA 11, 386
Überhaupt ist es eine alte Erfahrung daß das Publikum bei jeder Gesellschaft einen Sündenbock haben muß, an dem es seine Piken und Unarten auslassen kann ...
An Kirms, 18. 6. 1798
HAB 2, 352

Piphahn
Penis
Name in „Hanswursts Hochzeit"
FA I, 4, 581

Pipi
Held eines französischen Märchens
Doch du warst mein Zeitvertreib, / Goldne Phantasie, / Und ich ward ein warmer Held / Wie der Prinz Pipi / Und durchzog die Welt.
„Der neue Amadis", Vers 6 ff.
HA 1, 56

Pisang
Banane
Von Menschen unserer Freiheit beraubt, in der wir so angenehm auf den Zweigen saßen, uns wiegten, Kirschkerne aufknackten, Ananas beschnupperten, Pisangs naschten, Hanfsamen knusperten.
Die Vögel
FA I, 5, 242
Denke man sich einen Pisang, dem diese Gabe zugeteilt wäre, so daß er die ungeheuren Blätterschirme für sich selbst wechselsweise niedersenkte und aufhübe ...
Dichtung und Wahrheit / 4. Teil / 16. Buch
HA 10, 79

Plastron
Brustharnisch
Dem frommen Manne nötig wie dem bösen, / Dem ein Plastron, aszetisch zu rapieren, / Kumpan dem andern, Tolles zu vollführen ...
Faust II / Klassische Walpurgisnacht / Vers 7134 ff.
HA 3, 218

Platte

Tonsur, Glatze

Es hat der Bader gewißlich, / Der die Platte Euch schor, nach Euren Ohren geschnappet. / Ihr verloret den Schopf, wie ich sehe, das Fell von den Wangen …

Reineke Fuchs / 2. Gesang / Vers 237 ff.

HA 2, 302

Dennoch beharrte der Tor auf seinem Vorsatz und bat mich, / Daß ich ihm sollte mit Ehren zu einer Platte verhelfen …

Reineke Fuchs / 3. Gesang / Vers 300 f.

HA 2, 314

Der Schmerbauch mit der kahlen Platte!

Faust I / Vers 2154

HA 3, 69

pochen

– applaudieren, klopfen, hämmern

Es ward gepocht, die Symphonie fiel ein …

„Auf Miedings Tod“, Vers 74

HA 1, 116

Zu Ephesus ein Goldschmied saß / In seiner Werkstatt, pochte / so gut er konnt' …

„Groß ist die Diana der Epheser“, Vers 1 f.

HA 1, 285

Die Schneider nähen, die Schuster ziehen und pochen, alle halb auf der Gasse …

Italienische Reise / Verona bis Venedig / 17. September 1786

HA 11, 50

– prahlerisch auftreten, trotzig handeln und reden

Da die dummen Eingeengten / Immerfort am stärksten pochten / Und die Halben, die Beschränkten / Gar zu gern uns unterjochten …

Westöstlicher Divan / Buch des Unmuts / „Übermacht, ihr könnt es spüren …“

HA 2, 44

Pochjunge

Junge, der in einem Pochwerk (Stampfwerk im Bergbau) mithilft

[…] daß ich in meiner Kindheit bei einem liebenden Oheim, einem hohen Bergbeamten, erzogen wurde, daß ich mit den Pochjungen groß geworden bin, auf dem Berggraben mit ihnen kleine Rindenschiffchen niederfahren ließ, das hat mich zurück in diesen Kreis geführt …

Wilhelm Meisters Wanderjahre / 1. Buch / 4. Kapitel

HA 8, 38

Polder

Deichland

Den Regenfluß herauf hatte in uralten Zeiten Ebbe und Flut aus dem Donautal in alle die Täler gewirkt, die gegenwärtig ihre Wasser dorthin ergießen, und so sind diese natürlichen Polder entstanden …

Italienische Reise / Karlsbad bis auf den Brenner / 3. September 1786

HA 11, 10

politisch

weltklug, berechnend, geschickt

So verschwiegen auch beide über ihren Plan sein mochten, […] so waren sie doch nicht politisch genug, in dem Betragen ihre Gesinnungen zu verbergen.

Wilhelm Meisters Lehrjahre / 5. Buch / 16. Kapitel

HA 7, 352

Die Eigenschaften, von denen sie beherrscht wurde, konnte man, sittlich betrachtet, keineswegs rühmen; und doch brachten sie, bürgerlich und politisch angesehen, manche gute Wirkung hervor.

Wilhelm Meisters Wanderjahre / 2. Buch / 11. Kapitel

HA 8, 276 f.

Ich könnte nun manches schöne Blümgen, manchen guten moralischen Gedancken, auch wohl manchen politischen bey dieser Gelegenheit anbringen …
An A. Trapp, 28. 7. 1770
HAB 1, 112f.

Polizei, polizeilich, Polizeieinrichtungen (s. a. → Stadtpolizei)
staatliche Einrichtungen und Maßnahmen im weitesten Sinne
[…] der Fremde erkundigte sich […] sodann nach einigen Polizeieinrichtungen der Stadt …
Wilhelm Meisters Lehrjahre / 1. Buch / 17. Kapitel
HA 7, 68
Die großen Hindernisse […] zu beseitigen, war er mit verständigen Ärzten und Polizeiverwandten (= Angehörige von staatlichen Einrichtungen) *bemüht.*
Wilhelm Meisters Wanderjahre / 2. Buch / 11. Kapitel
HA 8, 278
Das Recht dringt auf Schuldigkeit, die Polizei aufs Geziemende.
Wilhelm Meisters Wanderjahre / 2. Buch / Betrachtungen im Sinne der Wanderer
HA 8, 299
Freilich eine täglich und stündlich durchgeführte Frömmigkeit werde zuletzt nur Zeitvertreib und wirke wie eine Art von Polizei auf den äußeren Anstand …
Wilhelm Meisters Wanderjahre / 3. Buch / 13. Kapitel
HA 8, 423
Von einer solchen militärischen Polizeianstalt war jedoch die Tragödie entbunden, und die Helden des Altertums hatten das Recht, sich selbst zu bewachen …
Dichtung und Wahrheit / 1. Teil / 3. Buch
HA 9, 95
[…] die andern jungen Leute von Stande […], die sich anfangs zu verwegenen Mystifikationen, dann zu possenhaften Polizeiverbrechen […] hatten verleiten lassen.
Dichtung und Wahrheit / 2. Teil / 6. Buch
HA 9, 218
Der Tartuffe des Molière erregt Haß, es ist ein verbrecherischer Mensch, der Frömmigkeit und Sitte heuchelt, um eine bürgerliche Familie in jedem Sinn zugrunde zu richten; deshalb uns denn auch der polizeiliche Ausgang willkommen erscheinet.
Richelieu, ou la journée des dupes
AGA 14, 949
Ich mochte gern die Folge der Gegend, die Abwechselung der Landesart bemerken, nicht weniger den Charakter der Städte, ihre ältere Herkunft, Erneuerung, Polizei, Arten und Unarten.
Tag- und Jahreshefte / 1801
HA 10, 452
Da ist es mir denn wie einem, der nach Jahren in eine […] Stadt zurückkehrt, wo indessen die Bürger in architektonischer und polizeilicher Hinsicht fortgefahren, zu Erweiterung […] das Möglichste zu leisten.
An J. F. L. Wachler, 14.(?) 11. 1827
HAB 4, 261

Pope
griechischer oder russischer Priester
[…] mit inschriftlicher Widmung: Dem triumphierenden Halbgott Julius Cäsar! Geschmückte Opfertiere; zierliche Kamillen und fleischermäßige Popen.
Cäsars Triumphzug von Mantegna
AGA 13, 926

portiert
für jemanden eingenommen
[…] alle honnette Leute, die auserordentlich für Wasern portirt sind, haben gleich

kreuzige! geschrien, so bald ich ihnen versicherte, er habe noch nebenher gestolen …
An Lavater, 13. 10. 1780
HAB 1, 331

poussieren
Fortschritte machen, weiterkommen
Ein ähnliches habe ich auf Wien mit ihm (dem Komponisten Kayser, der Goethes Singspiel „Scherz, List und Rache“ vertont hatte) *vor, er kann und wird sich poussiren.*
An Knebel, 30. 12. 1785
HAB 1, 497

Prallstein
Prellstein, Eck- oder Schutzstein an einem Gebäude
[…] daß sie dem vorbeifahrenden Kaiser Karl dem Siebenten, während eines Augenblicks, da alles Volk schwieg, auf einem Prallsteine stehend, ein heftiges Vivat in die Kutsche gerufen …
Dichtung und Wahrheit / 1. Teil / 1. Buch
HA 9, 42

Präsumption
Dünkel, Vermessenheit
Sie haben mich gelehrt demütig ohne Niedergeschlagenheit, und stolz ohne Präsumtion zu seyn.
An A. F. Oeser, 9. 11. 1768
HAB 1, 78

präsumptuos
anspruchsvoll, sich einiges zutrauend
Ich habe niemals einen präsumptuoseren Menschen gekannt als mich selbst, und daß ich das sage, zeigt schon, daß wahr ist was ich sage.
Selbstschilderung (2)
HA 10, 530

preßhaft
bresthaft, krank, gebrechlich
Nun aber kamen andere auf eine eigene Weise preßhafte Kriegsmänner an.
Campagne in Frankreich / 30. Oktober 1792
HA 10, 297

Pritsche
Brett, Sitzbrett eines Gefährts
[…] ihm begegnet neckisch genug ein Unglück nach dem andern, das bei einer solchen Gelegenheit sich ereignen kann, bis er zuletzt, als er sich das Schlittenrecht erbittet, von der Pritsche fällt …
Dichtung und Wahrheit / 2. Teil / 6. Buch
HA 9, 238

Probierstein
schwarzer Stein zum Prüfen der Feinheit von Gold und Silber
Denn wie der Probierstein, durch Schwärze und rauhglatte Eigenschaft seiner Oberfläche, den Unterschied der aufgestrichenen Metalle anzuzeigen am geschicktesten ist, so war auch er (Lavater) *[…] im höchsten Grade geeignet, die Besonderheiten einzelner Menschen zu gewahren …*
Dichtung und Wahrheit / 4. Teil / 19. Buch
HA 10, 158
Die Menschen streichen sich recht auf mir auf, wie auf einem Probirstein, ihre Gefälligkeit, Gleichgültigkeit, Hartleibigkeit und Grobheit …
An C. v. Stein, 7.–9. 12. 1777
HAB 1, 245
Die Kinder sind ein rechter Probierstein auf Lüge und Wahrheit …
An C. v. Stein, 5./6. 10. 1784
HAB 1, 454
Deine Entfernung ist mir ein rechter Probstein meiner Selbst.

An C. v. Stein, 11. 9. 1785
HAB 1, 484
Du hast Dich auf dem schwarzen Probiersteine des Todes als ein echtes, geläutertes Gold aufgestrichen.
An Zelter, 3. 12. 1812
HAB 3, 212

Prolifikation

Befruchtung, Zeugung
[...] denn es ist eine allgemeine Bemerkung daß die Prolifikation nicht besser gedeihe und gerate als zu Zeiten des Erdbebens, eines Bombardements, oder irgend einer Stadt- oder Landkalamität ...
An Jacobi, 27. 12. 1794
HAB 2, 192

prolix

weitläufig, ausführlich
Wieland, der noch im „Agathon", „Don Sylvio" , den „Komischen Erzählungen" mitunter prolix gewesen war, wird in „Musarion" und „Idris" auf eine wundersame Weise gefaßt und genau ...
Dichtung und Wahrheit / 2. Teil / 7. Buch
HA 9, 269

propalieren

ausplaudern, unter die Leute bringen
Wenn du mir meine Sachen hübsch zurückschickst und sie nicht propalirst, sollst du mehr haben.
An Lavater, ca. 20. 9. 1780
HAB 1, 324f.
Was die Briefe [...] betrifft, so ist es nicht rätlich dergleichen, selbst nach dem Ableben des Schreibenden, geschweige bei seinem Leben zu propalieren ...
An C. M. Engelhardt, 3. 2. 1826
HAB 4, 183

prostituieren

bloßstellen
[...] wenn er sich bei unvollständiger Erfahrung zu prostituieren Anstalt macht.
An Schiller, 2. 12. 1794
AGA 20, 43
[...] ein gewisser Wieland habe uns ungebeten wie Euripides die Ehre angetan, dem Volke unsre Masken zu prostituieren.
Götter, Helden und Wieland
HA 4, 204
Lottens Porträt habe ich dreimal angefangen, und habe mich dreimal prostituiert ...
Die Leiden des jungen Werthers / 1. Buch / 24. Juli
HA 6, 41
Ich fing an, sie alle von Herzen zu verachten, und es war mir eben, als wenn die ganze Nation sich recht vorsätzlich bei mir durch ihre Abgesandten habe prostituieren wollen.
Wilhelm Meisters Lehrjahre / 4. Buch / 16. Kapitel
HA 7, 260
Was wird man zum Exekutor sagen, der dem Toten auch gar sein Sterbehemde auszieht und seine mißgestalte Nacktheit an eine Landstraße hingeworfen, den Augen des Publikums prostituiert, und Vögeln und Hunden preisgibt?
Leben und Charakter Herrn Christian Adolf Klotzens
AGA 14, 154
[dass ich] soviel als möglich von meinen Dingen die mich jetzt prostituieren würden, mit aus Franckfurt genommen habe.
An C. Goethe, 12.–14. 10. 1767
HAB 1, 52

psychisch
im Sinne unseres „psychologisch“
Ew. Hochwohlgeboren erlauben daß ich gegenwärtigen Brief durch eine psychische Bemerkung einleite.
An F. v. Gentz, 16. 9. 1825
HAB 4, 153

pudeln
fehlschießen (in der Jägersprache)
Hier, liebe Mutter, ein Hase und zwei Feldhühner! Ich habe die drei Stücke geschossen, der Vetter hat immer gepudelt.
Die Aufgeregten / 2. Aufzug / 5. Auftritt
HA 5, 192

Puff
etwas Aufgebauschtes an Kleidern oder Frisur
[…] ob sie wünschten, etwas von diesen Falten, […] diesen Puffen, Locken und leuchtenden Steinen wegzunehmen?
Wilhelm Meisters Lehrjahre / 3. Buch / 12. Kapitel
HA 7, 199

puffen
knallen (zu „Puff“ = schallender Schlag)
Wir erwarteten nun, die Vorposten abermals puffen zu hören, man schaute sich nach allen Hügeln um, ob nicht irgend ein Feind erscheinen möchte …
Campagne in Frankreich / 28. September 1792
HA 10, 247

Punktation
Aufstellung einzelner Vertragspunkte
Der Kommandant General d'Oyré überschickt eine Punktation, worüber verhandelt wird.
Belagerung von Mainz
10, 384

Pupille
Mündel, Pflegekind
(von lat. „pupillus“ = Mündel)
Man wollte wissen, daß der fromme Kindervater jedesmal seine Pupillen an jener Spende teilnehmen lasse, nachdem sie sich durch vorhergegangene Wanderung erbaut …
Zweiter römischer Aufenthalt / Bericht (März)
HA 11, 516

Pupillenkollegium
Vormundschaftsgericht
Er war Aktuarius beim Pupillenkollegium und hatte freilich daselbst […] das Heft in Händen.
Dichtung und Wahrheit / 2. Teil / 9. Buch
HA 9, 367

Puppe
Wickelkind, Schätzchen,
Spielzeug
„Seht Ihr“, sagt' er, „das Mädchen? Sie hat die Puppe gewickelt, / Und ich erkenne genau den alten Kattun und den blauen / Kissenüberzug wohl, den ihr Hermann im Bündel gebracht hat.
Hermann und Dorothea / 6. Gesang / Vers 132 ff.
HA 2, 483
So sagt mir doch, verfluchte Puppen, / Was quirlt ihr in dem Brei herum? / Wir kochen breite Bettelsuppen.
Faust I / Hexenküche / Vers 2390 ff.
HA 3, 77
Liebe Puppe, fürcht ihn nicht!
Faust I / Vers 3476
HA 3, 110

Wie mir nicht leicht ein Mann gefallen hat. [...] eben so freundliche, lichtbraune Augen, eben so ein blondes schönes Haar, und gewachsen wie eine Puppe.
Götz / 2. Akt / Bamberg
HA 4, 108
[...] weil etwas im Werck war (ein Schreibtisch, den Goethe für Charlotte v. Stein schreinern ließ) *das Sie freuen sollte, das nicht auf der Messe erkauft, das von seinem ersten Entwurf meine Sorge, meine Puppe, meine Unterhaltung war.*
An C. v. Stein, 30. 11. 1779
HAB 1, 286

Puppen(zu)stand
Zustand eines verpuppten Insekts
Freudig empfangen wir / Diesen im Puppenstand / Also erlangen wir / Englisches Unterpfand.
Faust II / Bergschluchten / Vers 11981 ff.
HA 3, 360
[...] und hier sind die griechischen Muster allen andern vorzuziehen, weil es ihnen glückte, den Raupen- und Puppenzustand ihrer Vorgänger zur höchstbewegten Psyche (fertig entwickeltes Insekt) *hervorzuheben ...*
Verein der deutschen Bildhauer
AGA 13, 659

Putzdocke
Modepuppe
[...] und es ist nichts natürlicher, als daß er auch solid denkt und lieber sich eine Hausfrau, als der Welt eine Putzdocke zu bilden wünscht.
Wilhelm Meisters Lehrjahre / 6. Buch / Bekenntnisse einer schönen Seele
HA 7, 372

Quakelchen

kleiner Schreihals, Nestküken
[...] brachte viele Grüße von ihrem Vater, herzte seinen garstigen, schmutzigen jüngsten Buben, das Quakelchen seines Alters.
Die Leiden des jungen Werthers / 1. Buch / 1. Juli
HA 6, 31
[...] und der jüngste, eine Art von naseweisem Nestquackelchen, hatte [...] sich aufs Judendeutsch gelegt ...
Dichtung und Wahrheit / 1. Teil / 4. Buch
HA 9, 123

Quälodram

unter Qualen entstandenes und Qualen bereitendes Theaterstück
Man martert sich nun mit einem neuen Quälodram („Lenore" von Carl v. Holtei), *kommt durchgeprügelt nach Hause und holt sich doch noch einmal den Buckel voll.*
An Zelter, 28. 13 1829
HAB 4, 324

Quark

weicher weißer Käse / Brei, Schmutz, feuchter Lehm / etwas Unbedeutendes
Dafür (d.h. für nichts) *kauft man ein' Quark ...*
„Des Künstlers Erdewallen", Vers 52
HA 1, 66
Getretner Quark / Wird breit, nicht stark.
Westöstlicher Divan / Buch der Sprüche / „Getretner Quark ..."
HA 2, 58
In jeden Quark begräbt er seine Nase.
Faust I / Prolog im Himmel / Vers 292
HA 3, 17
Solch einen Quark mußt du mir künftig nicht mehr schreiben ...
Dichtung und Wahrheit / 3. Teil / 15. Buch
HA 10, 72
Die Leute kehren den Quarck in die Eckgen, ich sehe große Schiffe hin und wieder fahren, auch an Orten stille liegen, die das Kehrigt mit nehmen, Leute von den Inseln umher die ihn als Mist brauchen.
Reisetagebuch für Frau von Stein / 1. 10. 1786
FA II, 3, 90
[...] werden fortfahren ihren mit vieler Mühe gesäuberten Mantel, mit dem Saume wenigstens, im Quarke des radikalen Übels schleifen zu lassen.
An Jacobi, 7. 7. 1793
HAB 2, 170

Quetscher

ein Beobachter, der seinem Gegenstand Gewalt antut
Ohne König zu sein, verhalt ich mich im stillen ebenso gegen jene Strudler, Sprudler und Quetscher indem ich der Natur in ihrem großen Tun einfachere und grandiosere Mittel zutraue.
An Zelter, 7. 11. 1829
HAB 4, 351

Quibbles

Wortspiele
[...] daß wir [...] an seinen (Shakespeares) *Quibbles die grösste Freude hatten, und durch Übersetzung derselben, ja durch originalen Mutwillen mit ihm wetteiferten.*
Dichtung und Wahrheit / 3. Teil / 11. Buch
HA 9, 494

Quirinus Schweinigel bel esprit

nach dem Namen des Märtyrers Quirinus; „bel esprit" (franz.): „Schöngeist"
Name in „Hanswursts Hochzeit"
FA I, 4, 579

Rabenhütte
Hütte, von der aus man Raben auflauert, um sie abschießen zu können
Von der Auerhahnbalz bis zum zweiten Schnepfenstrich und von da bis zur Rabenhütte war nichts versäumt, alles wohl gesehen, klar aufgenommen …
Wilhelm Meisters Wanderjahre / 2. Buch / 4. Kapitel
HA 8, 198

Rack
Arrak (Reisbranntwein)
Wir sind auf das allerbequemste eingerichtet, finden gute Bedienung, herrliches und nicht zu teures Essen in einem nahen Traiteurhause, unser Wein hat bis heute gehalten, der Rack natürlich auch.
An C. v. Goethe, 21. 4. 1813
HAB 3, 232

Räderalbus
Weißpfennig, Kaisergroschen
[…] und weil wir gewöhnlich […] ihn […] zu besuchen pflegten, um […] einen Becher und Stäbchen, ein Paar Handschuh oder einen alten Räderalbus zu erhaschen.
Dichtung und Wahrheit / 1. Teil / 1. Buch
HA 9, 26

radotieren
unbesonnen daherreden,
faseln
[…] so kommt mir's manchmal vor, daß ich älter werde und daß ich radotiere: denn radotieren heißt nicht, wie's das gemeine Lexikon sagt, allerlei albernes Zeug reden, sondern auch, das Rechte zur unrechten Zeit sagen …
An Reinhard, 21. 2. 1810
HAB 3, 120

Radotage
unsinniges Geschwätz, Gefasel
Ich will nur erleben wenn Wieland älter wird, wie es mit seinem Radotage werden kann, denn er schwätzt alle Tage ärger in den Tag hinein.
An C. v. Stein, 10. 2. 1782
HAB 1, 382

Ragout
Mischgericht, Mischmasch
Gebt Ihr ein Stück, so gebt es gleich in Stücken! / Solch ein Ragout, es muß Euch glücken …
Faust I / Vorspiel auf dem Theater / Vers 99f.
HA 3, 11
Sitzt ihr nur immer! Leimt zusammen, / Braut ein Ragout von andrer Schmaus, / Und blast die kümmerlichen Flammen / Aus eurem Aschenhäufchen 'raus!
Faust I / Nacht / Vers 539
HA 3, 25
Machen Sie sich auf ein abenteuerlich Ragout, Reflexionen, Empfindungen, die man unter dem allgemeinen Titel Grillen eigentlicher begreifen könnte gefasst.
An Salzmann, 19. 6. 1771
HAB 1, 123

rangig
habgierig
Der alte M. … ist ein geiziger, rangiger Filz …
Die Leiden des jungen Werthers / 1. Buch / 11. Juli
HA 6, 37

Ranzion
Lösegeld, Freikauf
[…] und sie hat mir eine große Schachtel mit Kupfergelde aufzuheben gegeben, daß

wir auf den Verdacht gekommen sind, sie sammle zu ihrer Ranzion …
Wilhelm Meisters theatralische Sendung / 3. Buch / 15. Kapitel
HA 8, 500

Rapuschen
Kartenspiel „Rapuse, Rabouse" (ähnlich wie Whist)
Montag reizet uns die Bühne; / Dienstag schleicht dann auch herbei, / Doch er bringt zu stiller Sühne / Ein Rapuschen frank und frei …
„Die Lustigen von Weimar", Vers 9 ff.
HA 1, 264
Mineralogica Rapouche mit den Frauenzimmern.
Tagebuch, 26. 9. 1813
FA II, 7, 259

Rasch
locker gewebter Wollstoff
Nahe an einem großen zweischläfrigen Ehebett, mit grünem Rasch sorgfältig umschlossen, hing das Schwein, so daß die Vorhänge einen malerischen Hintergrund zu dem erleuchteten Körper machten.
Campagne in Frankreich / 4. Oktober 1792
HA 10, 260

Rätzel
jemand mit zusammengewachsenen Augenbrauen
Der Mund besonders war allerliebst durch übergeschlagene Lippen, und seiner ganzen Physiognomie gab es einen eigenen Ausdruck, daß er ein Rätzel war …
Dichtung und Wahrheit / 2. Teil / 9. Buch
HA 9, 358
[…] so fand ich's lustig, seine dichteren Augenbrauen mit einem gebrannten Korkstöpsel mäßig nachzuahmen […], um mich bei meinem rätselhaften Vornehmen auch äußerlich zum Rätzel zu bilden.
Dichtung und Wahrheit / 2. Teil / 10. Buch
HA 9, 439

rauch
haarig, behaart
[…] sein (Polyphems) *dichtes Haar starrt umher wie Fichtenreis, an Brust, Bauch und Schenkeln ist er ganz rauch.*
Philostrats Gemälde
AGA 13, 820
[…] eine der Stuten liegt tot, die andere zappelt, und wenn die dritte wieder aufzuspringen scheint, so sinkt die vierte nieder, rauchhaarig und wild sämtlich anzusehen.
Philostrats Gemälde
AGA 13, 803

Rauch Else
zu „rauch": rauh, dicht behaart
Name in „Hanswursts Hochzeit"
FA I, 4, 580

rauchwarm
„Rauchwerk": Pelz; „rauchwarm": wie ein wärmender Pelz
Es kommt mir wahrlich das Gelüsten, / Rauchwarme Hülle, dir vereint / Mich als Dozent noch einmal zu erbrüsten, / Wie man so völlig recht zu haben meint.
Faust II / Hochgewölbtes, enges gotisches Zimmer / Vers 6587
HA 3, 202

räumlich
geräumig
Hackert wohnt im alten Schlosse gar behaglich, es ist räumlich genug für ihn und Gäste.
Italienische Reise / Neapel / 15. März 1787
HA 11, 206

raupig
bäuerlich, hirtenhaft
[…] wie wohl ward's da unserm Wilhelm, der alle Worte abpaßte und bei allem zugegen war, als der zwerggestaltete, raupigte Sohn Isai mit seinem Schäferstab und Hirtentasche und Schleuder hervortrat …
Wilhelm Meisters theatralische Sendung / 1. Buch / 2. Kapitel
HA 8, 491

rauschen
Geräusch machen, rascheln
Das Rauschen eines Zettels, der herausfiel, zog ihm das Tuch von den Lippen; er hob auf und las …
Wilhelm Meisters Lehrjahre / 1. Buch / 17. Kapitel
HA 7, 74
Sooft er etwas rauschen hörte, setzte er sich in Positur …
Wilhelm Meisters Lehrjahre / 7. Buch / 1. Kapitel
HA 7, 423
Den einunddreißigsten morgens war ich im Schlafwagen, gewiß der trockensten, wärmsten und erfreulichsten Lagerstätte, halb erwacht, als ich etwas an den Ledervorhängen rauschen hörte …
Campagne in Frankreich / 30. August 1792
HA 10, 203
Auf einmal rauscht' es im Volke und rief: „Haltet ihn an! schlagt ihn tot! das ist der Spitzbube von Architekten …"
Belagerung von Mainz
10, 389

Reckärschgen
Name in „Hanswursts Hochzeit"
FA I, 4, 579

Reff
Traggestell
Der Bote schnürte den Mantelsack auf das Reff.
Wilhelm Meisters Wanderjahre / 1. Buch / 1. Kapitel
HA 8, 13
Schnell stand ich auf, damit ich von der schroffen Stelle wegkäme und der mit dem refftragenden Boten heranstürmende Freund mich in den Abgrund nicht mit fortrisse.
Dichtung und Wahrheit / 4. Teil / 19. Buch
HA 10, 150

refraktär
widerspenstig
(vom gleichbedeutenden frz. Wort)
[…] so hätte ich den Gegenstand anders behandelt und ihm das Refraktäre, was er jetzt für die Musik und für die Vorstellung hat, zu benehmen gesucht.
An Zelter, 26. 6. 1811
HAB 3, 159

Reihen, der
Reigen
So wird sich denn auch noch die Musik zu mir gesellen, um den Reihen zu schließen, den die Künste um mich ziehen, gleichsam als wollten sie mich verhindern, nach meinen Freunden zu sehen.
Zweiter römischer Aufenthalt / 28. September 1787
HA 11, 400

rein
– ganz und gar, vollständig
So lernte ich Ihr Geschlecht kennen, mein Freund!, und wie rein haßte ich's …
Wilhelm Meisters Lehrjahre / 4. Buch / 15. Kapitel
HA 7, 253

[…] und in kurzem war alles rein ausgeplündert und weggeschleppt.
Wilhelm Meisters Lehrjahre / 4. Buch / 5. Kapitel
HA 7, 226
Hätte ich nicht den Entschluß gefaßt, den ich jetzt ausführe, so wär' ich rein zugrunde gegangen …
Italienische Reise / Venedig / 12. Oktober 1786
HA 11, 98
– unmittelbar, klar
[…] aber wer kommt früh zu dem Glücke, sich seines eignen Selbsts, ohne fremde Formen, in reinem Zusammenhang bewußt zu sein?
Wilhelm Meisters Lehrjahre / 6. Buch / Bekenntnisse einer schönen Seele
HA 7, 388
Da nun ferner eine jede Religion das reine ruhige Verkehr der Menschen untereinander befördern soll …
Tag- und Jahreshefte / 1805
HA 10, 489
Indem er (Kaaz) *dabei eine Aquarell- und Deckfarben leicht verbindende Manier gebrauchte, rief er auch mich aus meinem phantastischen Kritzeln zu einer reineren Behandlung.*
Tag- und Jahreshefte / 1808
HA 10, 503

reizend
verlockend, anregend
Von Werkstatt zu Werkstatt […] zu wandern und das gültigste Zeugnis ohne große Umstände augenblicklich durch Tat und Arbeit selbst ablegen zu können, ist wohl ein reizendes Vorrecht …
Anhang zu Benvenuto Cellini / Schilderung Cellinis
AGA 15, 896
Doch bleibt es immer ein reizender Anblick, wie, durch alle Hindernisse, der Menschenverstand […] zur möglichsten Übereinstimmung der Ideen und Gegenstände losdringt.
An Schiller,
3. 2. 1798
AGA 20, 515
Doch hier in unserm Herzen ist der tiefste (Abgrund)*, / Und reizend ist es sich hinabzustürzen …*
Torquato Tasso / 5. Aufzug / 4. Auftritt / Vers 3075 f.
HA 5, 156
Die Unterhaltung mit einem geliebten Bilde […] hat was Reizendes, wie es manchmal etwas Reizendes hat, sich mit einem Freunde streiten.
Die Wahlverwandtschaften / 2. Teil / 2. Kapitel
HA 6, 369
Dieses Anerbieten, das ich für kein leeres Kompliment halten durfte und für mich höchst reizend war, lehnt' ich jedoch dankbarlichst ab …
Campagne in Frankreich / November 1792
HA 10, 342
Wie aber durchaus eine gegenwärtige Gefahr etwas Reizendes hat und den Widerspruchsgeist im Menschen auffordert, ihr zu trotzen …
Italienische Reise / Neapel / 6. März 1787
HA 11, 193
Die schöne Form der Kirche (St. Peter in Rom) *und der Kuppel gleichsam in einem feurigen Aufriß zu sehen, ist ein großer und reizender Anblick.*
Zweiter römischer Aufenthalt / 30. Juni 1787
HA 11, 354

Wie wenig müßte es Ihnen schweer fallen […], Sich, indem Sie Sich einem reizenden Studio widmeten, andern nüzlich zu machen.
An Bürger, 20. 2. 1782
HAB 1, 384
Gar manches macht mir den Rückweg nach Hause reizend.
An den Herzog Carl August, 25. 1. 1788
HAB 2, 82
Die Schwierigkeiten der Farben und des Helldunkels sind groß aber eben deswegen ist es desto reizender sie zu überwinden.
An Knebel, 13. 3. 1797
HAB 2, 135

Relation

Berichterstattung, Erzählung
Da ich sie (Mösers „Patriotische Phantasien“) *nun sehr gut, die Gesellschaft sie aber wenig kannte, so hatte ich den Vorteil, davon eine ausführliche Relation liefern zu können …*
Dichtung und Wahrheit / 3. Teil / 15. Buch
HA 10, 52
[…] werden Sie mir verzeihen, wenn Sie meine Relation vernehmen und daraus ersehen, daß ich bloß im Allgemeinen geblieben bin …
Der Sammler und die Seinigen / Sechster Brief
HA 12, 79

Renitenz

Widerstand, Abwehr
[…] und mich […] gegen das Publikum unbewunden zu erklären und besonders in diesem Falle (angesichts von Frömmelei) *keinem seine Renitenz und Retizenz passieren zu lassen.*
An Schiller, 21. 11. 1795
HAB 2, 204

Rente

Einkünfte, Ertrag, Finanzmittel
Sehen wir nun gegenwärtig den patriotischen Deutschen leidenschaftlich in Gedanken beschäftigt, seiner heiligen Baudenkmale sich zu erfreuen […]; finden wir an einigen Orten hiezu die gehörigen Renten …
Heidelberg
AGA 13, 705

Reskript

Verfügung
Einen Faszikel aufschlagend, fiel ihm ein Reskript in die Hände, das er selbst mundiert …
Wilhelm Meisters Wanderjahre / 1. Buch / 9. Kapitel
HA 8, 104

Ressort

gespannte Feder, Schnappschloß
[…] und sie warf sich ihm, wie ein Ressort, das zuschlägt, um den Hals …
Wilhelm Meisters Lehrjahre / 2. Buch / 14. Kapitel
HA 7, 143
Wer einen künstlichen Schreibtisch von Röntgen gesehen hat, wo mit einem *Zug viele Federn und Ressorts in Bewegung kommen …*
Wilhelm Meisters Wanderjahre / 3. Buch / 6. Kapitel
HA 8, 372

Rest

Rückstand
Es ist so lange her, daß wir keine Nachrichten gewechselt, so daß wir also beide im Rest stehen …
An Zelter, 16. 12. 1817
HAB 3, 408

Retizenz

Schweigen, Verschweigen

[...] und mich [...] gegen das Publikum unbewunden zu erklären und besonders in diesem Falle (angesichts von Frömmelei) *keinem seine Renitenz und Retizenz passieren zu lassen.*

An Schiller, 21. 11. 1795
HAB 2, 204

Es fehlt nicht an Retardationen, Präokkupationen, stillschweigendem Nachschleichen hinter dem Rechten, ohne es bekennen zu wollen, Retizenzen aller Art, und wie das Otterngezücht alle heißen mag ...

An Woltmann, 31. 3. 1815
HAB 3, 295

Rezeß

Vergleich, Vertrag

[...] es waren viele Rezesse deshalb, obgleich stets mit beiderseitigen Vorbehalten, geschlossen worden ...

Dichtung und Wahrheit / 1. Teil / 1. Buch
HA 9, 23

Ribbe

gekrümmtes Seitenholz bei einem Schiff

Dränget nicht oft Poseidon den Kiel des Schiffes gewaltig / Nach der verderblichen Syrt' und spaltet Planken und Ribben?

„Achilleis", Vers 257 f.
HA 2, 523

Richte

gerade Richtung

Mich verwirren will das Irren; / Doch du weißt mich zu entwirren. / Wenn ich handle, wenn ich dichte, / Gib du meinem Weg die Richte.

Westöstlicher Divan / Buch des Sängers / „Talismane"
HA 2, 10

Es geschieht nichts Unvernünftiges, das nicht Verstand oder Zufall wieder in die Richte brächten ...

Wilhelm Meisters Wanderjahre / 2. Buch / Betrachtungen im Sinne der Wanderer
HA 8, 298

ricochetieren

aufschlagend abprallen

Ich sah die Kugel, weit hinter der auseinander gestobenen Menge, noch durch einige Zäune ricochetieren.

Campagne in Frankreich / 30. August 1792
HA 10, 209

[...] denn die Intention sich abzubilden wird jeden Augenblick erfüllt, ebenso als wenn ich einer Kolonne Soldaten entgegen und alsdann gerade durch sie hindurch ginge, wo mit jedem Manne der Zweck, das Regiment zu erreichen, erfüllt und, wenn wir so sagen dürfen, ricochetiert wird.

Geschichte der Farbenlehre / Intentionelle Farben
HA 14, 108

[...] daß ich, statt eines kurzen Monologs, einen langen Epilog schrieb, der, wie Sie sehen, ricochetweise einen großen Raum durchläuft, bis er endlich wirklich ans Ende gelangt.

An W. v. Humboldt, 4. 11. 1813
FA II, 7, 269

Rodomontade

Prahlerei, Aufschneiderei

Also meine beste – Verzeihen Sie mir diese Rodomondate (sic!)*!*

An C. v. Stein, 30. 11. 1779
HAB 1, 286

Und so war denn unser Aufenthalt durch die größte Rodomontade unseres wunder-

lichen Freundes (Beireis) *ganz eigentlich gekrönt.*
Tag- und Jahreshefte / 1805
FA I, 17, 170

romantisch
malerisch, auch:
mittelalterlich aussehend, das Mittelalter nachahmend
[...] und zuletzt unter dem reichgestickten, von zwölf Schöffen und Ratsherrn getragenen Baldachin der Kaiser [...] in romantischer Kleidung, zur Linken, etwas hinter ihm, sein Sohn in spanischer Tracht, langsam auf prächtig geschmückten Pferden einherschwebten ...
Dichtung und Wahrheit / 1. Teil / 5. Buch
HA 9, 200
[...] wenige Säulen, ruinenartig, eine wilde Treppe, die ins Gebüsch führt, erwecken den Begriff einer ältern romantischen Kunstanlage ...
Portraits historiques de Gérard
AGA 13, 997
[...] und es blieb mir schon den ersten Tag kein Geheimnis, daß sie ihr mittägiges Beisammensein durch eine romantische Fiktion erheitert hatten. Sie stellten nämlich, mit Geist und Munterkeit, eine Rittertafel vor.
Dichtung und Wahrheit / 3. Teil / 12. Buch
HA 9, 531

Rotation
vielseitige Erfahrung
Dann ist noch der jüngere Herr von Humboldt hier, dessen großer Rotation in physikalischen und chemischen Dingen man auch nicht widerstehen kann.
An J. H. Meyer, 18. 3. 1797
HAB 2, 259

rubrizieren
einreihen
Diese (kleine Gedichte) *zu rubrizieren, zu ordnen, die Vollendung zu verlangen unterhielt ihn ...*
Dichtung und Wahrheit / 3. Teil / 12. Buch
HA 9, 504

rucken
gurren (Vogelstimme)
Da kömmt mutwillig durch die Myrtenäste / Hergerauscht ein Taubenpaar, / Läßt sich herab, und wandelt nickend / Über goldnen Sand am Bach, / Und ruckt einander an.
„Der Adler und die Taube", Vers 23 ff.
FA I, 1, 146

Rückhalt
Reserve, Skepsis
[...] ich kann den Ton des Rückhalts an Freunden nicht ausstehen ...
Clavigo / 4. Akt / Clavigos Wohnung
HA 4, 287

ruminieren
wiederkäuen (von lat. „ruminare" mit derselben Bedeutung)
Diese Herrn kauen sämtlich ihren eignen Narren beständig wieder, ruminieren ihr Ich.
An W. v. Humboldt, 16. 9. 1799
HAB 2, 395

Rummel
urspr.: Zahl der gleichfarbigen Karten in einem Spiel;
auch: Spiel, Trick
Stecks ein! der versteht den Rummel.
Urfaust / Auerbachs Keller
HA 3, 381

Runks
Flegel
Name in „Hanswursts Hochzeit"
FA I, 4, 582

Runkunkel
Spottname für alte Frau
Name in „Hanswursts Hochzeit"
FA I, 4, 580

ruscheln
hastig handeln, hudeln
[…] ein Kind […] das nur auf dem Klaviere, ohne auf die Noten zu sehen, herumruschelt …
An C. v. Stein, 11. 3. 1781
HAB 1, 324

ruschlich
flüchtig, oberflächlich, übereilig
Nicht wahr, ob ihr gleich so ruschlich seid, daß ihr auf nichts in der Welt Acht gebt, so spürt ihr doch, daß das eine andre Art von Krebsen ist, als die Quacksalber bisher?
Lila / 1. Aufzug
FA I, 5, 838
Die Ruschliche wäre besser für ihn, ich glaube auch, sie nimmt ihn lieber als die Älteste …
Wilhelm Meisters Wanderjahre / 1. Buch / 8. Kapitel
HA 8, 98

Rüsterbaum
Ulme
[…] das Schloß […], um welches uralte Rüsterbäume in die Höhe streben und mit den Fichtenwäldern der Nachbarschaft gar freundlich kontrastieren.
An den Großherzog Carl August, 12. 9. 1821
HAB 4, 11

Rüstwagen
großer Leiterwagen
[…] alle Arten von Wachstuch […], das man zu Rüstwagen und ähnlichem Gebrauch benutzte …
Dichtung und Wahrheit / 1. Teil / 4. Buch
HA 9, 56

Sarsche
leichter, feiner Wollstoff
(von frz. „serge")
Der Anzug bestand [...] in [...] schwarzen Unterkleidern von Sarsche, und einem Rock von grünem Berkan mit goldnen Baletten.
Dichtung und Wahrheit / 1. Teil / 2. Buch
HA 9, 51
[...] genugsamer Vorrat verschiedener Sorten Tücher, Sarschen, Göttinger Zeug, nicht weniger das nötige Unterfutter vorhanden ...
Dichtung und Wahrheit / 2. Teil / 6. Buch
HA 9, 249f.

Saufaus
Name in „Hanswursts Hochzeit"
FA I, 4, 580

Saugläppchen
Schnuller
[...] mir ists als wenn das Zeichnen mir ein Saugläppgen wäre, dem Kind in Mund gegeben, dass es schweige, und in eingebildeter Nahrung ruhe.
An C. v. Stein, 13.–16. 9. 1777
HAB 1, 236

Saugschweinchen
Ferkel
Nun ist bekannt, daß bei den der Ceres geweihten Festen auch Saugschweinchen vorkamen ...
Zwei antike weibliche Figuren
AGA 13, 1076

Saumagen
Ursprünglich „Gefüllter Schweinemagen", später „Freßsack"
Name in „Hanswursts Hochzeit"
FA I, 4, 580

Sauranzen
Ursprünglich „Gefüllter Schweinemagen", später „Freßsack"
Name in „Hanswursts Hochzeit"
FA I, 4, 582

Sausack
Ursprünglich „Gefüllter Schweinemagen", später „Freßsack"
Name in „Hanswursts Hochzeit"
FA I, 4, 580

Schaffner
Verwalter, Betreuer
Die Einkünfte bezieht schon seit geraumen Jahren ein weltlicher Fürst, der seinen Schaffner hier oben hält, und der bin ich, Sohn des vorigen Schaffners ...
Wilhelm Meisters Wanderjahre / 1. Buch / 2. Kapitel
HA 8, 17
[...] ich kann es am besten wissen, denn ich bin der Schaffner, der über die Baulichkeiten gesetzt ist.
Dichtung und Wahrheit / 3. Teil / 11. Buch
HA 9, 499

Schäker
Lügner, Betrüger
Hat mir der Schäker nicht Schmerzen gemacht?
Reineke Fuchs / 10. Gesang / Vers 242
HA 2, 400

Schalk
Bösewicht, Spötter, spitzbübischer Schelm
Von allen Geister, die verneinen, / Ist mir der Schalk am wenigsten zur Last ...
Faust I / Prolog im Himmel / Vers 339
HA 3, 18

Du aber, Schalk, Herr Vetter, bist du hier / Im rechten Augenblick?
Faust II / Laboratorium / Vers 6885
HA 3, 211
Er (Wilhelm) *sah sich um, suchte nach, suchte alles durch und fand keine Spur von dem Schalk* (Philine).
Wilhelm Meisters Lehrjahre / 5. Buch / 10. Kapitel
HA 7, 319

Schalter
Schiebefenster, Schiebetür
Mädchen öffnet / Leis' den Schalter …
Pandora, Vers 511 f.
HA 5, 348
Die Sündflut, welche Noah und die Seinen von aller übrigen Welt abtrennen sollte, nimmt vierzig Tage zu; nachdem die Gewässer genugsam gestanden, verlaufen sie während vierzig Tagen, und so lange noch hält Noah den Schalter der Arche verschlossen.
Westöstlicher Divan / Noten und Abhandlungen / Israel in der Wüste
HA 2, 222 f.
Durch grüne Schaltern ein graues Haus gesehen, erscheint gleichfalls rötlich.
Farbenlehre / Physiologische Farben
AGA 16, 42
[…] erblickten sie eine edle Villa, die Gebäude im ernst-freundlichen Geschmack, freien Vorraum und in weiter, würdiger Umgebung wohlbestandene Bäume; Türen und Schaltern aber durchaus verschlossen …
Wilhelm Meisters Wanderjahre / 1. Buch / 11. Kapitel
HA 8, 141

Scharade
Silbenrätsel
Doch so kann man überhaupt jeden Menschen als eine vielsilbige Scharade ansehen, wovon er selbst nur wenige Silben zusammenbuchstabiert, indessen andre leicht das ganze Wort entziffern.
Winckelmann
HA 12, 123

scharmutzieren
plänkeln, scharmützeln
[…] versteht er selbst zu scharmutzieren, zu necken und aufzufordern, leicht zu verwunden und sich zurückzuziehen […], so kann nicht wohl etwas Anmutigeres gefunden werden.
Dichtung und Wahrheit / 2. Teil / 6. Buch
HA 9, 236

Scharwache
Wache aus einer Schar von Personen
Indessen war die Scharwache herbeigekommen und verlangte, ins Haus eingelassen zu werden.
Wilhelm Meisters Lehrjahre / 2. Buch / 10. Kapitel
HA 7, 126

schauderhaft
Schauder erregend, erschütternd, beunruhigend
Ruhig Wasser, grause Höhle, / Bergeshöh'n und ernstes Licht, / Seltsam, wie es unsrer Seele / Schauderhafte Laute spricht.
„Wilhelm Tischbeins Idyllen", Nr. 7
HA 1, 376
Es ist eine schauderhafte Empfindung, wenn ein edler Mensch mit Bewußtsein auf dem Punkte steht, wo er über sich selbst aufgeklärt werden soll.
Wilhelm Meisters Lehrjahre / 8. Buch / 1. Kapitel
HA 7, 504 f.
Flavio stürzte herein in schauderhafter Gestalt, verworrenen Hauptes, auf dem die

Haare teils borstig starrten, teils vom Regen durchnäßt niederhingen …
Wilhelm Meisters Wanderjahre / 2. Buch / 5. Kapitel
HA 8, 203
[…] ein unmutiger Mut brachte, bei Gewandtheit der Sänger, etwas Fugenhaftes in das Ganze, daß es unserm Freunde wie schauderhaft auffiel.
Wilhelm Meisters Wanderjahre / 2. Buch / 9. Kapitel
HA 8, 317
Unglücklicherweise hatte man noch die Erziehungsmaxime, den Kindern frühzeitig alle Furcht vor dem Ahndungsvollen und Unsichtbaren zu benehmen und sie an das Schauderhafte zu gewöhnen.
Dichtung und Wahrheit / 1. Teil / 1. Buch
HA 9, 13
Alle Rüdesheimer jedoch, die, ans Ufer laufend, von diesem Schauspiel Zeugen waren, versichern: seltsamer und schauderhafter in ihrem Leben nichts gesehen zu haben.
Sankt-Rochus-Fest zu Bingen
HA 10, 405

Schaudern
das Erbeben vor etwa Geheimnisvoll-Großartigem
Doch im Erstarren such' ich nicht mein Heil, / Das Schaudern ist der Menschheit bestes Teil …
Faust II / Kaiserliche Pfalz / Vers 6271 f.
HA 3, 193

Schauer
vor rauher Witterung geschützter Ort, Obdach
Auf unseren Tadel lachten die Bursche nur und versicherten scherzend: hier unten im Schauer sei es doch besser.
Campagne in Frankreich / 19. September 1792
HA 10, 231
Als ich ganz betäubt wieder herunterkam, hatte Kniep im Schauer seine Zeit gut angewendet und mit zarten Linien auf dem Papier gesichert, was der wilde Sturm mich kaum sehen, viel weniger festhalten ließ.
Italienische Reise / Sizilien / 5. Mai 1787
HA 11, 295

schauern
erschrecken, Unbehagen empfinden
Ich griff nach holden Maskenzügen / Und faßte Wesen daß mich's schauerte …
Faust II / Klassische Walpurgisnacht / Vers 7797 f.
HA 3, 237

Schedel
Zettel, Banknote
Wer die Terrassen einsam abspaziert, / Gewahrt die Schönste, herrlich aufgeziert, / Ein Aug' verdeckt vom stolzen Pfauenwedel, / Sie schmunzelt uns und blickt nach solcher Schedel
Faust II / Kaiserliche Pfalz / Vers 6100
HA 3, 188

Scheideblick
Abschiedsblick
(vgl. auch Goethes gleichnamige Zeichnung vom Gotthard vom Jahre 1779)
Euch brütet der Mutter Sonne / Scheideblick, euch umsäuselt / Des holden Himmels / Fruchtende Fülle.
„Im Herbst 1775", Vers 7 ff.
HA 1, 104

scheinbar
– sichtbar, glänzend, auffallend
[...] eigentliche Erfindungskraft hatte er nicht, dagegen aber das größte Geschick, was er vor sich fand zu nutzen, zurechtzustellen und scheinbar zu machen.
Wilhelm Meisters Lehrjahre / 4. Buch / 18. Kapitel
HA 7, 271
– einleuchtend, plausibel
Damit sich aber hierzu ein scheinbarer Vorwand finde, so solle man [...] eine neue Bequartierung gleichsam unmöglich machen.
Dichtung und Wahrheit / 1. Teil / 3. Buch
HA 9, 113

Scheißding
großes Ärgernis
Wenn nur die ganze Lehre Von Christo nicht so ein Scheisding wäre ...
An Herder, ca. 12. 5. 1775
HAB 1, 182

Scheißhaus
Abtritt
Ihr zahlt, was andre vor Euch zahlten, / Die ihren Nam aufs Scheißhaus malten.
Urfaust / Nacht / Vers 301 f.
HA 3, 375

Scheißige, das
grundsätzliches Ärgernis
[...] ob ich gleich mehr als jemals am Platz bin, das durchaus Scheisige dieser zeitlichen Herrlichkeit zu erkennen.
An Merck, 22. 1. 1776
HAB 1, 205

Scheißkerl
Schurke
Mußt alle garstgen Worte lindern, / Aus Scheißkerl Schurken, aus Arsch mach Hintern.
„An F. W. Gotter mit einem Exemplar des Götz", Vers 33 f.
HA 1, 89

schellern
durch Erschütterung verletzen, quetschen
[...] denn du kannst wohl rahten, daß ich ein aufgestoßnes Kinn, eine zerschlagne Lippe, und ein geschellertes Auge nicht unter die grosen Schäden rechne.
An Behrisch, 2. 11. 1767
HAB 1, 54

Schelm
Schurke
Es gibt Pedanten, die zugleich Schelme sind, und das sind die allerschlimmsten.
Aphorismen Nr. 1.300
FA I, 13, 47

schelmisch
frevelhaft
Erfuhr er, daß man ihn suchte / Wegen schelmischer Tat ...
Reineke Fuchs / 2. Gesang / Vers 27 f.
HA 2, 295

schematisieren
entwerfen, skizzieren
Ich schematisiere unabläßlich, gehe meine Kollektaneen durch ...
An Schiller, 20. 1. 1798
HAB 2, 327
Seit gedachtem Jahre habe ich [...] fortgefahren sinnige Blicke ins vergangene Leben

zu werfen und die nächste Zeit auf gleiche Weise zu schematisieren …
Lebensbekenntnisse im Auszug
HA 10, 535
Kniep zeichnete, ich schematisierte, beide mit großem Genuß …
Italienische Reise / Sizilien / 3. April 1787
HA 11, 232
Auch ist Meister Hemling schon schematisiert und die nächstfolgenden Meister auf meine Weise durchgedacht.
An Boisserée, 7. 8. 1816
HAB 3, 363

Scherbe

Blumentopf
Die Scherben vor meinem Fenster / Betaut' ich mit Tränen, ach!
Faust I / Zwinger / Vers 3608 f.
HA 3, 115

S(c)herif

„der Erhabene" = Titel der Nachkommen von Mohammed
Wir ehren deinen väterlichen Eifer / Des heiligen Senats, erhabner Sherif!
Mahomet. Trauerspiel nach Voltaire / 1. Aufzug
AGA 15, 166

Scherwenzel

jemand, der Kratzfüße macht, ein Dienstbeflissener
Name in „Hanswursts Hochzeit"
FA I, 4, 582
So sind Nord und Süd, Ost und West, Oxygen und Hydrogen schon solche Scherwenzels und die Flügelmänner einer wunderlichen Topik, daß man aus dem besten Willen herausgeschreckt wird.
An W. v. Humboldt, 22. 8. 1806
HAB 4, 485

Schicht machen

eine Tagesleistung erledigen, ein Ende machen
Wir hielten meist zusammen, mußten aber bald Schicht machen, weil man ihr von allen Seiten zuredete, (beim Tanzen) *nicht weiter fortzurasen.*
Dichtung und Wahrheit / 3. Teil / 11. Buch
HA 9, 460

Schicklichkeit

gebührendes Verhalten, Zurückhaltung
[…] eine stattliche Frau, stolzen Betragens und schon von gewissen Jahren, mit rabenschwarzen Augen, Augenbraunen und Haar; übrigens im Gespräch mit Schicklichkeit freundlich.
Campagne in Frankreich / 23. August 1792
HA 10, 188

schiel

zweifarbig schillernd, changierend
Sieh den Leibrock, das ist ein schieler Taft, den ich auch noch als Jungfer getragen habe.
Wilhelm Meisters theatralische Sendung / 1. Buch / 1. Kapitel
HA 8, 489

Schimpf

Scherz
Jetzt ohne Schimpf und ohne Spaß. / Ich sag' Euch: mit dem schönen Kind / Geht's ein- für allemal nicht geschwind.
Faust I / Straße / Vers 2654 ff.
HA 3, 85

Schirrmeister

Wagenmeister, Aufseher beim Troß
[…] wir erhielten Ordre, im Schutz derselben (Batterie) *vorwärts zu gehen, und fan-*

den unterwegs einen alten Schirrmeister, ausgestreckt, als das erste Opfer des Tags …
Campagne in Frankreich / 19. September 1792
HA 10, 228

Schlaf
Schläfe
[…] und schlug ihn mit der Faust so tüchtig auf den Schlaf …
Benvenuto Cellini / 1. Buch / 3. Kapitel
AGA 15, 442
[…] denn Ottilie verändert das Gesicht nicht, und ich habe auch nicht gesehen, daß sie einmal die Hand nach dem Schlafe zu bewegt hätte.
Die Wahlverwandtschaften / 1. Teil / 5. Kapitel
HA 6, 279

Schlafwagen
Reisekutsche mit Schlafgelegenheit
[…] als ich mehrere Nächte in einem Schlafwagen zubrachte und morgens bei dämmerndem Tageslichte die Augen aufschlug.
Farbenlehre / Physiologische Farben
AGA 16, 51
Den einunddreißigsten morgens war ich im Schlafwagen, gewiß der trockensten, wärmsten und erfreulichsten Lagerstätte, halb erwacht, als ich etwas an den Ledervorhängen rauschen hörte …
Campagne in Frankreich / 30. August 1792
HA 10, 203

Schlag
Teil eines Waldes, in dem Holz geschlagen wird
Manche Berge standen öde, und einen gleichen Wuchs hatten nur noch die ältesten Schläge.
Wilhelm Meisters Lehrjahre / 7. Buch / 6. Kapitel
HA 7, 454
Die Hauptgruppe ist vor dem tiefsten Walddickicht gelagert; der Vordergrund ist als ein einjähriger Schlag behandelt …
Cephalus und Prokris
AGA 13, 1074

schlägeln → schlegeln

Schlängler, die
schwächlich und weichlich gestaltende (Möchtegern-)Künstler
Sie wurden auch Schlängler genannt, und man erinnerte sich der Zeit, da man die Schlangenlinie zum Vorbild und Symbol der Schönheit genommen und dabei viel gewonnen zu haben glaubte. Diese Schlängelei und Weichheit bezieht sich […] auf eine gewisse Schwäche, Schläfrigkeit und […] kränkliche Reizbarkeit.
Der Sammler und die Seinigen / Achter Brief
AGA 13, 315

Schlappe
Schlag
Der Strohmann! Reich ihm eine Schlappe! Was will das Marterholz uns dräun? / Wir sollen seine Fratze scheun! / Die Drachen sind von Holz und Pappe …
Faust II / Kaiserliche Pfalz / Vers 5670 ff.
HA 3, 176

schlecht
schlicht, einfach
Sollst schwankweis deine Sach fürtragen; / Sollst halten über Ehr' und recht, / In allen Dingen sein schlicht und schlecht …

„Erklärung eines alten Holzschnittes“, Vers 46 ff.
HA 1, 136
Was stutzt ihr? seht den schlecht verzierten Sarg, / Auch das Gefolg' scheint euch gering und karg …
„Auf Miedings Tod“, Vers 101 f.
HA 1, 117
Die Ungestalten seh' ich an / Als irdenschlechte Töpfe, / Nun stoßen sich die Weisen dran / Und brechen harte Köpfe.
Faust II / Klassische Walpurgisnacht / Vers 8219 ff.
HA 3, 249
Von fern seh' ich einen Menschen in einem grünen, schlechten Rocke …
Die Leiden des jungen Werthers / 2. Buch / 12. Mai
HA 6, 88
Ein schlechter Kerl, der neben mir stand riß mich aus der Verwirrung …
An Behrisch, 10. 10.(11.) 1767
HAB 1, 57

schlegeln (schlägeln)
wiederholt schlagen, einen Verstoß begehen, sich verfehlen
Wenn Rembrandt seine Mutter Gottes mit dem Kinde als niederländische Bäurin vorstellt, sieht freilich jedes Herrchen, daß entsetzlich gegen die Geschichte geschlägelt ist, welche vermeldet: Christus seie zu Bethlehem im jüdischen Lande geboren worden.
Aus Goethes Brieftasche / Nach Falconet und über Falconet
HA 12, 26

schlemmen (schlämmen)
schlammartig ausbreiten
Nicht gerechnet, daß die Örtchen auf dem Lido […] untergehen müßten, so würden auch jene Kommunikationskanäle ausgefüllt und indem das Wasser alles durcheinander schlemmte, das Lido zu Inseln, die Inseln, die jetzt dahinter liegen, zu Erdzungen verwandelt werden.
Italienische Reise / Venedig / 9. Oktober 1786
HA 11, 91

Schlendrian
alte Gewohnheit, überalterter Brauch
Wir waren nun herangewachsen, und dem Schlendriane nach sollten wir auch neben andern Dingen fechten und reiten lernen …
Dichtung und Wahrheit / 1. Teil / 4. Buch
HA 9, 146

schlenzen
sich herumtreiben, liederlich leben
Da hielt dich das unglückliche Hofleben, und das Schlenzen und Scherwenzen mit den Weibern.
Götz / 1. Akt / Jaxthausen
HA 4, 90

schlingen
schlucken
[…] so daß es durch Tränen und Schluchzen zuletzt dahin kam, daß ich kaum mehr schlingen konnte und der Genuß von Speise und Trank mir schmerzlich ward …
Dichtung und Wahrheit / 2. Teil / 6. Buch
HA 9, 220

Schlingschlangschlodi
Name in „Hanswursts Hochzeit“
FA I, 4, 581

Schlittenrecht
Recht eines Schlittenführers, am Schluß der Fahrt seine Mitfahrerin zu küssen

[...] ihm begegnet neckisch genug ein Unglück nach dem andern, das bei einer solchen Gelegenheit sich ereignen kann, bis er zuletzt, als er sich das Schlittenrecht erbittet, von der Pritsche fällt ...
Dichtung und Wahrheit / 2. Teil / 6. Buch
HA 9, 238

schlocker
schlotternd, hin- und herschlenkernd
Entzahnte Kiefer schnattern / Und das schlockernde Gebein ...
„An Schwager Kronos", Vers 30 f.
HA 1, 47
Wie du sie offt geärgert hast mit denen schlocker Händgen, die du so machst ...
An Ch. Kestner, 26.–31. 8. 1774
HAB 1, 167

Schloße
Hagelkorn
Steht, ein beschädigter Stamm, dem rings zerschmetterte Zweige / Um die Seiten umher strömende Schloßen gestreckt.
„Euphrosyne", Vers 85 f.
HA 1, 193
Ich machte mich allein auf, etwa den letzten November, zu Pferde, mit einem Mantelsack und ritt durch Schloßen, Frost und Koth ...
An Merck, 5. 8. 1778
HAB 1, 253

Schlottich
Schimpfwort für antriebslosen Menschen
Name in „Hanswursts Hochzeit"
FA I, 4, 581

Schlüffel
Ungesitteter Mensch, Rohling
Name in „Hanswursts Hochzeit"
FA I, 4, 580

schlurpfen
schlürfen
Klopstock fand mich in sonderbaarer Bewegung. Ich habe von dem Theuren nur geschlurpft.
An K. L. v. Knebel, 14. 4. 1775
HAB 1, 181
Mir wars in all dem wie einer Ratte die Gift gefressen hat, sie läuft in alle Löcher, schlurpft alle Feuchtigkeit, verschlingt alles Essbaare das ihr in den Weeg kommt ...
An A. zu Stolberg, 14.–19. 9. 1775
HAB 1, 193

schmachtend
sehnsuchtsvoll
Ließ er die Seinen / Schmachtend uns hier zurück, / Ach! wir beweinen, / Meister, dein Glück!
Faust I / Nacht / Vers 793 ff.
HA 3, 32

schmächtig
lüstern (nicht „mager")
Und mir ist's wie dem Kätzlein schmächtig, / Das an den Feuerleitern schleicht, / Sich leis' dann um die Mauern streicht; / Mir ist's ganz tugendlich dabei, / Ein bißchen Diebsgelüst, ein bißchen Rammelei.
Faust I / Nacht / Vers 3655 ff.
HA 3, 116

schmälen
klein machen, schelten
Da kann man befehlen, / Hat Mägde, darf schmälen ...
„Wunsch eines kleinen Mädchen" (sic!), Vers 8
HA 1, 19
Wie konnt' ich sonst so tapfer schmälen, / Wenn tät ein armes Mägdlein fehlen!
Faust I / Am Brunnen / Vers 3577 f.

HA 3, 114
Und sie versteht es nicht, warum die Mutter schmält …
Die Mitschuldigen / 1. Aufzug / 2. Auftritt / Vers 93
HA 4, 31
Nun fing die Mutter an, über das stete Lesen zu schmälen …
Wilhelm Meisters Lehrjahre / 6. Buch / Bekenntnisse einer schönen Seele
HA 7, 360

schmeichelhaft
wohltuend
Doch mir umschwebt ein zarter lichter Nebelstreif / Noch Brust und Stirn, erheiternd, kühl und schmeichelhaft …
Faust II / Hochgebirg / Vers 10055f.
HA 3, 304

schmeicheln
lindern, mildern
Einem solchen ungeheuren Verluste zu schmeicheln, beschließt er fest und unwiderruflich, den Leichnam in sein Erbbegräbnis nach Rom zu nehmen.
Westöstlicher Divan / Noten und Abhandlungen / Pietro della Valle
HA 2, 241

Schmelz
farbiges Glas als Überzug eines Metalls
[…] ein Kästchen […] von prächtigem altem Ansehn, es schien von Gold zu sein, mit Schmelz geziert.
Wilhelm Meisters Wanderjahre / 1. Buch / 4. Kapitel

Schmitze
(geknotetes) Ende einer Peitschenschnur
[…] so ward mit einmal an dem langen Seile das Boot und seine Mannschaft im Bogen rückwärts nach dem Schiffe geschleudert, wie die Schmitze einer Peitsche, wenn der Fuhrmann einen Zug tut.
Italienische Reise / Sizilien / 14. Mai 1787
HA 11, 319

schneidermäßig
furchtsam, jämmerlich
Serlo lobte besonders an ihm, daß er nicht so schneidermäßig gejammert …
Wilhelm Meisters Lehrjahre / 5. Buch / 12. Kapitel
HA 7, 325

Schnellkraft
Sprungkraft
Ihnen (den Füßen) *soll eine wundersame Schnellkraft mitgeteilt werden, wodurch sie den Erdschollen, der sie bisher anzog, unter sich abstoßen.*
Dichtung und Wahrheit / 2. Teil / 7. Buch
HA 9, 291

Schnips
schnippisches oder kurz angebundenes Mädchen
Name in „Hanswursts Hochzeit“
FA I, 4, 581

schnopern
schnüffeln
Sagt, wie heißt der steife Mann? / Er geht mit stolzen Schritten. / Er schnopert, was er schnopern kann. / „Er spürt nach Jesuiten“.
Faust I / Walpurgisnachtstraum / Vers 4319ff.
HA 3, 135
Du siehst, daß ich wieder an der Grenze Deines Reiches herumschnopere, daraus kann aber nichts werden bei meiner Fischumgebung.

An Zelter, 4. 1. 1819
HAB 3, 444

Schnuckfötzgen
von „schnucken" (= saugen, lecken); Fotze (= Vagina, als „pars pro toto" für „Frau")
Name in „Hanswursts Hochzeit"
FA I, 4, 579

Schnudelbutz
volkstümlich für herabhängenden Nasenschleim; Rotznase (auch für einen unflätigen Menschen)
Name in „Hanswursts Hochzeit"
FA I, 4, 581

Schnurrant
herumziehender, bettelnder Musikant
Der Herr Amtschulz von Reschwog hatte seinen Saal hergegeben, wir hatten brave Schnurranten erwischt da giengs wie Wetter.
An Salzmann, 29. 5. 1771
HAB 1, 121

Schock
Anzahl von 60 Stück, auch: größere Menge von etwas
Denke man sich nun dergleichen Figuren schockweise verfertigt und ganz ohne Sinn und Verstand entsprungen, auch ohne Wahl und Absicht zusammengestellt, […], so wird man das unangenehme Gefühl mit empfinden, das einen jeden überfallen muß, wenn er (im Park des Fürsten Pallagonia) *durch diese Spitzruten des Wahnsinns durchgejagt wird.*
Italienische Reise / Sizilien / 9. April 1787
HA 11, 245
Ich habe nun auf Cellinische Weise ein Schock zinnerne Teller und eine Portion hartes trocknes Holz dran gewendet und hoffe nun das Werk (den „Faust") *gehörig im Fluß zu erhalten.*
An C. Schiller, 21. 4. 1798
HAB 2, 338

Schöne
Schönheit
Mit tausendfacher Liebeswonne / Sich an mein Herz drängt / Deiner ewigen Wärme / Heilig Gefühl / Unendliche Schöne!
„Ganymed", Vers 4 ff.
HA 1, 46
Geh nur, lieblichster der Söhne, / Tief ins Innre, schließ die Türen; / Denn sie möchte deine Schöne / Als den Hesperus entführen.
Westöstlicher Divan / Schenkenbuch / „Sommernacht"
HA 2, 99
Himmlischer Söhne / Geistige Schöne, / Schwankende Beugung / Schwebet vorüber.
Faust I / Studierzimmer / Vers 1457 ff.
HA 3, 50

Schöps
Hammel, Schafskopf
Mittags am Wirtstische wurden wir mit guten Schöpsenkeulen und Wein von Bar traktiert, den man, weil er nicht verfahren werden kann, im Lande selbst aufsuchen und genießen muß.
Campagne in Frankreich / 3. September 1792
HA 10, 211 f.
In den Fleischbänken hängen die Teile der Ochsen, Kälber, Schöpse niemals aus, ohne daß neben dem Fett zugleich die Seite oder die Keule stark vergoldet sei.
Italienische Reise / Neapel / 29. Mai 1787
HA 11, 341

Sie (die Leute an fürstlichen Höfen) *sind schlecht eingerichtet, und haben meist Schöpse und Lumpen um sich.*
An C. v. Stein, 1. 1. 1780
HAB 1, 291

Schoß
Schürze
Geschwinde nur zum Schoß hinein! / Noch immer wird's zur Gnüge sein.
Faust II / Des Gegenkaisers Zelt / Vers 10811
HA 3, 325

Schösser
Zolleinnehmer, Abgabenerheber
Zu seiner linken Hand erblickt der Beschauer ein verfallenes, ja verwüstetes Kloster, an welchem man jedoch hinterwärts wohlerhaltene Gebäude sieht, wahrscheinlich den Aufenthalt eines Amtmanns oder Schössers …
Ruysdael als Dichter
AGA 13, 6673

Schrank
Kasten, aber auch: Querholz (bei einem Geländer)
Es (Mignon) *ging die Treppe weder auf noch ab, sondern es sprang, es stieg auf den Geländern der Gänge weg, und ehe man sich's versah, saß es oben auf dem Schranke und blieb eine ganze Weile ruhig.*
Wilhelm Meisters theatralische Sendung / 3. Buch / 6. Kapitel
HA 8, 502

schrauben
necken, provozieren
Gib acht, ich schraube sie! / Den Teufel spürt das Völkchen nie …
Faust I / Auerbachs Keller / Vers 2180 f.
HA 3, 70
Man beschwerte sich, man schraubte einander, Vorwürfe, Drohungen, lustige Aussichten, und was nur erdenklich war, wurden in Bewegung gebracht …
Wilhelm Meisters theatralische Sendung / 3. Buch / 8. Kapitel
HA 8, 504

Schrittschuh
Schlittschuh
Auf die Nachricht der Überschwemmung beschleunigte er seine Reise, kam jedoch erst nach eingefallenem Frost in die Nähe der Eisfelder, schaffte sich Schrittschuhe …
Wilhelm Meisters Wanderjahre / 2. Buch / 5. Kapitel
HA 8, 215
Unser Bote ist noch nicht da, der Schrittschue mitbringt, ihm sind tausend Flüche entgegen geschickt worden …
An den Herzog Carl August, 24.–26. 12. 1775
HAB 1, 202
Er (Max Jacobi) *hat bei allerlei geistigen Übungen auch einen Versuch auf Schrittschuh gemacht, der nicht übel gelungen ist.*
An Jacobi, 26. 12. 1796
HAB 2, 252

Schrock
Sprung, Riß
[…] der Topf war so tüchtig eingedrängt daß nichts ausgelaufen war, ob er gleich einen Schrock bekommen hatte.
An Zelter, 22. 1. 1808
HAB 3, 62

schüchtern
jemand, der leicht erschrickt
[…] wendet ihren Rücken oft dem wohlbewußten schüchternen Verbrecher.

Elpenor / 1. Aufzug / 4. Auftritt
HA 5, 322

Schuhu
Nachteule
Uhu! Schuhu! tönt es näher, / Kauz und Kiebitz und der Häher …
Faust I / Walpurgisnacht / Vers 3889 f.
HA 3, 123
Wir hatten uns ohnehin früher schon zurückgezogen, und nun befanden wir uns gar im Falle der Schuhus gegen die übrigen Vögel.
Dichtung und Wahrheit / 2. Teil / 7. Buch
HA 9, 304

schürzen
gürten
Ein derber, tüchtiger, nicht allzu großer junger Mann, leicht geschürzt, von brauner Haut und Haaren …
Wilhelm Meisters Wanderjahre / 1. Buch / 1. Kapitel
HA 8, 8
Noah, als Winzer, leicht gekleidet und geschürzt, aber doch schon gegen das Tierfell anmutig kontrastierend …
Christus nebst zwölf alt- und neutestamentlichen Figuren
AGA 13, 1067

Schwager
Kutscher
An Schwager Kronos
Gedichttitel
HA 1, 47
Wir haben einen gar jungen, lustigen, hübschen Schwager gehabt, mit dem ich durch die Welt fahren möchte …
Stella / 1. Akt / Im Posthause
HA 4, 308
Er fand es auch wirklich so, als er sich darnach erkundigte, doch versicherte der Schwager, er könne nicht weit von dem Orte seiner Bestimmung ab sein.
Wilhelm Meisters theatralische Sendung / 3. Buch / 3. Kapitel
HA 8, 494
[…] wie man ja in der neueren Zeit die Postillone auch Schwager nenne, ohne daß ein Familienband sie an uns knüpfe.
Dichtung und Wahrheit / 3. Teil / 13. Buch
HA 9, 575

Schwäher
Schwiegervater
Ich will Euch gern meinen Schwäher heißen.
Die Aufgeregten / 1. Aufzug / 7. Auftritt
FA I, 6, 172

Schwänchen
kleines Geschenk, Mitbringsel
Sieh, das nennen wir ein Schwänchen, / Wie's dem satten Gast gelüstet; / Dieses bring' ich meinem Schwane, / Der sich auf den Wellen brüstet.
Westöstlicher Divan / Das Schenkenbuch / „Heute hast du gut gegessen …"
HA 2, 95
Soll ich das Kästchen, gut emballiert, auf die fahrende Post geben, oder soll ich es in den Kasten einschließen, worin ich das Schwänchen zu senden gedenke?
An Boisserée, 23. 10. 1815
HAB 3, 303

Schwanz
Penis
Schwanz Kammerdiener
Name in „Hanswursts Hochzeit"
FA I, 4, 581
Für euch sind zwei Dinge / Von köstlichem Glanz: / Das leuchtende Gold / Und ein glänzender Schwanz. / Drum wißt euch,

ihr Weiber, / Am Gold zu ergötzen / Und mehr als das Gold / Noch die Schwänze zu schätzen!
Paralipomena zum Faust / P 50
FA I, 7/1, 553

Schwanzmenschen
gemeint vermutlich: Vorfahren des heutigen Menschen
Die Schwanzmenschen wundern mich nicht, nach der Beschreibung ist es etwas sehr Natürliches.
Zweiter römischer Aufenthalt / 12. September 1787
HA 11, 396

schwebeln, schweblen
sich unsicher bewegen
Ich schreibe diese Hauptpunkte umständlich, damit Du bei allen Zeitungsnachrichten, bei manchen hin und wider schweblenden Kannegießereien, doch wissest wie es im Grund steht …
An A. v. Goethe, 17. 9. 1830
HAB 4, 396

Schwebler
nebulös formulierende (Möchtegern-) Dichter
Ja zuletzt wollte man nach deutscher Reim- und Klangweise sie als Schwebler und Nebler abfertigen. Man behauptete, sie seien ohne Realität, hätten nie und nirgends ein Dasein, und ihnen fehle Kunstwahrheit als schöne Wirklichkeit.
Der Sammler und die Seinigen / Achter Brief
AGA 13, 313

schwelgen
verschlingen, fressen, essen, trinken, genießen
Schön gepflasterter Weg über eine Höhe, zwischen Matten, auf welchen Kühe schwelgten. Dergleichen Matten werden im Frühjahr abgeätzt und, wenn das Heu gemacht ist, wachsen sie abermals stark genug, daß die Kühe bis auf den Winter hinreichende Nahrung finden.
Tagebuch / 6. 10. 1797
WA III/2, 181

schwerlötig
plump, schwerfällig
Endlich trat Saul auf in großer Verlegenheit über die Impertinenz, womit der schwerlötige Kerl ihn und sie Seinigen ausgefordert hatte …
Wilhelm Meisters theatralische Sendung / 1. Buch / 2. Kapitel
HA 8, 491

schwippen
schaukeln, sich unruhig hin und her bewegen
[…] so bemerkten wir doch, daß das Schiff, schwankend und schwippend, sich den Felsen näherte …
Italienische Reise / Sizilien / 14. Mai 1787
HA 11, 317

Schwungbrett
elastisches Brett, eine Art Trampolin
Die Schwungbretter waren schon gelegt, das Schlappseil an die Pfosten befestigt, und das straffe Seil über die Böcke gezogen.
Wilhelm Meisters Lehrjahre / 2. Buch / 4. Kapitel
HA 7, 96

schwüren
schwären, eiternd schwellen
Lenz ist unter uns wie ein kranckes Kind, und Klinger wie ein Splitter im Fleisch, er

schwürt, und wird sich heraus schwüren leider.
An Lavater, 16. 9. 1776
HAB 1, 229

Sedentarius
jemand, der viel sitzt, Stubenhocker (von lat. „sedentarius“ = im Sitzen arbeitend)
Doch warum sag ich Ihnen das? da Sie hierin erfahrner und gewandter sind als wir Sedentarier alle.
An Reinhard, 7. 9. 1831
HAB 4, 444

Sehe
Sicht, Sehkraft
Was doch Buntes dort verbindet / Mir den Himmel mit der Höhe? / Morgennebelung verblindet / Mir des Blickes scharfe Sehe.
Westöstlicher Divan / Buch des Sängers / „Liebliches“
HA 2, 14

Seiger
Uhrzeiger
Es rückt die Uhr! Noch einen kleinen Weg des Seigers, und ein großes Werk ist getan oder versäumt, unwiederbringlich versäumt …
Egmont / 4. Aufzug / Wohnung des Herzogs von Alba
HA 4, 426

Sekkatur
Plage
Es ist mir lieb, daß ich sie beisammen sehe, einzeln wäre es eine große Sekkatur.
Zweiter römischer Aufenthalt / 12. Oktober 1787
HA 11, 418
Wir haben noch keine Sekkatur auszustehn gehabt, der Herzog versichert er kenne ihn (den Grafen v. Werthern) *gar nicht.*
An C. v. Stein, 10. 3. 1781
HAB 1, 346

sekkieren
plagen
Hier sekkieren sie mich mit den Übersetzungen meines „Werthers“ und zeigen mir sie und fragen, welches die beste sei und ob auch alles wahr sei!
Zweiter römischer Aufenthalt / 1. Februar 1788
HA 11, 516
Die Herzoginn sieht munter und ist von den Menschen sekkirt. Der Herzog streicht in der Gegend herum pp.
An C. v. Stein, 7. 6. 1784
HAB 1, 439

sekretieren
geheimhalten, verschweigen
Nun eröffneten sie uns, daß sie in dem Hause einen schönen, wohlbestellten Keller gefunden, dessen Eingang sie zwar selbst sekretiert, uns jedoch von dem Vorrat einen Anteil nicht versagen wollten.
Campagne in Frankreich / 19. September 1792
HA 10, 228
Die erste Lieferung der neuen Ausgabe meiner Werke ist schon abgedruckt, Cotta sekretiert sie aber und wartet mit der Subskriptionsanzeige auf besseres Wetter …
An Zelter, 29. 10. 1815
HAB 3, 330
Du kannst Dir leicht denken welchen Anteil wir an Deinem Unfall genommen; wir sekretierten ihn, aber von Mylius wurde an den Kanzler berichtet.
An A. v. Goethe, 3. 9. 1830
HAB 4, 395

selbstbewußt
im klaren über sich selbst (nicht: „stolz")
[...] aber sie (das Mädchen) *war natürlich, ruhig und sich völlig selbstbewußt.*
Die Wahlverwandtschaften / 2. Teil / 18. Kapitel
HA 6, 488
[...] daß bei einer solchen Vorstellung (von römischen Komödien) *der Begriff der Nachahmung, der Gedanke an Kunst immer lebhaft blieb, und durch das geschickte Spiel nur eine Art von selbstbewußter Illusion hervorgebracht wurde.*
Frauenrollen auf dem römischen Theater durch Männer gespielt
AGA 14, 11

selbstgefällig
zufrieden, behaglich
Ein selbstgefälliger Rückblick auf die Familiensammlung, die einst mein werden sollte, war von den angenehmstem Empfindungen begleitet ...
Der Sammler und die Seinigen / Dritter Brief
AGA 13, 276

Selbstgefälligkeit
Behagen an sich selbst, innere Heiterkeit (nicht: „Eitelkeit")
Die Selbstgefälligkeit, womit er diese Worte aussprach, die schalkhafte Miene [...] überzeugten beide ...
Wilhelm Meisters Lehrjahre / 8. Buch / 4. Kapitel
HA 7, 533

Selbstler
Egoist
Ja er verachtete diejenigen, die, um ihren Abgang fühlbar zu machen, erst noch Verwirrung in ihrem Kreise anrichten, indem sie als ungebildete Selbstler das zu zerstören wünschen, wobei sie nicht mehr fortwirken sollen.
Die Wahlverwandtschaften / 1. Teil / 14. Kapitel
HA 6, 333

Selbstsucht
Eigenliebe, übermäßige Selbstliebe
Erst verachtet, nun ein Verächter, / Zehrt er heimlich auf / Seinen eigenen Wert / in ungnügender Selbstsucht.
Campagne in Frankreich / November
HA 10, 328

Senne
Sehne
[...] daß er (der Schenkelknochen) *nicht über gewisse Grenzen hinausschreite, in welchen sie* (die Natur) *ihn mit Sennen und andern schönen Einrichtungen zurückhält.*
Anhang zu Benvenuto Cellini / Grundsätze des Zeichnens
AGA 15, 916

Sennkraft
Sehnenkraft
Ihn traf des Jägers Pfeil und schnitt / Der rechten Schwinge Sennkraft ab.
„Der Adler und die Taube",
Vers 3 f.
HA 1, 57

sentieren
aufnehmen, beurteilen
Gestern abend ward Iphigenie gelesen und gut sentiert.
An C. v. Stein, 23. 8. 1786
HAB 2, 7

signalisieren

Zug für Zug beschreiben
Überhaupt zwar finde ich nicht ganz schicklich, daß Reisende einen bedeutenden Mann, den sie besuchen, gleichsam signalisieren, als wenn sie Stoff zu einem Steckbriefe geben wollten.
Dichtung und Wahrheit / 4. Teil / 18. Buch
HA 10, 138f.

sinnig

mit offenem, frischem Sinn, bedächtig, beständig
Im Gasthof zu Wernigerode angekommen, ließ ich mich mit dem Kellner in ein Gespräch ein, ich fand ihn als einen sinnigen Menschen, der seine städtischen Mitgenossen ziemlich zu kennen schien.
Campagne in Frankreich / November
HA 10, 328
An ihren ausgearbeiteten Gesichtern glaubt' ich Schiffer zu erkennen, Menschen, die ein gefährliches, bedenkliches Handwerk, wo jeder Augenblick sinnig beachtet werden muß, ihr ganzes Leben über sorgfältig betreiben.
Sankt-Rochus-Fest zu Bingen
HA 10, 413

Sinnlichkeit

Schärfe der Sinne, zuverlässige Wahrnehmungskraft
Unsere Altväter (in der Naturforschung) *hätten, begabt mit großer Sinnlichkeit, vortrefflich gesehen, jedoch ihre Beobachtungen nicht fort- noch durchgesetzt …*
Campagne in Frankreich / 30. August
HA 10, 207

sittlich

gesittet, sittsam, bescheiden, innerlich rein (auch im Sinne unseres Begriffs „moralisch“)
[…] wir dringen nicht weiter in ihn (einen unbekannten Reisenden), *da er sogleich durch sein Wesen uns Vertrauen einflößt, da er sich im ganzen höchst sittlich benimmt …*
Wilhelm Meisters Wanderjahre / 3. Buch / 13. Kapitel
HA 8, 422
[…] denn das ist ja eben das Lehrreiche solcher sittlichen Mitteilungen, daß der Mensch erfahre, wie es andern ergangen …
Dichtung und Wahrheit / 1. Teil / 2. Buch
HA 9, 67f.
Mir war jedoch durch diese hämischen Worte eine Art von sittlicher Krankheit eingeimpft, die im stillen fortschlich.
Dichtung und Wahrheit / 1. Teil / 2. Buch
HA 9, 70
[…] ob er (der Lehrer) *gleich meine Arbeiten, so gut als die der andern, genau durchsah, mit roter Tinte korrigierte und hie und da eine sittliche Anmerkung hinzufügte.*
Dichtung und Wahrheit / 2. Teil / 6. Buch
HA 9, 256
Das Wirkliche ohne sittlichen Bezug nennen wir gemein.
Naivität und Humor
AGA 13, 779

Skizzisten

Entwurfszeichner
Alle diejenigen, die mit wenigen Strichen und Punkten oft vielleicht zuwenig leisten, nannten wir Skizzisten.
Der Sammler und die Seinigen / Vierter Brief
AGA 13, 283

So hat Meyer […] entdeckt daß Julius Roman zu den Skizzisten gehört.
An Schiller, 22. 6. 1799
HAB 2, 381

Skwal
Schmutz, Unflat (vermutlich von lat. „squalor" = Schmutz)
Das wusch mich wieder von allem Staub und so reinige uns der heilige Geist von allem Skwal eh er fingers dick auf uns sizt wie auf den Gräbern der Helden.
An Herder, 10. 7. 1776
HAB 1, 221

Socken
hoher Bühnenschuh,
Kothurn (im Theater der Antike)
Setz deinen Fuß auf ellenhohe Socken, / Du bleibst doch immer, was du bist.
Faust I / Studierzimmer / Vers 1808 f.
HA 3, 60
Und welch ein zierliches Gewand / Fließt dir von Schultern zu den Socken …
Faust II / Kaiserliche Pfalz /
Vers 5545 f.
HA 3, 172 f.

Sodezz
Festigkeit, Gediegenheit, Tüchtigkeit
[…] so schöne Situationen darbietet, die, mit einiger Sodezz ausgeführt, eine unvergleichliche Wirkung tun müßten.
An Schiller, 3. 2. 1798
AGA 20, 517

soeben
sogleich
Ich sende soeben die Zeichnungen zurück und wünsche nun, daß sie so zart, bedeutend und zierlich mögen auf den Stein übertragen werden.
An Zelter, 30. 10. 1828
HAB 4, 307

Sömmerung
Bestellung eines Feldes im Sommer
Das Land wird zu Bohnen und Linsen gedüngt, die übrigen Feldfrüchte wachsen nach dieser Sömmerung.
Italienische Reise / Sizilien / 28. April 1787
HA 11, 284

Sommervogel
Schmetterling
Und unser Pärchen? / Ist den Gang dort aufgeflogen. / Mutwill'ge Sommervögel! Er scheint ihr gewogen.
Faust I / Garten /
Vers 3202 f.
HA 3, 102

Sonnenduft → Duft

sonnenhaft
der Sonne zugeordnet, der Sonne verwandt
Wär nicht das Auge sonnenhaft, / Die Sonne könnt' es nie erblicken; / Läg' nicht in uns des Gottes eigne Kraft, / Wie könnt' uns Göttliches entzücken?
„Wär nicht das Auge sonnenhaft …"
HA 1, 367

Sonnenmikroskop
mit Sonnenlicht arbeitender Projektionsapparat
Im ersten Akt stand die Vorderseite nach der Straße zu, mit den goldnen nach dem Sonnenmikroskop gearbeiteten Insignien;
Dichtung und Wahrheit / 4. Teil / 18. Buch
HA 10, 123

sonst
früher
Sonst, wenn man den heiligen Koran zitierte, / Nannte man die Sure, den Vers dazu, / Und jeder Moslem, wie sich's gebührte, / fühlte sein Gewissen in Respekt und Ruh.
Westöstlicher Divan / Buch des Unmuts / „Sonst, wenn man den heiligen Koran"
HA 2, 49
Sonst stürzte sich der Himmelsliebe Kuß / Auf mich herab, in ernster Sabbatstille …
Faust I / Nacht / Vers 771 f.
HA 3, 31
Gestern dacht' ich: „Entweder du warst sonst toll, oder du bist es jetzt."
Italienische Reise / Neapel / 16. März 1787
HA 11, 207

Sörgel, die
Hirse
Zwischen den Weinreihen ist der Boden zu allerlei Arten Getreide, besonders zu Türkischkorn und Sörgel benutzt.
Italienische Reise / Verona bis Venedig / 19. September 1786
HA 11, 52

Sottel, das
schmales Stück Ackerland
Endlich säen sie Weizen, dann häufen sie schmale Sotteln auf, dazwischen entstehen tiefe Furchen, alles so gerichtet, daß das Regenwasser ablaufen muß.
Italienische Reise / Ferrara bis Rom / 25. Oktober 1786
HA 11, 113

Soumelpour
Ort in Bengalen, wo man Diamanten aus dem Sande wäscht.
Ja, zu Verherrlichung der Lieben, / Gießbäche, Soumelpours durchwühlt, / Aus Erde, Grus, Gerill, Geschieben / Dir Diamanten ausgespült.
Westöstlicher Divan / Buch Suleika / „Nur wenig ist's …"
HA 2, 69

spaliert
an Spalieren wachsend
So frühzeitige Narzissen / Blühen reihenweis im Garten. / Mögen wohl die guten wissen, / Wen sie so spaliert erwarten.
„Chinesisch-deutsche Jahres- und Tageszeiten" II, Vers 8
HA 1, 387

Spaniol
feiner spanischer Schnupftabak
Wie sieht es mit Ihrem Spaniolvorrat aus?
An Zelter, 1. 6. 1805
HAB 3, 8

sparen
nicht gebrauchen, schonen, sich enthalten
Wenig Ehre verschafft es, sein Weib mit andern zu sparen, / Wie nun Reineke tat … (d. h., er „spart" seine eigene Frau im Augenblick, da er die Wölfin vergewaltigt)
Reineke Fuchs / 3. Gesang / Vers 125
HA 2, 308
Man hatte schon beim Frühstück den Wein nicht gespart …
Dichtung und Wahrheit / 3. Teil / 11. Buch
HA 9, 459

spendieren
darbieten, ausbreiten
Auf breite Wände Teppiche spendiert, / Mit Rüstung Eck' und Nischen ausgeziert.

Faust II / Kaiserliche Pfalz /
Vers 6373 f.
HA 3, 196

sperren
abschließen, absperren
Als ich nun einst in dieser Epoche und so beschäftigt, bei gesperrtem Lichte, in meinem Zimmer saß …
Dichtung und Wahrheit / 3. Teil /
15. Buch
HA 10, 50

Spettel
Fetzen, Lappen
(s. a. → zusammengespettelt)
Lustiger aber sind sie (ästhetische Bemerkungen), *wenn wir sie aus unsern Spetteln hervorlocken.*
An J. H. Meyer, 15. 9. 1809
FA II, 6, 491

spinnen
über etwas nachsinnen
Unser Geselle Moritz ließ nicht ab […], über […] seine Anlagen und Entwickelungen fortwährend zu sinnen und zu spinnen …
Zweiter römischer Aufenthalt / Moritz als Etymolog
HA 11, 460

Spitzsäule
Obelisk
Die ungeheuren Massen jener Spitzsäulen […] verleiten einen italienischen Naturforscher zu glauben, daß sie von den Ägyptiern durch Kunst aus einer flüssigen Masse zusammengehäuft seien.
Über den Granit
AGA 17, 479

Sponsierer
Liebhaber, Frauenfreund
[…] doch die Frauen, / Sie möchten dich ganz ausgewachsen schauen. / Du scheinest mir ein künftiger Sponsierer, / Recht so von Haus aus ein Verführer.
Faust II / Kaiserliche Pfalz / Vers 5536 ff.
HA 3, 172

Sporteln
Nebeneinnahmen, Nebengebühren
Anfangs sollten die Beisitzer (des Kammergerichts) *von Sporteln leben, dann erfolgte eine mäßige Bewilligung der Stände …*
Dichtung und Wahrheit / 3. Teil /
12. Buch
HA 9, 526

Spottgeburt
lächerliches Geschöpf
Du Spottgeburt von Dreck und Feuer!
Faust I / Marthens Garten /
Vers 3536
HA 3, 112

spratzeln
knatterndes oder knisterndes Geräusch verursachen
Der Geist meiner Lampe […] treibt mich […]. Sie spratzelt, wenn man meiner bedarf, und ich sehe mich in den Lüften nach jenem Zeichen um.
Das Märchen
HA 6, 230

Spriegel, der
hölzerner Bügel zum Aufspannen eines Wagenverdecks
[…] mit einigen geschickten Handgriffen warf er die Spriegel zurück, und so war in einem Nu das niedlichste Gebäude zur

lustigsten Spazierfahrt vor den Augen aller Anwesenden bereitet …
Wilhelm Meisters Wanderjahre / 1. Buch / 9. Kapitel
HA 8, 108

Springer
Ballett-Tänzer
In den Zwischenräumen […] erschienen zwei Ballette […]; das erste heroisch, das zweite ins Komische ablaufend, damit die Springer Gewandtheit und Kräfte zeigen konnten.
Die tragischen Tetralogien der Griechen
AGA 14, 685

Spritzbüchse
aus der Studentensprache für „Mädchen"; zuerst Scherz-, dann Schimpfname für eine geifernde weibliche Person.
Name in „Hanswursts Hochzeit"
FA I, 4, 580

Sprudler
Brausekopf
Ohne König zu sein, verhalt ich mich im stillen ebenso gegen jene Strudler, Sprudler und Quetscher indem ich der Natur in ihrem großen Tun einfachere und grandiosere Mittel zutraue.
An Zelter, 7. 11. 1829
HAB 4, 351

Staatsdame
verwöhnte, an Prunk und Glanz gewöhnte Frau
Diese Staatsdame aber, wie er (Goethes Vater) *sie* (Lili) *im Vertrauen gegen seine Gattin zu nennen pflegte, wollte ihn keineswegs anmuten.*
Dichtung und Wahrheit / 4. Teil / 19. Buch
HA 10, 170

Staches
von „Eustachius"; zunächst Scherz-, dann Scheltwort für einen dummen, ungeschickten Kerl
Name in „Hanswursts Hochzeit"
FA I, 4, 581

Stacks
hochaufgeschossener Mensch
Name in „Hanswursts Hochzeit"
FA I, 4, 583

Stadtpolizei (s. a. → Polizei, polizeilich, Polizeieinrichtungen)
Stadtverwaltung
Auch die Stadtpolizei wirkt aus diesen Grundsätzen: Reinlichkeit der Straßen war eine Religionsangelegenheit …
Westöstlicher Divan / Noten und Abhandlungen / Ältere Perser
HA 2, 136

staffieren
mit schmückendem Beiwerk versehen
Dieser (der Maler Seekatz) *sollte nun […] von Darmstadt nach Frankfurt reisen, um entweder an seinen eigenen Bildern etwas zu verändern, oder fremde zu staffieren …*
Dichtung und Wahrheit / 1. Teil / 3. Buch
HA 9, 111
Wer allein auf dem Theater steht, bedenke, daß auch er die Bühne zu staffieren berufen ist, und dieses um so mehr, als die Aufmerksamkeit ganz allein auf ihn gerichtet bleibt.
Regeln für Schauspieler, § 86
AGA 14, 89

Stahlschuh
Schlittschuh (oder, wie Goethe auch sagt: Schrittschuh)
Die Rüstkammer öffnete sich, jedermann suchte nach seinen gezeichneten Stahlschuhen, begierig, die reine, glatte Fläche […] zu beschreiten.
Wilhelm Meisters Wanderjahre / 2. Buch / 5. Kapitel
HA 8, 211

stängeln
auf einer Stange sitzen, sich um eine Stange winden
Einer sitzt auch wohl gestängelt / Auf den Ästen der Zypresse / Wo der laue Wind ihn gängelt, / Bis zu Taues luft'ger Nässe.
Westöstlicher Divan / Schenkenbuch / „Sommernacht"
HA 2, 98
Im Deutschen haben wir das Wort stängeln. Man sagt: ich stängle die Bohnen, das heißt, ich gebe den Bohnen Stangen, ebenso gut kann man sagen: die Bohnen stängeln, sie winden sich an den Stangen hinauf …
An Riemer, 30. 6. 1813
HAB 3, 237

stark
umfangreich, dick, kräftig
Denn so stark das Werk (Goethes „Farbenlehre") *ist, und so wunderlich es im einzelnen aussehen mag: so ist es doch durchaus konsequent, und das was es eigentlich bringt und will, läßt sich sehr kurz fassen …*
An Reinhard, 22. 7. 1810
HAB 3, 132

statuieren
aufstellen, behaupten
[…] habe ich in diesen Tagen meines Hierseins die absolute Einsamkeit statuiert …
An Schiller, 3. 2. 1798
AGA 20, 515

Stegreif
Steigbügel
Er (Eduard) *befahl seine Pferde, gab dem Kammerdiener die nötige Anweisung, was er einpacken und wie er ihm folgen solle, und so, wie schon im Stegreife, setzte er sich hin und schrieb.*
Die Wahlverwandtschaften / 1. Teil / 16. Kapitel
HA 6, 344

stemmen
zum Stehen bringen,
stauen
Am Flusse kannst du stemmen und häkeln; / Überschwemmung läßt sich nicht mäkeln.
Sprichwörtlich
FA I, 2, 387
[…] und doch erhaschte Kniep einen Standpunkt, da, wo das gestemmte Wasser von einem halbzerstörten Wehr herunterfließt …
Italienische Reise / Sizilien / 4. April 1787
HA 11, 233
[…] sie ziehen Dämme queer vor und stemmen das Wasser zurück, zu einem feinen Teiche …
An C. v. Stein, 9. 4. 1782
HAB 1, 392

sternbaldisieren
Dichten in der Art von Tieck und Wackenroder
Wem ist in diesen Phrasen die neukatholische Sentimentalität nicht bemerklich, das klosterbrudrisierende, sternbaldisierende Unwesen, von welchem der bildenden Kunst mehr Gefahr bevorsteht als von allen

Wirklichkeit fodernden Kalibanen (gemeint Caliban in Shakespeares „Sturm“)?
Über Polygnots Gemälde
AGA 13, 451

Stillstand

Waffenstillstand
[…] so ward viel gekämpft und dann Stillstand gemacht …
Glückliches Ereignis
HA 10, 541

stöbern

stieben, Staub aufwirbeln
Vom Pole her stürmend bedeckt er die Wälder mit Reif, die Flüsse mit Eis, ein stöbernder Wirbel treibt um den hohen Giebel, indes sich der Dichter, wohlverwahrt, häuslicher Wöhnlichkeit freut und wohlgemut solchen Gewalten Trotz bietet.
Lyrische Gedichte von Johann Heinrich Voß
AGA 14, 194

Stock

störrischer oder unbeholfener Mensch
Es ist unter euch allen […] keiner, der nicht mehr oder weniger Hoffnung von sich gäbe; denn soviel ich alle beurteilen kann, so ist kein einziger Stock darunter, und Stöcke allein sind die Unverbesserlichen …
Wilhelm Meisters Lehrjahre / 4. Buch / 19. Kapitel
HA 7, 275

stöckisch, stockig

verstockt, störrisch, unbeholfen
Ich hatte eine Frau, Gott sei ihrer Seele gnädig! aber wenn sie manchmal stöckisch wurde, setzte ich mich auch auf meine Klauen …
Rameaus Neffe
AGA 15, 953
Sie steht unfähig, ja stöckisch vor einer leicht faßlichen Sache, die für sie mit nichts zusammenhängt.
Die Wahlverwandtschaften / 1. Teil / 3. Kapitel
HA 6, 265
Ich war meist zu lebhaft oder zu still, und schien entweder zudringlich oder stöckig, je nachdem die Menschen mich anzogen oder abstießen …
Dichtung und Wahrheit / 1. Teil / 5. Buch
HA 9, 199
Alte vermagerte, ja lahme Frauen, statt der lustigen Dirnen, Liebhaber, steif und stockig über alle Begriffe, der Buffo nicht der Rede wert …
An C. v. Goethe, 22./25. 4. 1813
HAB 3, 233

stoffartig

auf den Gegenstand eines Texts bezogen oder darauf eingeschränkt
Da der größte Teil des Publikums mehr durch den Stoff als durch die Behandlung angeregt wird, so war die Teilnahme junger Männer an meinen Stücken meistens stoffartig.
Dichtung und Wahrheit / 3. Teil / 13. Buch
HA 9, 574
Im ersten Fall (der völligen Schuldhaftigkeit eines Helden) *wäre die Katharsis bloß stoffartig, und der ermordete Bösewicht zum Beispiel schiene nur der ganz gemeinen Justiz entgangen …*
Nachlese zu Aristoteles' Poetik
AGA 14, 711
Die Menge jedoch, welche immer stoffartig gesinnt ist, betrübte sich über den großen, nach ihrer Meinung verschwendeten Aufwand.

An Zelter, 15. 1. 1813
HAB 3, 223
Alles was auf den Augenblick anspielt und so die Gemüter stoffartig erregt, habe ich immer vermieden; nicht weil ich es im ganzen für unzulässig halte, sondern weil ich gefunden habe, daß der Enthusiasmus eigentlich nur die große Masse wohl kleidet.
An Arnim, 23. 2. 1814
HAB 3, 263

stoppeln
(urspr.: Ähren nachlesen), auflesen, sammeln
Er (ein Rombesucher) *muß alles aus unendlichen, obgleich überreichen Trümmern zusammenstoppeln.*
Italienische Reise / Rom / 22. Januar 1787
HA 11, 164

Storcher
Landfahrer, Hausierer, Quacksalber
Wer ist der Storcher da?
Urfaust / Auerbachs Keller
HA 3, 381

stören
in etwas herumsuchen, stöbern
Ferner erinnere ich mich, daß ich als Knabe unter seinen Büchern und Schreibkalendern gestört …
Dichtung und Wahrheit / 1. Teil / 1. Buch
HA 9, 41

strack
genau, deutlich, straff, gerade
[…] es wird zugleich auf jene Punkte geführt, wo die seltsamsten Probleme des Erdelebens strack und unerbittlich vor uns stehen …
Westöstlicher Divan / Noten und Abhandlungen / Künftiger Divan
HA 2, 197
[…] die dritten standen strack und mutig; die Arme niedergesenkt, wendeten sie den Kopf nach der rechten Seite …
Wilhelm Meisters Wanderjahre / 2. Buch / 1. Kapitel
HA 8, 149 f.

sträcklich
schleunig, schnell
Zeichnet sich aber eins (ein Kind) *[…] besonders aus, befolgt ohne Fragen und Zaudern die elterlichen Gebote, vollzieht es die Befehle sträcklich und beträgt es sich dergestalt, als lebte es nur in und für die Erzeuger; so erwirbt es sich große Vorrechte.*
Sankt-Rochus-Fest zu Bingen
HA 10, 424

strampfen
stampfen
[…] die Schrittschue sind vergessen, ich habe gestrampft und geflucht und eine Viertelstunde am Feuer gestanden und gemault …
An den Herzog Carl August, 24.–26. 12. 1775
HAB 1, 203

Strauß
Hader, Kampf, Streit
Erzeigt euch hier nach edler Elfen Weise, / Besänftiget des Herzens grimmen Strauß, / Entfernt des Vorwurfs glühend bittre Pfeile, / Sein Innres reinigt von erlebtem Graus.
Faust II / Anmutige Gegend / Vers 4622 ff.
HA 3, 146

Streichblech
Blechinstrument zum Wegstreichen von überflüssigem Inhalt an einem Hohlmaß
[…] er hatte das Schwert abgelegt, in seiner Rechten hielt er ein silbernes gehenkeltes Gemäß, und ein Streichblech in der Linken.
Dichtung und Wahrheit / 1. Teil / 5. Buch
HA 9, 204

strozzlich
sich blähend, sich spreizend
[…] wie sich mein Erdgeruch und Erdgefühl gegen die […] schwumelende Mägdlein, und gegen die Hurenhaffte, strozzliche, schwänzliche und finzliche Junge Mägde ausnimmt …
An den Herzog Carl August, 25. 3. 1776
HAB 1, 211

Strudelei
Unruhe, Hast
Durch meinen Eintritt ließ sie sich in ihrem Plaudern nicht stören und brachte eine Menge possierliche Geschichten vor, welche ihr dieser Tage begegnet oder vielmehr durch ihre Strudeleien veranlaßt worden.
Italienische Reise / Neapel / 9. März 1787
HA 11, 197

Strudler
hastiger, fahriger Mensch
Ohne König zu sein, verhalt ich mich im stillen ebenso gegen jene Strudler, Sprudler und Quetscher indem ich der Natur in ihrem großen Tun einfachere und grandiosere Mittel zutraue.
An Zelter, 7. 11. 1829
HAB 4, 351

Studium
Atelier, Studio
Tischbein geht nach Neapel, und ich beziehe sein Studium, einen großen kühlen Saal.
Zweiter römischer Aufenthalt / Ende Juni 1787
HA 11, 354

Stufe
Erz- oder Gesteinsstück
Nun wurden aus der vorhandnen […] Naturaliensammlung die besten Stufen und Exemplare herausgesucht …
Dichtung und Wahrheit / 1. Teil / 1. Buch
HA 9, 44

stufenweise
Schritt für Schritt, organisch sich entwickelnd
Das allgemeine Talent […] konnte […] sich stufenweise […] hinaufbilden
Anhang zu Benvenuto Cellini
AGA 15, 872
[…] und seine eigne Lebensgefahr erhöhen das Interesse an ihm, und er gelangt stufenweise zu hohen Ehren und Einfluß.
Anhang zu Benvenuto Cellini / Florentinische Zustände
AGA 15, 892
[…] das üble Wetter und ein Rheumatism […] haben mich stufenweise gehindert …
An Schiller, 2. 12. 1794
AGA 20, 68
Unter Wechselgesang […] fahren beide Chöre fort, ihre Waren stufenweis in die Höhe zu schmücken und auszubieten.
Faust II / Kaiserliche Pfalz / Regieanweisung vor Vers 5178
HA 3, 162
[…] Und stufenweise wirft er sich ins Tal …

Faust II / Auf dem Vorgebirg / Vers 10730
HA 3, 323
Der auf alles gefaßte Mann behandelte den zarten Leichnam stufenweise nach gewohnter Art.
Die Wahlverwandtschaften / 2. Teil / 14. Kapitel
HA 6, 458
Das Vertrauen, welches neue Freunde sich einander schenken, pflegt sich stufenweise zu entwickeln.
Dichtung und Wahrheit / 2. Teil / 8. Buch
HA 9, 334
Eine Zusammenstellung der Art, die schon mehreren Dichtern gefiel, deutet, besonders bei dem unsrigen (Johann Heinrich Voß), *auf ruhige, gleichförmige stufenweis erfolgte Bildung …*
Lyrische Gedichte von Johann Heinrich Voß
AGA 14, 193
[…] sie haben die breiten Fundamente emsig, ja ängstlich gelegt und miteinander wetteifernd die Pyramide stufenweis in die Höhe gebaut …
Italienische Reise / Ferrara bis Rom / 18. Oktober 1786
HA 11, 103
[…] daß ich gern stufenweise für Sie thun will, was ich kann.
An Krafft, 13. 7. 1779
HAB 1, 267

Stumpfsinn

Dumpfheit (im Gegensatz zu „Scharfsinn")
[…] daß ich […] wirklich von einem Stumpfsinn befangen war, von dem ich mich zu retten, mich immer mehr in gleichgültige weltliche Geschäfte verwickelte …
Dichtung und Wahrheit / 4. Teil / 17. Buch
HA 10, 108

Stürmer

großer Hut
(Zwei- oder Dreispitz)
Chorschüler […] in knappen schwarzen Fracks und überhaupt schwarz gekleidet, etwa 30 an der Zahl, gingen, 4 Mann hoch, Arm in Arm, mit großen Stürmern auf den Köpfen, der Präfekt voraus durch die Straßen.
An C. v. Goethe, 22./25. 4. 1813
HAB 3, 234

Sturz

Torso
Der Meister hatte einen schönen Sturz eines antiken Jünglings in eine bildsame Masse abgegossen …
Wilhelm Meisters Wanderjahre / 3. Buch / 3. Kapitel
HA 8, 329

Subhastation

öffentliche Versteigerung
So wird auch wahrscheinlich die Sache mit dem Gute indessen richtig, welche durch die Subhastation und das Bieten und wieder Bieten sehr aufgehalten worden ist.
An J. H. Meyer, 18. 3. 1797
HAB 2, 259

Sudelköcherei

unsauberes Geköch
Verlang' ich Rat von einem alten Weibe? / Und schafft die Sudelköcherei / Wohl dreißig Jahre mir vom Leibe?
Faust I / Hexenküche / Vers 2340 ff.
HA 3, 76

Suiten

Streiche, Possen

[…] und so hatten denn auch mutwillige Studenten die Gewohnheit, während der Ferien scharenweis das Land zu durchziehen und nach ihrer Art Suiten zu reißen, welche freilich nicht immer die besten Folgen hatten.

Wilhelm Meisters Wanderjahre / 3. Buch / 8. Kapitel
HA 8, 378

Diese Dinge sind so gewöhnlich, daß sie in dem Wörterbuche unserer jungen akademischen Freunde Suiten genannt werden, und daß man, wegen der nahen Verwandtschaft, ebenso gut Suiten reißen sagt als Possen reißen.

Dichtung und Wahrheit / 2. Teil / 7. Buch
HA 9, 286

Supplement

Entsprechung, Ergänzung

Da er (Lavater) *nun Christum buchstäblich auffaßte, wie ihn die Schrift, wie ihn manche Ausleger geben, so diente ihm diese Vorstellung dergestalt zum Supplement seines eignen Wesens, daß er den Gottmenschen seiner individuellen Menschheit […] ideell einverleibte …*

Dichtung und Wahrheit / 4. Teil / 19. Buch
HA 10, 158

Überhaupt, wenn jeder Mensch nur als ein Supplement aller übrigen zu betrachten ist und am nützlichsten und liebenswürdigsten erscheint, wenn er sich als einen solchen gibt, so muß dieses vorzüglich von Reiseberichten und Reisenden gültig sein.

Italienische Reise / Neapel / 4., 5. und 6. Juni 1787
HA 11, 348f.

supplieren

ergänzen, ersetzen, vervollständigen

[…] die Einleitung […] wieder zurückzuschicken, weil noch einiges darin zu supplieren ist.

An Schiller, 2. 12. 1794
AGA 20, 43

[…] und Sie werden also manches nach der Intention zu supplieren haben.

An Schiller, 26. 6. 1796
AGA 20, 74

Wenn Sie mir erlauben, indem ich Ihren Freund kommentiere und suppliere, in seiner Art fortzufahren …

Dichtung und Wahrheit / 2. Teil / 7. Buch
HA 9, 308

Sie (die Elohim, d.h. Gott) *erwählten nun das letztere* (nämlich in das Weltgeschehen einzugreifen), *und supplierten durch ihren bloßen Willen in einem Augenblick den ganzen Mangel, den der Erfolg von Luzifers Beginnen an sich trug.*

Dichtung und Wahrheit / 2. Teil / 8. Buch
HA 9, 352

[…] das übrige supplierte ich mit einigem Fleiße und qualifizierte mich, wider meinen Willen, auf die leichteste Art zum Kandidaten.

Dichtung und Wahrheit / 2. Teil / 9. Buch
HA 9, 361

Man gesteht dem Haß zu, daß er das Genie suppliere, und man kann es von allen Leidenschaften sagen, die uns zur Tätigkeit auffordern.

Plato als Mitgenosse einer christlichen Offenbarung
AGA 14, 694

Die Komposition suppliert sie (die Texte), *wie eigentlich das Lied durch jede Komposition erst vollständig werden soll.*

An Zelter, 21. 12. 1809

HAB 3, 116
Ich pflege öfters zu wiederholen, daß der Deutsche wohl zu berichtigen wisse, nicht zu supplieren, zu ergänzen.
An Woltmann, 31. 3. 1815
HAB 3, 295

Symphonie

Ouvertüre zu einem Schauspiel oder einer Oper
Einige pfiffen eine Symphonie, jeder besann sich schnell auf seine Rolle …
Wilhelm Meisters Lehrjahre / 4. Buch / 2. Kapitel
HA 7, 214
Die Symphonie zu „Egmont" brachte er (Kayser) *mit, und so belebte sich von dieser Seite mein ferneres Bestreben, welches gegenwärtig mehr als jemals aus Notwendigkeit und Liebhaberei gegen das musikalische Theater gerichtet war.*
Zweiter römischer Aufenthalt / Bericht (Dezember)
HA 11, 435f.
Lesen Sie das Gedicht durch und schicken Sie mir eine passende Symphonie dazu von irgendeinem Meister.
An Zelter, 4. 8. 1805
HAB 3, 10

Systole

Zusammenziehung (des Herzens im Kreislauf)
Die große Schwierigkeit bei psychologischen Reflexionen ist, daß man immer das Innere und Äußere parallel oder vielmehr verflochten betrachten muß. Es ist immerfort Systole und Diastole, Einatmen und Ausatmen des lebendigen Wesens; kann man es auch nicht aussprechen, so beobachte man es genau und merke darauf.
Maximen und Reflexionen Nr. 520
HA 12, 436
So setzt das Einatmen schon das Ausatmen voraus und umgekehrt, so jede Systole ihre Diastole.
Zur Farbenlehre / Physiologische Farben / III. Graue Flächen und Bilder
HA 13, 337
Hier bringt Diastole und Systole im Menschen das angenehme Gefühl des Atemholens hervor …
An C. H. Schlosser, 5. 5. 1815
HAB 3, 303
Das Absolute, die moralische Weltordnung, Systole und Diastole! es braucht nicht viel mehr sich zu verständigen.
An Zelter(?), 31. 3. 1818
HAB 3, 425

Tabulettkrämer
fahrender Händler mit umgehängtem Kasten („Tabulett")
[...] er sah ihn zwischen den Lücken der Menge durch mit einem jungen Tabulettkrämer über Kleinigkeiten eifrig handeln ...
Wilhelm Meisters Wanderjahre / 2. Buch / 8. Kapitel
HA 8, 246

Tafelgärtner
Gärtner für feinen Blumenschmuck
Die Botanik huldigte in früher Zeit dem Apotheker, Blumisten und Tafelgärtner; diese forderten das Heilsame, Augenfällige, Geschmackreiche, und so war jedermann befriedigt ...
Blumenmalerei
AGA 13, 783

Tannicht
Tannenwald
Diese hohen Personen standen in einem Tannicht, und der Landgraf, vor Alter schwach, hielt sich an eine Fichte ...
Dichtung und Wahrheit / 1. Teil / 5. Buch
HA 9, 195

Tapf
Fußtapf, Fußstapfe
Auf die Reise, meine Herren! die Betrachtung so eines einzigen Tapfs macht unsre Seele feuriger und größer als das Angaffen eines tausendfüßigen königlichen Einzugs.
Zum Shakespeares-Tag
HA 12, 224

Tatmann
führender Kopf
Aber freilich wird ein solches Bild ganz entstellt, wenn wir einen kräftigen, kurz gebundenen, raschen Tatmann vierzig Jahre [...] mit einer ungeheuern Volksmasse [...] im Angesicht seines großen Ziels herumtaumeln sehen.
Westöstlicher Divan / Noten und Abhandlungen / Israel in der Wüste
HA 2, 224

tatouieren
tätowieren
[...] wie wir ja selbst tatouierten Indiern einen gewissen Beifall nicht versagen.
Wilhelm Meisters Wanderjahre / 1. Buch / 9. Kapitel
HA 8, 105

Techniker
Feinhandwerker
Der Handelsmann, der Techniker hatte genug zu tun, um mit den schneller vorschreitenden Nationen einigermaßen zu wetteifern.
Dichtung und Wahrheit / 4. Teil / 17. Buch
HA 10, 116

Telegraphen
Signalmasten mit verstellbaren Armen, bei denen ein Signal von Mast zu Mast weitergegeben wurde
[...] und um solche Zeichen möglichst zu vervielfältigen, geben die in unserm Lande errichteten Telegraphen, wenn sie sonst nicht beschäftigt sind, den Lauf der Stunden bei Tag und bei Nacht an, und zwar durch eine sehr geistreiche Vorrichtung.
Wilhelm Meisters Wanderjahre / 3. Buch / 11. Kapitel
HA 8, 405

Tenne
festgestampfter Boden zum Dreschen
[...] denn da der aufgelöste Granit aus Kiesel und Tonerde besteht, so gibt das zu-

gleich einen festen Grund und ein schönes Bindungsmittel, die Straße glatt wie eine Tenne zu machen.
Italienische Reise / Karlsbad bis auf den Brenner / 3. September 1786
HA 11, 9f.
So habe ich denn auch das Meer mit Augen gesehen und bin auf der schönen Tenne, die es weichend zurückläßt, ihm nachgegangen.
Italienische Reise / Venedig / 8. Oktober 1786
HA 11, 89

Teppich

Vorhang, Decke (auch auf einem Tisch)
Das, was du siehst, will mehr und mehr bedeuten; / Ein Teppich deckt es bald und auch ein Flor.
„Die Geheimnisse", Vers 315f.
HA 2, 279
Ich fühl, o Mädchen, deinen Geist / Der Füll' und Ordnung um mich säuseln, / Der mütterlich dich täglich unterweist, / Den Teppich auf den Tisch dich reinlich breiten heißt, / Sogar den Sand zu deinen Füßen kräuseln.
Faust I / Abend / Vers 2702ff.
HA 3, 87
[…] alles erinnr ich mich noch, biss auf den bunten Teppich des Tisches an dem sie sas und Filet machte …
An Kestner, 15. 9. 1773
HAB 1, 151

Ti(c)k

sonderbare Gewohnheit, Laune
Es war sonst mit ihm (Tischbein) *gut leben, nur ein gewisser Tik ward auf die Länge beschwerlich.*
Zweiter röm. Aufenthalt / Bericht (April)
HA 11, 543

Tigeraffe

Ungetüm, ärgerliches wildes Mischwesen
Schon bei der ersten Vorstellung rannte dieser Tigeraffe (Böttiger) *im Parterre herum, durch pedantische Anmerkungen den Genuß einer Darstellung […] zu stören.*
An Wieland, 13. 1. 1802
HAB 2, 427

Tinte

Farbe eines Malers
Sogleich um einigermaßen seine Tinten zu regulieren, malte Bossi das wenige von Himmel und Landschaft …
Leonardo da Vincis Abendmahl
AGA 13, 765
Im Süden zeigen sich die Gipfel der Berge bei Einsiedeln und Schwyz, jetzt schon stark beschneit, während die ganze untere Landschaft noch grün ist und kaum einige Bäume durch rot und braune Tinten das Alter des Jahres verkündigen.
Reise in die Schweiz,
17. Oktober 1797
FA I, 16, 234

Tischer

Tischler, Schreiner
Gute eichene Bretter von jeder Form zu besitzen, war deswegen meines Vaters große Sorgfalt, indem er wohl wußte, daß die leichtsinnigern Künstler sich gerade in dieser wichtigen Sache auf den Tischer verließen.
Dichtung und Wahrheit / 1. Teil / 4. Buch
HA 9, 154
Kempelens Sprachmaschine […] ist hier, durch einen Tischer Schreiber, recht gut nachgemacht worden …

An den Herzog Carl August, 12. 6. 1797
HAB 2, 277

toasten
zutrinken, Trinkspruch ausbringen
Jeder Bruder trinke, trinke! / Toastet frisch ein Tinke, Tinke!
Faust II / Kaiserliche Pfalz / Vers 5291 f.
HA 3, 165

tournieren
umgehen, in den Rücken fallen
Man suchte sie (die Franzosen) *zu tournieren und mit Hülfe des General Clairfait vertrieb man sie von dem Posten von Grandpre …*
An Knebel, 27. 9. 1792
HAB 2, 156

Tournüre
Wesensart
Was die Franzosen tournure nennen, ist eine zur Anmut gemilderte Anmaßung.
Maximen und Reflexionen Nr. 170
HA 12, 387
Bei der gewissenlosen Tournüre, die in Weimar überhand nehmen will, muß man niemanden mehr trauen …
An Kirms, 2. 4. 1799
HAB 2, 373
Dergleichen Dinge lassen sich freilich mit freundlichern Tournüren und gefälliger sagen.
An H. v. Kleist, 1. 2. 1808
HAB 3, 64

Tracht
Traglast, auch: Gang (beim Servieren)
Als ich kam, war der König eben an der zweiten Tracht …
Benvenuto Cellini / 3. Buch / 5. Kapitel
AGA 15, 697
[…] als nur die ersten Trachten (von Holz) *herankamen, fing ich an den Feuerherd damit anzufüllen.*
Benvenuto Cellini / 4. Buch / 6. Kapitel
AGA 15, 802
[…] und speisten geruhig den einfachen Topf in verschiedenen Absätzen und Trachten;
Campagne in Frankreich / 10. Oktober 1792
HA 10, 269

Tragelaph
fabelhaftes Mischwesen aus Bock und Hirsch
Es ist mir angenehm, daß Ihnen der neue Tragelaph (gemeint: Jean Paul) *nicht ganz zuwider ist; es ist wirklich schade für den Menschen …*
An Schiller, 18. 6. 1795
HAB 2, 196
Für die Haasen aber ist hier ein Saal gebaut, welcher den Weimarischen Schloss- und Schießhaussaal vereint darstellt und grösser ist als jene beyden zusammen. NB der Erbauer ist, auf Wolzogens Veranlassung in Weimar gewesen und hat sich zu diesem Tragelaphen die Glieder gehohlt.
An C. v. Goethe, 1. 8. 1814
FA II, 7, 360

Trakasserie
Quälerei
Ich habe die Gewogenheit meines Mädgens nicht denen kleinen elenden Trakasserien der Liebhaber zu dancken …
An W. C. L. Moors, 1. 10. 1766
HAB 1, 32

traulich
voll Vertrauen, mit Zuversicht
Pflückt ihr Pambeh, mögt ihr traulich

sagen: / Diese wird als Docht das Heil'ge tragen.
Westöstlicher Divan / Buch des Parsen / „Vermächtnis altpersischen Glaubens"
HA 2, 106
Süßes Kind, die Perlenreihen, / Wie ich irgend nur vermochte, / Wollte traulich dir verleihen, / Als der Liebe Lampendochte.
Westöstlicher Divan / Aus dem Nachlaß / „Süßes Kind, die Perlenreihen"
HA 2, 122
So ist es also, wenn ein sehnend Hoffen / Dem höchsten Wunsch sich traulich zugerungen, / Erfüllungspforten findet flügeloffen …
Faust II / Anmutige Gegend / Vers 4704 ff.
HA 3, 148

trenteln
trödeln,
nicht recht vom Fleck kommen
Wie sie haudern und trenteln, die Esel!
Götz / 5. Akt / Bauernkrieg
HA 4, 157

Trift
Brachland, Weideland, Wiesenland
Einzelne Eichbäume stehen hie und da auf der Trift, und man hat die schöne Ansicht der nunmehr nähern Neckarberge …
Reise in die Schweiz, 7. September 1797
FA I, 16, 168

Tropen
Vergleiche, Bilder
Sie würden diese Tropen vielleicht entziefern, wenn ich Ihnen auch nicht den Wandsbeecker Boten, und den Biographisten nennte.
An Herder, anfangs 1772
FA II, 1, 253

trostlos
untröstlich
Lothario […] sprach dem trostlosen Frauenzimmer gar lieblich und freundlich zu …
Wilhelm Meisters Lehrjahre / 7. Buch / 2. Kapitel
HA 7, 428
Aus diesem dunkeln Winkel, wo eine Anzahl trostloser Frauen ihre abgeschiedene Herrin bedauern, trat ein Knabe hervor …
Philostrats Gemälde
AGA 13, 840
Es stand nicht in seiner Macht, denn die Kriegsläufte sind mächtiger als die Könige, er ließ sie (die Bittsteller) *trostlos, indem er sich stillschweigend entfernte.*
Campagne in Frankreich / 4. Oktober 1792
HA 10, 262

Trulle
urspr. „Kebsweib",
verächtlich für: weibliches Wesen
Aber denke nur nicht, du wollest ein bäurisches Mädchen / Je mir bringen ins Haus, als Schwiegertochter, die Trulle!
Hermann und Dorothea / 2. Gesang / Vers 263 f.
HA 2, 455

tüchtig
tauglich, gut geeignet, gediegen
Derb und tüchtig (Gedichttitel)
Westöstlicher Divan / Buch des Sängers
HA 2, 16
Man hatte diesen ganzen Spitzbau (das Monument bei Igel) *aus tüchtigen Sandquadern roh übereinander getürmt und alsdann, wie aus einem Felsen, die architektonisch-plastischen Gebilde herausgehauen.*

Campagne in Frankreich / 23. August 1792
HA 10, 192

Türbank
Schwelle
Auf der Türbank und im dunklen Gang / Ward ihnen keine Stunde zu lang …
Faust I / Am Brunnen / Vers 3566f.
HA 3, 113

Türkischkorn
Mais
Um Innsbruck bauen sie viel Türkisch- und Heidekorn, das sie Blende nennen.
Italienische Reise / Karlsbad bis auf den Brenner / 8. September 1786
HA 11, 19

turlupinieren
zum besten haben, foppen (nach Turlupin, einem französischen Komiker des 17. Jh.)
Ich turlupinire ihn (Wieland) *auf eine garstige Weise über seine moderne Mattherzigkeit …*
An G. F. E. Schönborn, 1. 6.–4. 7. 1774
HAB 1, 162

tuschen / tüschen
stillen, beschwichtigen, unterdrücken
Die Gegenwart des Amtmannes und seine Anstalten tuschten einen Auflauf.
Die Leiden des jungen Werthers / 2. Buch
HA 6, 124
Die Frauen suchten vergebens das Feuer zu tüschen …
Dichtung und Wahrheit / 1. Teil / 2. Buch
HA 9, 46
Es gab eine Szene, welche, zwar wieder getuscht und ausgeglichen, doch meine Reise nach dem schönen Elsaß beschleunigte …
Dichtung und Wahrheit / 2. Teil / 9. Buch
HA 9, 356
Kleine und größere daraus entspringende Widerwärtigkeiten waren kaum, nicht ohne Unbequemlichkeit der obern Behörden, getuscht und geschlichtet …
Tag- und Jahreshefte / 1794
HA 10, 441

überflüssig
reichlich, im Überfluß
Überflüssig war alles bereitet, was jeder begehrte …
Reineke Fuchs / 7. Gesang / Vers 8
HA 2, 356
Daher ist das Werk ausführlich, umständlich, ja überflüssig durchgearbeitet.
Farbenlehre / Historischer Teil / 17. Jh.
AGA 16, 432
Wo eine andere sich künstlich betragen hätte, um durch überflüssigen Sonnenschein einen Entschluß in dem Herzen ihrer Liebhabers zur Reife zu bringen […], eben da ziehst du dich zurück …
Wilhelm Meisters Lehrjahre / 1. Buch / 16. Kapitel
HA 7, 64
Er versorgte mich mit allen Schriften, die ich nur verlangte, und nun hatte ich überflüssige Nahrung für meine Einbildungskraft.
Wilhelm Meisters Lehrjahre / 6. Buch / Bekenntnisse einer schönen Seele
HA 7, 397
Die Byzantiner, denen man nicht nachsagen kann, daß sie überflüssigen Humor anbrächten, stellen doch bei der Geburt den Heiligen immer verdrießlich vor.
Naivität und Humor
AGA 13, 780
Monate lang beglückten uns reine ätherische Morgen, wo der Himmel sich in seiner ganzen Pracht wies, indem er die Erde mit überflüssigem Tau getränkt hatte …
Dichtung und Wahrheit / 3. Teil / 11. Buch
HA 9, 466
[…] und wir bedachten nicht, daß ebenso viel Selbstgefälligkeit dazu gehöre, andern, die sich behaglich fühlen, wehe zu tun, als sich selbst oder seinen Freunden überflüssiges Gute zu erzeigen.
Dichtung und Wahrheit / 3. Teil / 14. Buch
HA 10, 30

überheben, sich
freistellen, entlasten
Ein gleicher Umriß ward abends aus den Fenstern von Salern genommen, welcher mich aller Beschreibung überheben wird, einer ganz einzig lieblichen und fruchtbaren Gegend.
Italienische Reise / Neapel / 23. März 1787
HA 11, 219

überhören
jemanden bei einer Rezitation anhören
Der Herr überhört die Kinder ein auswendig gelerntes artiges Gedicht, sie sind herausgeputzt …
Wilhelm Meisters Wanderjahre / 3. Buch / 10. Kapitel
HA 8, 395

überlästigt
übermäßig beladen, überlastet
Wie sich am Meere Mann um Mann befestigt / Und am Gestade Schiffer überlästigt, / Die engen Pfade völlig weglos macht …
Radierte Blätter, nach Handzeichnungen von Goethe
AGA 13, 911

Übermensch
sich selbst überschätzend, seine Grenzen nicht kennend
Kaum bist du Herr vom ersten Kinderwillen, / So glaubst du dich schon Übermensch genug …
„Zueignung“, Vers 60 f.
HA 1, 151
Welch erbärmlich Grauen / Faßt Übermenschen dich!

Urfaust / Nacht / Vers 137 f.
HA 3, 370

überreichen
übersteigen, übertreffen
Das Ungeheure hört auf, erhaben zu sein, es überreicht unsre Fassungskraft …
Wilhelm Meisters Wanderjahre / 1. Buch / 10. Kapitel
HA 8, 119

überschreiben
schriftlich mitteilen
Er gab ihm Briefe zu beantworten, Depeschen auszuarbeiten, die denn auch von ihm mundiert, öfter chiffriert, gesiegelt und überschrieben werden mußten.
Dichtung und Wahrheit / 3. Teil / 13. Buch
HA 9, 559

überschwenglich
über alles Maß hinausgehend
Diesen herzlichen Dank wollen wir Herrn Dr. Gries diesmal schuldig darbringen; er verleiht uns eine Gabe (mit seiner Calderon-Übersetzung), *deren Wert überschwenglich ist …*
Die Tochter der Luft
AGA 14, 847
Von dem Unheil, das in Paris vorgegangen, verlautete immer mehr und mehr, und was man anfangs für Fabeln gehalten, erschien zuletzt als Wahrheit überschwenglich furchtbar.
Campagne in Frankreich / 27. September 1792
HA 10, 243
Ein herrlicher Weg, welchen der Abt jenes Klosters (Monreale) *zur Zeit eines überschwenglichen Reichtums angelegt hat …*
Italienische Reise / Sizilien / 10. April 1787
HA 11, 247

übersehen
mehr sehen als ein anderer
Durchaus fehlte ein Wohlwollen, daher ich glauben konnte, ihn (Merck) *zu übersehen, obschon ich ihn nicht sowohl übersah, als nur die Seiten zu schätzen wußte, die außer seinem Gesichtskreise lagen.*
Dichtung und Wahrheit / 4. Teil / 18. Buch
HA 10, 128

überspannen
strapazieren, überfordern
Rom ist mir nun ganz familiär, und ich habe fast nichts mehr drin, was mich überspannte.
Zweiter römischer Aufenthalt / 15. September 1787
HA 11, 397

überspringend
stoßweise einsetzend (bei Fieber)
Sie hatte eine Art von überspringendem Fieber, dem um so weniger beizukommen war, als sie die Anfälle nach ihrer Art vorsätzlich unterhielt und verstärkte.
Wilhelm Meisters Lehrjahre / 5. Buch / 16. Kapitel
HA 7, 349

übertragen
ertragen, ausgleichen, überstehen
Der Verlust Aureliens und Wilhelms Entfernung sollten auf diese Weise in der ersten Zeit übertragen werden …
Wilhelm Meisters Lehrjahre / 5. Buch / 16. Kapitel
HA 7, 455

Was an uns selbst, was an unsern Verhältnissen der Ehestand verändert, werden wir durch Vernunft, frohen Mut und guten Willen zu übertragen wissen.
Wilhelm Meisters Lehrjahre / 8. Buch / 4. Kapitel
HA 7, 530
Die Neigung zu diesem Mädchen half mir die Schwindeleien des Bruders übertragen, der nicht immer in seinen Grenzen blieb.
Dichtung und Wahrheit / 1. Teil / 3. Buch
HA 9, 93
Die Verachtung, welche daraus gegen den unverschämten Nachdrucker entstand, ließ mich den Verdruß übertragen, den ich bei diesem Raub empfinden mußte.
Dichtung und Wahrheit / 4. Teil / 16. Buch
HA 10, 81
[...] alle waren still, denn jeder hatte seine eigene Not zu übertragen, sie sahen ein grenzenloses Elend vor sich.
Campagne in Frankreich / November
HA 10, 320f.
Herrlich war das anzusehen, und die seltsame Begebenheit ließ uns das Unbequeme übertragen.
Italienische Reise / Sizilien / 8. Mai 1787
HA 11, 301
Angelika (Kauffmann) *ist hier und hilft alles übertragen.*
Zweiter römischer Aufenthalt / 12. Oktober 1787
HA 11, 418
Wer meine Fehler überträgt, ist mein Herr, und wenn's mein Diener wäre.
Maximen und Reflexionen Nr. 1305
HA 12, 539
[...] aber auch dieses Unheil, sowie eine sich dazu gesellende Hautkrankheit, beides in der großen Hitze sehr beschwerlich, übertrug er mit männlich gutem Humor ...
An G. A. Chr. Kestner, 27. 12. 1830
HAB 4, 414
Wenn aber der Mensch sein eigenes Mißgeschick zu übertragen berufen ist, so ergibt er sich denn wohl auch in ein fremdes verjährtes Mißgeschick ...
An C. B. Cotta, 15. 3. 1832
HAB 4, 478f.

übrigens
im übrigen, sonst
[...] ein guter, obgleich zu solchen Arbeiten völlig unfähiger Knabe, dem ich übrigens gewogen war, der aber seine Reime sich vom Hofmeister machen ließ ...
Dichtung und Wahrheit / 1. Teil / 1. Buch
HA 9, 34
Ich kam zur gewöhnlichen Stunde und fand den Vater allein, der [...] an meinem Tragen und Behaben noch manches ausbesserte und übrigens mit mir zufrieden schien.
Dichtung und Wahrheit / 2. Teil / 9. Buch
HA 9, 394
Was wir aber sodann erblicken, ist ein in Frieden herrschender, behaglicher, obgleich trauriger Kaiser, eine Prinzessin, eifersüchtig auf ihre weibliche Freiheit, und übrigens ein durch Masken erheitertes Serail.
Weimarisches Hoftheater
AGA 14, 71
[...] als ich nun durch die Kraft der Natur und ärztliche Hülfe mich selbst wieder gewahr wurde, fand ich die Umgebung des rechten Auges geschwollen, das Sehen gehindert und mich übrigens in erbärmlichem Zustande.
Tag- und Jahreshefte / 1801
HA 10, 451
Übrigens war der Berg (Vesuv) *ganz still.*
Italienische Reise / Neapel / 2. März 1787
HA 11, 188

Die Tätigkeit des Grafen scheint mir übrigens größer als seine Kenntnisse …
Italienische Reise / Sizilien / 13. April 1787
HA 11, 251
Gleich hinter Girgent fanden wir Äpfel und Birnen, übrigens an den Höhen und in der Nähe der wenigen Ortschaften etwas Feigen.
Italienische Reise / Sizilien / 28. April 1787
HA 11, 283
Übrigens sind die Merkwürdigkeiten unerschöpflich.
An C. v. Goethe, 17. 4. 1813
HAB 3, 229
Fleißig bin ich übrigens. Grüße alles, gedenke mein, schreibe und referiere von Zeit zu Zeit.
An A. v. Goethe, 7. 7. 1822
HAB 4, 41

umgäschen
umgischten, brausend umzischen
Hier sehen wir schäumende Meereswogen den unterwaschenen Felsen umgäschen …
Philostrats Gemälde
AGA 13, 803

Umschweif
Abschweifung, Umweg
[…] während eigentlich poetische Arbeiten, die über dem Sittlichen und Sinnlichen schweben, erst durch einen Umschweif und gleichsam nur zufällig nützen können.
Dichtung und Wahrheit / 3. Teil / 15. Buch
HA 10, 53

umsichtig
etwas überschauend und mit dem Blick beherrschend
Und eben diese durchdringenden Augen des umsichtigen Mannes scheinen uns ein Entsetzen zu verraten: er blickt auf eine fürchterliche Erscheinung, die unmittelbar, unerwartet aus den Wellen bricht.
Philostrats Gemälde
AGA 13, 815
Nach allen Seiten umsichtig, am Vergangenen wie am Gegenwärtigen teilnehmend, unterhielt Er (König Ludwig I. von Bayern) *sich vielfach über Weimars jüngste Vorzeit …*
Zum nähern Verständnis des Gedichts „Dem Könige die Muse"
AGA 14, 385
[…] die Umsichtigen, die sich erfreuten, daß sie eine Unschicklichkeit auf eine so zierliche Weise erwidert und ausgelöscht.
Dichtung und Wahrheit / 4. Teil / 17. Buch
HA 10, 104

umständlich
eingehend, gründlich
Da nun aber, wie wir umständlich nachgewiesen, in einer solchen Dicht- und Schreibart das Schickliche vom Unschicklichen abzusondern unmöglich ist …
Westöstlicher Divan / Noten und Abhandlungen / Vergleichung
HA 2, 185
[…] wie frisch und umständlich jeder einzelne glückliche Versuch (mit Luftballonen) *die Zeitungen füllte …*
Aphorismen und Fragmente
AGA 17, 689
Von einer sehr angenehmen Spazierfahrt, die wir ans Meer machten, und von dem Fischfang daselbst dachte ich umständlich zu erzählen, als abends der gute Moritz hereinreitend den Arm brach …

Italienische Reise / Rom / 8. Dezember 1786
HA 11, 148
Einiges höchst Erfreuliches habe ich bei meiner Rückkunft noch außer Ihrem Briefe vorgefunden, z. B. die Äußerungen eines jungen Malers über Farbe, bestimmt und umständlich.
An Zelter, 15. 8. 1806
HAB 3, 26

Umwendung

Umwälzung, Epochenwechsel
Fällt die Jugend eines Sohnes gerade in die Zeit der Umwendung, so kann man versichert sein, daß er mit seinem Vater nichts gemein haben wird.
Die Wahlverwandtschaften / 2. Teil / 8. Kapitel
HA 6, 418
Denn persönlicher Zeuge höchst bedeutender und die Welt bedrohender Umwendungen gewesen zu sein, das größte Unglück, was Bürgern, Bauern und Soldaten begegnen kann, mit Augen gesehen, ja solche Zustände geteilt zu haben, gab die traurigste Stimmung.
Tag- und Jahreshefte / 1794
HA 10, 439

unbedingt

ohne eine Bedingung zu stellen, aber auch: sich nicht bedingend, sich selbst keine Schranken setzend
[…] immer erkenn ich in dir den Leichtsinn deiner Mutter, der sie mir unbedingt in die Arme lieferte.
Egmont / 4. Akt / Wohnung des Herzogs von Alba
HA 4, 424
[…] daß aber da, wo man auf frischem Boden viele Glieder von allen Seiten her zusammenberufen will, möglichst unbedingte Tätigkeit im Erwerb und freier Spielraum der allgemein-sittlichen und religiösen Vorstellungen zu vergönnen sei.
Wilhelm Meisters Wanderjahre / 1. Buch / 7. Kapitel
HA 8, 81 f.
Unbedingte Tätigkeit, von welcher Art sie sei, macht zuletzt bankerott.
Wilhelm Meisters Wanderjahre / 2. Buch / Betrachtungen im Sinne der Wanderer
HA 8, 286
Die Einbildungskraft scheint zwar keine Gesetze zu haben, vielleicht wie ein wacher Traum unbedingt hin- und herzuschwanken.
Die Einbildungskraft
AGA 13, 1020
Graf Bückeburg, geborner Souverain, in einem kleinen Bezirk unbedingt regierend, setzt sich durch Höhe des Sinnes und der Tatkraft den allergrößten gleich …
Biographische Denkmale
AGA 14, 334

unbefiedert

noch ohne Federn
„Doch nicht den jungen, zärtlichen unbefiederten (hier im Sinne von: noch ohne Geld) *Kaufmannssohn?“*
Wilhelm Meisters Lehrjahre / 1. Buch / 1. Kapitel
HA 7, 10

Unbegriff

Unfähigkeit zu begreifen, Mangel an Fassungskraft
Es ist nichts, worum sie (die Menschen) *einander nicht bringen. Gesundheit, guter Name, Freudigkeit, Erholung! Und meist aus Albernheit, Unbegriff und Enge …*

Die Leiden des jungen Werthers / 2. Buch / 8. Februar
HA 6, 66
Es ist unglaublich was auch diese (die „Chalkographische Gesellschaft“) *zu pfuschen anfängt, und der Dünkel der Unternehmer ist dem Unbegriff gleich.*
An Schiller, 22. 6. 1799
HAB 2, 383

unbewußt
– nicht bewußt, unbekannt
[...] aber wie sich Gatte und Gattin in Gesellschaft zu nehmen hätten, das sei uns unbewußt und müsse nun, bei zunehmenden Jahren, vor allen Dingen gelernt werden.
Dichtung und Wahrheit / 3. Teil / 15. Buch
HA 10, 69
– unwillkürlich
Unbewußt ließ er sich nieder ...
Wilhelm Meisters Wanderjahre / 1. Buch / 8. Kapitel
HA 8, 99
Hiedurch wird er (der Mensch) *fähig, dem Einzelnen in jedem Augenblick zu entsagen, wenn er nur in dem andern nach etwas Neuem greifen darf; und so stellen wir uns unbewußt unser ganzes Leben immer wieder her.*
Dichtung und Wahrheit / 4. Teil / 16. Buch
HA 10, 77
Wie ich überhaupt ziemlich unbewußt lebte und mich vom Tag zum Tage führen ließ, wobei ich mich, besonders die letzten Jahre, nicht übel befand, so hatte ich die Eigenheit, niemals weder eine nächst zu erwartende Personen, noch eine irgend zu betretende Stelle vorauszudenken, sondern diesen Zustand unvorbereitet auf mich einwirken zu lassen.
Campagne in Frankreich / Zwischenrede
HA 10, 307

Unbewußtsein
Verträumtheit, Gedankenlosigkeit
[...] der Nachteil dagegen mag wohl hervortreten, daß wir mit Unbewußtsein in wichtigen Augenblicken nur herumtasten und uns nicht gerade in jeden ganz unvorhergesehenen Zustand aus dem Stegreife zu finden wissen.
Campagne in Frankreich / Zwischenrede
HA 10, 307

Unding
Chaos,
Urzustand der Welt
Vernehmt, wie im Unding / Alles durcheinander ging ...
„Satyros“, Vers 289 f.
HA 4, 196

unerhört
ohne von andern angehört zu werden
Und der getreuherzige Berlichingen gab unerhört nach, wie er immer tut, wenn er im Vorteil ist.
Götz / 1. Akt / Schwarzenberg in Franken
HA 4, 74

Unfall
unglücklicher Zwischenfall
[...] ein Behagen, das ich seit dem Unfall mit Gretchen weder gesucht noch zufällig gefunden hatte.
Dichtung und Wahrheit / 2. Teil / 7. Buch
HA 9, 269

unfertig
unerzogen, ungezogen
Durch ein unfertiges Betragen hatte sich Günther das Glück verscherzt, an dem

Hofe Augusts des Zweiten angestellt zu werden ...
Dichtung und Wahrheit / 2. Teil / 7. Buch
HA 9, 265

Ungemütliches
Gemütloses, Äußerliches, Leeres
Wenn uns das Ungemütliche dieses Inhalts, der, wenigstens für den ersten Anblick, verworrene, durch das Ganze laufende Grundfaden unlustig und verdrießlich macht ...
Westöstlicher Divan / Noten und Abhandlungen / Israel in der Wüste
HA 2, 208

Ungeschicktes
Unschickliches
Wenn wir mit Menschen leben, die ein zartes Gefühl für das Schickliche haben, so wird es uns angst um ihretwillen, wenn etwas Ungeschicktes begegnet.
Die Wahlverwandtschaften / 2. Teil / 5. Kapitel
HA 6, 397

unherstellbar
endgültig, ausweglos
[...] denn es gibt keine höhere Katharsis als der Ödipus von Colonus, wo ein halbschuldiger Mann [...] sich selbst und die Seinigen in das tiefste unherstellbarste Elend stürzt ...
Nachlese zu Aristoteles' Poetik
AGA 14, 711

unleidlich
unerträglich
„Hast du noch immer Zahnweh?" sagte Aurelie zu der Alten [...]. „Fast unleidliches", versetzte diese ...
Wilhelm Meisters Lehrjahre / 4. Buch / 15. Kapitel
HA 7, 253

unmustern
unwohl, unpäßlich
Einen Arzt [...] konsultierte ich von Zeit zu Zeit, da ich mich, wo nicht krank, doch unmustern fühlte ...
Dichtung und Wahrheit / 2. Teil / 8. Buch
HA 9, 326

Unmut
Mutlosigkeit
Der Unmut beschleunigt die Gefahr.
Iphigenie (Prosafassung) / 2. Akt / 1. Auftritt
FA I, 5, 163
Erhebe / Von diesem Unmut deine Seele ...
Iphigenie / 2. Akt / 1. Auftritt
FA I, 5, 573

unscheinbar
unansehnlich, unschön
Es hat schwer gehalten, bis ich mich entschloß, meinen blauen einfachen Frack, in dem ich mit Lotte zum erstenmal tanzte, abzulegen, er ward aber zuletzt gar unscheinbar.
Die Leiden des jungen Werthers / 2. Buch / 6. September
HA 6, 79
An Gestalt war er gut gebildet, schlank und von ziemlicher Größe, sein Gesicht pockennarbig und unscheinbar ...
Dichtung und Wahrheit / 2. Teil / 9. Buch
HA 9, 373
Man erinnere sich der Gattin des Direktors Bellomo, die mit einer leidlichen Stimme, einem völlig oberdeutschen Dialekt und einem unscheinbaren Äußeren mehrere Jahre die ersten Liebhaberinnen vortrug.

Über die Notwendigkeit, Tunlichkeit und Schicklichkeit der Trennung des Schauspiels von der Oper
AGA 14, 95

Unstatten
Unbequemlichkeiten, Ungelegenheiten
Selbst den Drusenstein [...] zeichnete ich mit einiger Gefahr und mit Unstatten, die ein jeder erleben muß, der sich von Reisen einige bildliche Erinnerungen mit nach Hause nehmen will.
Dichtung und Wahrheit / 2. Teil / 6. Buch
HA 9, 226

Unstimmung
Mißstimmung, Verstimmung
[...] doch blieb eine gewisse Unstimmung zurück, die ich durch augenblickliche Tätigkeit zu überwinden trachtete ...
An Reinhard, 24. 12. 1819
HAB 3, 468

untergelegt
in einer Station bereitgehalten (von frischen Etappenpferden gesagt)
[...] und Melina dachte schon an die Stücke, mit denen er zuerst das Publikum anlocken wollte, als ein Kurier dem Stallmeister die Ankunft der Herrschaft verkündigte, und dieser die untergelegten Pferde vorzuführen befahl.
Wilhelm Meisters Lehrjahre / 3. Buch / 1. Kapitel
HA 7, 148

unterrichtend
aufschlußreich, belehrend
Der Anblick (hinab in den Krater des Vesuv) *war weder unterrichtend noch erfreulich ...*
Italienische Reise / Neapel / 6. März 1787
HA 11, 194

unterrichtet
zuständig, kompetent
Doktor Reuß, ein unterrichteter, tätiger, gefälliger Mann, war unser Führer.
Aus Teplitz. 1813
AGA 17, 511
[...] indem ich wirklich auf eine ganz natürliche Weise vor der Welt mich nicht klüger und unterrichteter als sonst zu zeigen pflegte, war er der erste, der gelegentlich der Eitelkeit nicht widerstehen konnte, von meinen Vorzügen zu sprechen.
Wilhelm Meisters Lehrjahre / 6. Buch / Bekenntnisse einer schönen Seele
HA 7, 375
Die Schöne-Gute [...] übergab mich einem verständigen, unterrichteten Manne, der mir die Merkwürdigkeiten des Gebirgs zeigen sollte.
Wilhelm Meisters Wanderjahre / 3. Buch / 13. Kapitel
HA 8, 428
Jeden Abend fand sich ein engerer Kreis bei mir zusammen, unterrichtete Personen beiderlei Geschlechts ...
Tag- und Jahreshefte / 1822
HA 10, 527
Der Prinz (di Biscari), *von diesen Dingen völlig unterrichtet, da er keine Kenner, aber aufmerksame Liebhaber vor sich sah, mochte uns gern in allem, wornach wir forschten, belehren.*
Italienische Reise / Sizilien / 3. Mai 1787
HA 11, 291

Unterschleif
Betrug, Unterschlagung
Jeder Unterschleif ist uns unerträglich; wir

wollen, daß jeder nur genieße, insofern er dazu berechtigt ist.
Wilhelm Meisters Lehrjahre / 7. Buch / 6. Kapitel
HA 7, 451

unverbesserlich

unübertrefflich
Mein Bruder, unverbesserlich auf dem Theater, war in der Haushaltung niemals nütze …
Wilhelm Meisters Lehrjahre / 4. Buch / 17. Kapitel
HA 7, 264
Mittelgrund und Ferne, soweit die Ebene reicht, können hier ebenfalls für beinahe unverbesserlich gelten; die Hügel bei Acquacetosa sind wunderbar schön ausgeführt …
Zwei Landschaften von Philipp Hackert
AGA 13, 400

urgieren

nachdrücklich betonen
[…] und daß wir unsern Luther nicht höher ehren können, als wenn wir dasjenige was wir für recht […] halten, mit Ernst und Kraft […] öffentlich aussprechen, und wie Sie ganz richtig urgieren, öfters wiederholen.
An Rochlitz, 1. 6. 1817
HAB 3, 395

Urpflanze

Grundtypus jeder Pflanze
Die Urpflanze wird das wunderlichste Geschöpf von der Welt über welches mich die Natur selbst beneiden soll.
Reisetagebuch für Frau von Stein / 8. 6. 1787
FA II, 3, 305
Wie sie (die Pflanzen) *sich nun unter einen Begriff sammeln lassen, so wurde mir nach und nach klar und klarer, daß die Anschauung noch auf eine höhere Weise belebt werden könnte: eine Forderung, die mir damals unter der sinnlichen Form einer übersinnlichen Urpflanze vorschwebte.*
Geschichte meines botanischen Studiums
AGA 17, 79f.

Vache
Aufschnallkiste, Deckbehälter auf einer Kutsche
Auf dem Rückwege begegnete mir ein großer Volksauflauf über den weg ein schöner Postzug hervorragte, eine treffliche Reisechaise mit Vache und auf dem Bocke der Hofmockel.
An C. v. Goethe, 22./25. 4. 1813
HAB 3, 233

Velleität
kraftloses Wollen, unklares Streben
Und so schien dieser wackre Mann (Hofrat Büttner), *im höchsten Alter die Thätigkeit seiner Jugend fortzusetzen begierig, endlich nur in Velleitäten verloren.*
Tag- und Jahreshefte / 1802
FA I, 17, 100
Das Sentimentale Velleität nach dem Sinnlichen.
Entwurf zu einem Volksbuch historischen Inhalts / 8. Neustes
AGA 14, 465

veloziferisch
im Eiltempo, schnellbeweglich
[…] und so springt's von Haus zu Haus, von Stadt zu Stadt, von Reich zu Reich und zuletzt von Weltteil zu Weltteil, alles veloziferisch.
An G. H. L. Nicolovius, Ende November 1825(?)
HAB 4, 159
Da es aber doch zuletzt auf ein günstiges, mentales Zusammensein in der Ferne ankommt, so wollen wir ihn (den Kanzler v. Müller) *loben dass er, einstimmig mit dem Genius der Zeit, veloziferisch zu verfahren geeignet ist.*
An Reinhard, 26. 12. 1825
HAB 4, 165

verbinden
verpflichten
Dieses Pferd hatte ihm der Kurfürst geschenkt, um ihn zu einer seiner Gesundheit so nötigen Bewegung zu verbinden …
Dichtung und Wahrheit / 2. Teil / 7. Buch
HA 9, 297
Künstler, die uns ihren Geburtsort und ihr Alter anzeigen, auch von ihrem Leben und ihren Studien einige Nachricht geben wollen, werden uns besonders verbinden.
Die neue Preisaufgabe auf 1801
AGA 13, 327
Nun aber verbindet er sein Publikum doppelt und dreifach, indem er die wunderlichsten Menschen […] unmittelbar zur handgreiflichsten Nähe bringt.
Der deutsche Gil Blas
AGA 14, 496
Als ich nun mit meinen Habseligkeiten mich eingeschifft und sogleich auf dem Strome dahin schwimmen sah, begleitet vom getreuen Paul und einem blinden Passagier, welcher gelegentlich zu rudern sich verband, hielt ich mich für glücklich und von allem Übel befreit.
Campagne in Frankreich / Oktober 1792
HA 10, 305

verehren
jemandem seine Ehrerbietung erweisen
Dienstag den 27. Mai eilte ich, meinen Fürsten im Lager bei Marienborn zu verehren, wobei mir das Glück ward, dem Prinzen Maximilian von Zweibrücken, meinem immer gnädigen Herrn, aufzuwarten …
Belagerung von Mainz
HA 10, 363

Verein
Vereinigung, Bund
Frucht und Segen dem heitern Vereine …

Phaethon, Tragödie des Euripides / 1. Szene
AGA 15, 298
Wohlgefallen vieler Jahre / In des Knaben mildem Schein / Sammelt sich auf diesem Paare. / O, wie rührt mich der Verein!
Faust II / Arkadien / Vers 9707 ff.
HA 3, 293
Ein gleiches Unheil schloß uns aufs engste zusammen, so daß der Verein nicht inniger sein kann.
An Zelter, 19. 3. 1827
HAB 4, 219

vereinigen, sich
übereinstimmen
[…] so wird man sich über die Art und Weise, wie es zu sagen sei, gewiß leichter vereinigen, als wenn die Wahl des Stoffes willkürlich wäre …
Über die Entstehung des Festspiels zu Ifflands Andenken
AGA 14, 121
Nun kamen zwar sogleich die bedeutendsten Punkte zur Sprache, über die wir uns in Briefen am wenigsten vereinigen konnten …
Dichtung und Wahrheit / 3. Teil / 14. Buch
HA 10, 19
Die Teilnahme des Herrn B. an unserm Institute ist von solcher Bedeutung daß ich sehr wünsche man möchte sich auch über den gegenwärtigen Fall vereinigen.
An H. C. A. Eichstädt, 15. 9. 1804
HAB 2, 472

verfahren
ausführen, exportieren
Mittags am Wirtstische wurden wir mit guten Schöpsenkeulen und Wein von Bar traktiert, den man, weil er nicht verfahren werden kann, im Lande selbst aufsuchen und genießen muß.
Campagne in Frankreich / 3. September 1792
HA 10, 211 f.

verfitzen
verwickeln, verwirren
Er (Ortlepp) *zeigte schon früher ein gewisses poetisches Talent, hat sich aber in die ästhetisch-sentimentalen Grillen so verfitzt, daß er gar kein Verhältnis zur Außenwelt finden kann.*
Tagebücher / 29. 7. 1828
FA II, 11, 25

Verfitzung
Verwirrung
Jene Kleinlichkeiten, Verschränkungen und Verfitzungen zu beseitigen, zurechtzulegen und durchzuhauen ist freilich ein unangenehmes Geschäft …
An C. v. Brühl, 12. 3. 1815
FA II, 7, 413

Verfolg
Fortsetzung
[…] der Verfolg des Tagebuchs war an Makarien gesandt …
Wilhelm Meisters Wanderjahre / 3. Buch / 13. Kapitel
HA 8, 415

verführen
wegführen, weiterführen
Homunculus ist es, von Proteus verführt …
Faust II / Klassische Walpurgisnacht / Vers 8469
HA 3, 256
Man will Beweise in Händen haben, daß er (Wallenstein) *mit den Feinden einver-*

standen sei, daß er damit umgehe, die Armee zu verführen …
Die Piccolomini. Wallensteins erster Teil
AGA 14, 38
[…] er (Goethes Diener) *[…] war nach tausend andern Hindernissen im Finstern von der Armee abgekommen, verführt durch schlaf- und weintrunkene Knechte eines Generals, denen er nachfuhr.*
Campagne in Frankreich / 13. bis 17. September 1792
HA 10, 219
[…] so salzt man sie (frische Hechte) *ein, besonders wenn man sie verführen will.*
An K. Schönkopf, 1. 6. 1769
HAB 1, 96

vergackeln
im Schwatzen begriffen (gackeln = gackern wie die Hühner, schnattern wie die Enten)
[…] wie ihr klein wart, wart ihr immer drin (im Puppentheater) *vergackelt …*
Wilhelm Meisters theatralische Sendung / 1. Buch / 1. Kapitel
HA 8, 488
Die übrigen Kleinen waren alle vergackelt, Wilhelm allein erwartete das Folgende und sann drauf …
Wilhelm Meisters theatralische Sendung / 1. Buch / 1. Kapitel
HA 8, 491

vergeistern
in Aufregung versetzen, begeistern
Der Hohepriester Samuel erschien mit Jonathan, und ihre wechselnden Stimmen vergeisterten ganz ihre kleinen Zuschauer.
Wilhelm Meisters theatralische Sendung / 1. Buch / 2. Kapitel
HA 8, 490

vergleichen
– ausgleichen, einebnen
Nach einer gewissen Ordnung sollten vom Ende heran die neuen Gräber bestellt, doch der Platz jederzeit wieder verglichen und ebenfalls besäet werden.
Die Wahlverwandtschaften / 2. Teil / 1. Kapitel
HA 6, 361
[…] so finde ich nichts natürlicher und reinlicher, als daß man die […] nach und nach zusammensinkenden Hügel ungesäumt vergleiche …
Die Wahlverwandtschaften / 2. Teil / 1. Kapitel
HA 6, 363
– sich einig werden
Diese Frage, worüber sich besonders Alte und Junge […] selten vergleichen, sprach man mit Heiterkeit durch …
Dichtung und Wahrheit / 3. Teil / 12. Buch
HA 9, 548

vergnügt sein
zufrieden (nicht „fröhlich", „munter") sein, Genüge haben an dem, was einem gegeben ist
Leb wohl, ich bin zufrieden und vergnügt.
An Merck, 10. 11. 1788
FA II, 3, 446
Jetzt ist sie (Herders Frau) *sehr vergnügt.*
An Herder, 27. 12. 1788
FA II, 3, 453

verhalten
verbergen, verheimlichen
Bald nach dem Tode des Trefflichen näherte er sich mir, und vor einiger Zeit verhielt er nicht, daß er sich um meine Hand bewerbe.

Wilhelm Meisters Wanderjahre / 3. Buch / 13. Kapitel
HA 8, 431

verhöken
im kleinen verkaufen
Solche Dinge […] ließ ich […] auf meine Kosten drucken […] oder gab sie der Eichenbergischen Buchhandlung, um sie so gut als möglich zu verhöken …
Dichtung und Wahrheit / 3. Teil / 12. Buch
HA 9, 512

verhören
überhören, nicht hören
[…] denn er hatte sich, als der verzogene Jüngste, angewöhnt, die Mittagsglocke zu verhören.
Dichtung und Wahrheit / 2. Teil / 10. Buch
HA 9, 445

verinteressieren (s. a. → Interessen)
verzinsen
Das Kapital würde sich gut verinteressieren und ein nach Norden verbanntes Kunstgenie nicht alles Lichtes entbehren.
Flüchtige Übersicht über die Kunst in Deutschland
AGA 13, 329
Auch ich muß mich von hier aus verinteressieren (im Rahmen einer Literaturzeitung) …
An F. A. Wolf, ca. 7. 9. 1803
HAB 2, 459

verknicken
nachlassen, verlorengehen
Durch Grillen nicht gedränget / Verknickt sich keine Lust; / Durch Zieren nicht geenget / Schlägt freier unsre Brust.
„Bundeslied", Vers 29f.
HA 1, 95

verkochen
weichkochen, aber auch: geistig verarbeiten, überwinden
[…] wodurch ihm leichter ward, […] den Unwillen darüber alsdann entweder in der Stille für sich oder vertraulich mit seiner Familie zu verkochen.
Wilhelm Meisters Lehrjahre / 6. Buch / Bekenntnisse einer schönen Seele
HA 7, 384

verkümmern
beeinträchtigen, schmälern, trüben
Ob wir uns nun gleich durch diese Anmaßung dasjenige, was wir wirklich hätten leisten können, verkümmerten und zuletzt gar zerstörten …
Dichtung und Wahrheit / 1. Teil / 2. Buch
HA 9, 49
Da man ihm (Fichte) *die Stunden, die er zu öffentlichen Vorlesungen benutzen wollte, an Werkeltagen verkümmert hatte, so unternahm er sonntags Vorlesungen, deren Einleitung Hindernisse fand.*
Tag- und Jahreshefte / 1794
HA 10, 441
[…] das Gefühl eines belebenden Friedens über das ganze Tal, welches mir der ungeschickte Führer durch seine Gelehrsamkeit verkümmerte, umständlich erzählend, wie Hannibal hier vormals eine Schlacht geliefert …
Italienische Reise / Sizilien / 4. April 1787
HA 11, 233
Sogar der unschätzbare Blick über die Vorgebirge ins Meer wird durch farbige Scheiben verkümmert …
Italienische Reise / Sizilien / 9. April 1787
HA 11, 246

Man hat die höheren Forderungen der Poesie, die sich eigentlich auf dem Theater nur symbolisch oder allegorisch aussprechen können, der Tragödie und Komödie durchaus verkümmert …
An C. F. M. v. Brühl, 1. 5. 1815
HAB 3, 300

verlebt
zu Ende gelebt
Ich scheine mir verlebt und doch so neu, / In dich verwebt, dem Unbekannten treu.
Faust II / Innerer Burghof / Vers 9415 f.
HA 3, 284

verlegen
durch langes Liegen erschlafft
Er wünschte sich Glück, daß er nunmehr seine Freunde, die bisher verlegen und müßig gewesen, werde beschäftigen und auf eine Zeitlang engagieren können …
Wilhelm Meisters Lehrjahre / 3. Buch / 1. Kapitel
HA 7, 147

vermögen
bestimmen, bewegen, veranlassen
Kann mich künftig etwas dazu vermögen, so ist es gewiß Ihre Teilnahme.
An Schiller, 2. 12. 1794
AGA 20, 43
Sie (die Pilger) *erzählten […] von seiner Frau, welche den einigermaßen widerstrebenden Mann dahin vermocht, daß sie ihnen reichliche Erquickung zuteilen dürfen, welche ihnen sehr not getan.*
Italienische Reise / Venedig / 28. September 1786
HA 11, 66

vermögend
in der Lage, fähig zu
Und […] unsere letzte Unterredung […] war doch nicht vermögend gewesen, die Sache ganz bei mir abzutun …
Wilhelm Meisters Wanderjahre / 3. Buch / 6. Kapitel
HA 8, 364
Er machte einen genauen Überschlag, wie lange ihn eine Platte beschäftigen würde, und nichts war vermögend, ihn von seiner Arbeit abzurufen …
Dichtung und Wahrheit / 2. Teil / 8. Buch
HA 9, 326
[…] und am wenigsten sind wir vermögend, uns enthusiastische Momente wieder zu vergegenwärtigen …
Dichtung und Wahrheit / 3. Teil / 14. Buch
HA 10, 32

vermufft, vermüfft
muffig geworden, grämlich, verdrießlich
Man habe ihm bisher immer behauptet: schöne Geister und Leute von Genie müßten klein und hager, kränklich und vermüfft aussehen …
Belagerung von Mainz
10, 398
Die Zunge ist vermufft, Krebse, die schön da sind, rät man mir ab zu schicken, weil sie in der Hitze abstehn würden.
An S. v. Ziegesar, 22. 7. 1808
HAB 3, 83

versagen
durch Zusage vergeben, zusprechen
[…] jedes Paar schloß sich zusammen, und für einige Männer, die nicht versagt waren, worunter ich auch gehörte, blieb entweder gar keine weibliche Unterhaltung, oder eine solche, die man an einem lustigen Tage nicht würde gewählt haben.

Dichtung und Wahrheit / 2. Teil / 6. Buch
HA 9, 232

versäumen
vernachlässigen
[...] so fuhr jene in der Nachbarschaft umher, um sich dort versäumter Kinder anzunehmen, sie zu warten, zu kämmen und herumzutragen ...
Dichtung und Wahrheit / 1. Teil / 1. Buch
HA 9, 42

verschlagen
Unbeweglichwerden der Beine eines Pferdes
[...] daß sein Pferd von Laertes gestern bei dem Hereinreiten dergestalt angegriffen worden, daß es wahrscheinlich, wie man zu sagen pflegt, verschlagen habe ...
Wilhelm Meisters Lehrjahre / 2. Buch / 11. Kapitel
HA 7, 126

verschneiden
durchhecheln, durch Klatsch schlecht machen
Man hätte nichts, sich zu verwundern, nichts, die Köpfe zusammenzustoßen, nichts in Gesellschaft zu verschneiden.
Clavigo / 4. Akt / Clavigos Wohnung
HA 4, 287

verschwirbelt
taumelnd, schwindlig
Und denke mein, wenn's um dich schwebt, / Wie es in Sympathieen hie / Um mein verschwirbelt Hirnchen lebt.
„An Merck mit einer Zeichenmappe", Vers 9 f.
HA 1, 92

versehen
falsch sehen, Fehler machen
Sie [...] wußte [...] durch Musik ihr Vertrauen zu gewinnen. Nur zuletzt versah sie es ...
Die Wahlverwandtschaften / 2. Teil / 6. Kapitel
HA 6, 400

verstoben, zerstoben
verschwunden
Das Originalblatt dieses Scherzes ist niemals abgeschrieben worden und seit vielen Jahren verstoben.
Dichtung und Wahrheit / 3. Teil / 13. Buch
HA 9, 591
[...] sehr viele (Gedichte) *sind zerstoben und verloren gegangen, manche noch übrige lassen sich nicht wohl mitteilen.*
Dichtung und Wahrheit / 3. Teil / 13. Buch
HA 9, 595

Versuchler
jemand, der auf unentschiedene Weise etwas versucht
Auch er (der Maler Hensel) *stickt in dem seichten Dilettantismus der Zeit, [...], worin sich vornehme Weiber, halbkennende Gönner und unvermögende Versuchler so gerne begegnen ...*
An Zelter, 24. 8. 1823
HAB 4, 83

vertraulich
– vertrauensvoll, zutraulich
Vergebens harren wir schon Jahre lang / Auf ein vertraulich Wort aus deiner Brust.
Iphigenie / 1. Aufzug / 2. Auftritt / Vers 68 f.
HA 5, 9

[…] denn es war nicht die Art dieses seltnen Mannes, vertraulich zu sein und über irgend etwas im Zusammenhange zu sprechen.
Wilhelm Meisters Lehrjahre / 4. Buch / 18. Kapitel
HA 7, 268
– traulich, gemütlich
O säß' ich zu ihren Füßen in dem lieben, vertraulichen Zimmerchen …
Die Leiden des jungen Werthers / 2. Buch / 20. Januar
HA 6, 64
[…] weder das Licht der Sonne noch eine vertrauliche Kerze wird ihr holdes Angesicht jemals wieder erleuchten.
Wilhelm Meisters Lehrjahre / 7. Buch / 8. Kapitel
HA 7, 481

vertrödeln
verkaufen
[…] der Mann mag seinen Rock abtragen und die Frau den ihrigen vertrödeln …
Wilhelm Meisters Lehrjahre / 5. Buch / 2. Kapitel
HA 7, 287

verweisen
die Schuld geben an etwas, einen Vorwurf machen
Der Plumpe, der nicht schwimmen kann, / Er will's dem Wasser verweisen!
Dichtung und Wahrheit / 3. Teil / 13. Buch
HA 9, 592

verwenden
wegwenden
[…] zuerst die Arme über die Brust und ernsthaft-froh nach oben gesehen, ohne den Blick zu verwenden.
Wilhelm Meisters Wanderjahre / 2. Buch / 1. Kapitel
HA 8, 150

Vetturin
italienischer Lohnkutscher
[…] da ich aber den köstlichen Tag gern unter freiem Himmel genießen wollte, so war es mir angenehm, daß der Vetturin hinter seiner Schuldigkeit zurückblieb.
Italienische Reise / Verona bis Venedig / 26. September 1786
HA 11, 58

vielspältig
mehrteilig,
kompliziert angelegt
Diese kurze tatenschwangre Szene macht einen trefflichen Kontrast mit der vorhergehenden langen, vielspältigen, und hier hat sich der Verfasser vorzüglich als geistreichen Dichter bewiesen.
Teilnahme Goethes an Manzoni / Il conte di Carmagnola
AGA 14, 820

Vogelhecke
Vogelbauer
Nein! […], aber er hat eine Vogelhecke darunter, die möchten hervorfliegen und einen verteufelten Spuk machen: denn es sind lauter lose Vögel!
Dichtung und Wahrheit / 2. Teil / 10. Buch
HA 9, 445

Voland
Name des Teufels
Platz! Junker Voland kommt. Platz! süßer Pöbel, Platz!
Faust I / Walpurgisnacht / Vers 4023
FA I, 7/1, 173

Vollsack
Freßsack
Name in „Hanswursts Hochzeit"
FA I, 4, 582

Vollzapf
Säufer
Name in „Hanswursts Hochzeit"
FA I, 4, 580

Vorbitte
Fürbitte
Auf dessen Bitte und Vorbitte hören die Eltern und lassen oft Zorn und Unmut, durch freundliche Liebkosungen besänftigt, vorübergehen.
Sankt-Rochus-Fest zu Bingen
HA 10, 424

vorbitten
fürbitten
[...] wie ein solcher Mann, der zwar von frommen, aber doch sündigen Eltern erzeugt worden, zur Gnade gelangt sei, vor Gottes Thron zu stehen, und für diejenigen, die sich im Gebet gläubig an ihn wenden, vorbittend, Befreiung [...] erlangen könne?
Sankt-Rochus-Fest zu Bingen
HA 10, 424

Vorgang
Vorbild, Muster
Christus, vor der schönen Türe des Tempels, nach Raphaels Vorgang, mit gewundenen Säulen geschmückt.
An Reinhard, 26. 12. 1825
FA II, 10, 337

Vorhaupt
Stirn
[...] O hätte doch jeder am Vorhaupt geschrieben, / Was er gedenkt, und säh' es der König! da würde sich zeigen, / Daß ich nicht lüge ...
Reineke Fuchs / 9. Gesang / Vers 25
HA 2, 378

Vorhaus
Hausflur, Vorhalle
[...] mancherlei fremde Gesichter schwärmten um mich her, es war eine eigene Bewegung im Vorhause.
Wilhelm Meisters Wanderjahre / 3. Buch / 13. Kapitel
HA 8, 425

vorläufig
am Beginn einer Schrift stehend, einführend
Da mir bekannt ist, daß Sie vorläufige Reden und Einleitungen nicht besonders lieben, so will ich ohne weiteres versichern, daß ich diesmal vorzüglich gut zu bestehen hoffe.
Wilhelm Meisters Wanderjahre / 3. Buch / 6. Kapitel
HA 8, 354

Vorlust
Vorfreude
Ihre grose Vorlust mir zu schreiben hat sich wohl in ein und den andern freundlichen Gedancken aufgelöst den Sie mir über die Berge zuschicken.
An C. v. Stein, 30. 6. 1780
HAB 1, 309

vornehm
ausgezeichnet, von hohem Rang, hauptsächlich
Die vornehmste Forderung, die an den Künstler gemacht wird, bleibt immer die: daß er sich an die Natur halten, sie studieren, sie nachbilden [...] solle.

Propyläen / Einleitung
AGA 13, 141

Vorsatz
Vorhaben, Plan
Es war das erstemal, daß mir jemand etwas von meinen Vorsätzen weg-schnappte …
Dichtung und Wahrheit / 3. Teil / 14. Buch
HA 10, 11

vorschlägig
im Voranschlag geplant
Noch nicht erbaut war das neue Schloß; man führte uns an den Platz, wo es stehn sollte, man ließ uns die vorschlägigen Risse davon sehen.
Dichtung und Wahrheit / 3. Teil / 14. Buch
HA 10, 11

Vorschritt
– einleitender Schritt
Durch diese vergleichenden Vorschritte haben wir uns denn dem Verfahren des außerordentlichen Künstlers […] genugsam genähert …
Leonardo da Vincis Abendmahl
AGA 13, 765
– Fortschritt
Gräfin Julie Egloffstein machte bedeutende Vorschritte in der Kunst.
Tag- und Jahreshefte / 1822
HA 10, 528

Vorstellung
Darstellung, künstlerisches Sujet
[…] Seekatz in Darmstadt, dessen Pinsel ihm besonders bei natürlichen und unschuldigen Vorstellungen höchlich gefiel …
Dichtung und Wahrheit / 1. Teil / 3. Buch
HA 9, 88
Zu Kupfern bringe ich Vorstellungen aus Wilhelm Meister zum Vorschlag und werde sogleich eine Anzahl Gegenstände dazu vorschlagen.
An J. F. Vieweg, 16. 1. 1797
HAB 2, 254

Vortod
den nahen Tod verkündender Zustand
Im Vortod seh' ich, matt und hingebleicht, / Von Tag zu Tag ein Kummerleben schwanken.
Die natürliche Tochter / 4. Aufzug / 2. Auftritt / Vers 1987 f.
FA I, 6, 363
Wir hatten freilich darauf nichts zu erwidern, denn ihm konnte die Betrachtung nicht tröstlich werden, daß der Krieg, als ein Vortod, alle Menschen gleich mache …
Campagne in Frankreich / 11. September 1792
HA 10, 218

Vortrag
Vorschlag, Anweisung
Kaum waren wir da angelangt, als Lotte beschäftigt war, einen Kreis von Stühlen zu stellen und, als sich die Gesellschaft auf ihre Bitte gesetzt hatte, den Vortrag zu einem Spiele zu tun.
Die Leiden des jungen Werthers / 1. Buch / 16. Juni
HA 6, 26

Vorwelt
das Reich der Vergangenheit
Und steigt vor meinem Blick der reine Mond / Besänftigend herüber, schweben mir / Von Felsenwänden, aus dem feuchten Busch / Der Vorwelt silberne Gestalten

auf / Und lindern der Betrachtung strenge Lust.
Faust I / Wald und Höhle / Vers 3235f.
HA 3, 104
Was uns die Vorwelt ließ, dank ich der Mutter.
Torquato Tasso / 1. Aufzug / 1. Auftritt / Vers 108
HA 5, 76
Die zuletzt genannten Steinarten sind schwerlich in dieser Gegend erzeugt, sind wahrscheinlich Trümmern alter Gebäude, und so sehen wir denn, wie die Welle vor unsern Augen mit den Herrlichkeiten der Vorwelt spielen darf.
Italienische Reise / Neapel / 24. Februar 1787
HA 11, 182f.

Vorwort (s. a. → bevorworten)
Empfehlung, Fürsprache
Wie wußt' er sich nicht der Königin Vorwort / Leicht zu gewinnen!
Reineke Fuchs / 7. Gesang / Vers 99f.
HA 2, 359
[...] bis ich mit Ihrer Ältesten ein Wort gesprochen, bis diese ihr gütiges Vorwort bei meiner Geliebten eingelegt hat.
Clavigo / 2. Akt / Das Haus des Clavigo
HA 4, 276

wacker
tüchtig
Danken wir also dem wackern Künstler, der uns so löblich in verschiedenen Bildern von allem überzeugt.
Novelle
HA 6, 494

Wage, die
Wagnis, das Wagen
So geh' es jedem, der am Tage / Sein edles Liebchen frech betriegt, / Und Nachts mit allzukühner Wage, / Zu Amors falscher Mühle kriecht.
„Der Müllerin Verrat", Vers 77 f.
FA I, 1, 677

Wahlkapitulation
bei der Kaiserwahl die in Kapitel eingeteilte Wahlverschreibung, in welcher Kompetenzen und Verpflichtungen des Kaisers geregelt waren
Er wolle daher die Wahl und Krönungsdiarien der beiden letzten Krönungen mit mir durchgehen, nicht weniger die letzten Wahlkapitulationen …
Dichtung und Wahrheit / 1. Teil / 5. Buch
HA 9, 178

Wahlverwandtschaft
urspr.: Neigung zweier chemischer Körper, die anderweitig gebunden sind, sich miteinander in neuer Verbindung zu vereinigen
Aber der Mensch ist doch um so manche Stufe über jene Elemente erhöht, und wenn er hier mit den schönen Worten Wahl und Wahlverwandtschaft etwa freigebig gewesen, so tut er wohl, wieder in sich selbst zurückzukehren und den Wert solcher Ausdrücke bei diesem Anlaß recht zu bedenken.
Die Wahlverwandtschaften / 1. Teil / 4. Kapitel
HA 6, 275
Hier entstanden sogleich neue Wahlverwandtschaften: denn indem die beiden Frauen sich einander näherten, hatte Merck mit Herrn von La Roche […] nähere Berührung.
Dichtung und Wahrheit / 3. Teil / 13. Buch
HA 9, 561
Geist und Herz, Verstand und Sinn suchten sich mit notwendiger Wahlverwandtschaft, und durch diese kam die Vereinigung der verschiedensten Wesen zustande.
Dichtung und Wahrheit / 3. Teil / 14. Buch
HA 10, 35
[…] denn ein Wunder wäre, wenn […] sich nicht die entschiedensten Wahlverwandtschaften zunächst hervortun sollten.
Zweiter römischer Aufenthalt / Bericht (Oktober)
HA 11, 421
Wer unterstünde sich den Wert der Zufälligkeiten, der Anstöße, der Nachklänge zu bestimmen, wer getraute sich die Wahlverwandtschaften zu würdigen.
An Zelter, 28. 6. 1831
HAB 4, 435

Waldrappe
Schabracke, Decke (von it. „gualdrappa")
Die stattlichsten, wohlzugerittenen Rosse waren mit reich gestickten Waldrappen überhangen und auf alle Weise geschmückt.
Dichtung und Wahrheit / 1. Teil / 5. Buch
HA 9, 188

Walker
Tuch- oder Filzhersteller
[...] sie mögen Söhne von Walkern oder Gerbern sein, haben sie doch mit mehr Schwierigkeit, als wir gefunden hätten, dergleichen zu erlangen gewußt.
Dichtung und Wahrheit / 4. Teil / 17. Buch
HA 10, 118

Wardein
Wertprüfer von Münzen
Sucht doch der Wardein auf alle Weise die edlern Metalle zu reinigen, um ein bestimmtes Gewicht des reinen Goldes und Silbers [...] festzusetzen!
Der Sammler und die Seinigen / Vierter Brief
AGA 13, 278

Warmhaus
(beheiztes) Gewächshaus
Die zahlreichen Erica, Diosma, Phylica, Passerina deuten auf wohlbesetzte Kaphäuser, die Helicteres, Curcuma auf Warmhäuser.
Monatsschrift der Gesellschaft des vaterländischen Museums in Böhmen
AGA 14, 588

wäschen
unnützes Zeug schwatzen
Es fehlt nicht viel, so fang ich an zu wäschen.
An Hetzler d. J., 24. 8. 1770
HAB 1, 114

Wassergalle
der wäßrig scheinende Fuß eines Regenbogens
In der weitesten Ferne, über dem Gebirg, konnte ich eine sogenannte Wassergalle bemerken.
Italienische Reise / Vom Brenner bis Verona / 14. September 1786
HA 11, 37

Wechselnichtigkeit
Nichtigkeit wechselseitiger Beziehungen
So entstanden jene Briefwechsel, über deren Gehaltsmangel die neuere Welt sich verwundert, der man nicht verargen kann, wenn sie kaum die Möglichkeit einsieht, wie vorzügliche Menschen sich an einer solchen Wechselnichtigkeit ergetzen konnten ...
Dichtung und Wahrheit / 2. Teil / 10. Buch
HA 9, 401

Weiche
(weiche) Stelle unmittelbar unterhalb der Rippen
Ein Stier im vollen Lauf, gleichsam fliehend; mitten von der Erde erhebt sich eine Schlange, seine Weichen bedrohend.
Reizmittel in der bildenden Kunst
AGA 13, 982

Weidig, Weidicht
Weidengebüsch
Der hiezu gewählte Ort war die Mühlau, ein zwischen zwei Wassern gelegenes Weidig.
Betrachtungen über ein dem Dichter Goethe in seiner Vaterstadt zu errichtendes Denkmal.
AGA 14, 309
Nah am Fluß Weidichte, die ihn verstecken.
Sankt-Rochus-Fest zu Bingen
HA 10, 403

Weife
Spinnrocken, Haspel
Meine Weife, stets lebendig, / Hat noch nie sich übereilt.

Faust II / Kaiserliche Pfalz / Vers 5335 f.
HA 3, 166

weifen
Garn von der Spindel haspeln
Den rechten Lebensfaden / Spinnt einer, der lebt und leben läßt, / Er drille zu, er zwirne fest, / Der liebe Gott wird weifen.
„Die Weisen und die Leute“, Vers 49 ff.
FA I, 2, 511
Den Rocken, den ich angelegt habe, muß ich auch gleich abspinnen und abweifen, sonst gibt es von neuem Unordnung und das Getane muß wiederholt werden.
An Schiller, 19. 2. 1802
HAB 2, 429

weil
so lange als, während
Weilen ich über allerley Eyern Brüte, worunter auch freylich Guckucke u. Basilisken flick werden, welche für Ihre Menagerie nicht taugen, kann ich so viel nicht hergeben als ich wohl möchte.
An J. G. Jacobi, 28. 1. 1775
FA II, 1, 426
Alles auch Meinende / Wird nicht vereint, / Weil das Erscheinende / Nicht mehr erscheint.
Zahme Xenien V
AGA 1, 658

Weinschröter
einer, der Weinfässer verlädt
Zwei Innungen, die Metzger und Weinschröter, hatten sich hergebrachtermaßen wieder so postiert, daß einer von beiden dieser ungeheure Braten zuteil werden mußte.
Dichtung und Wahrheit / 1. Teil / 5. Buch
HA 9, 205

Welschkorn
Mais
Durchwachsene Birnen. Durch den Brand entstelltes Welschkorn.
Paralipomena zur Geologie und Mineralogie
FA I, 16, 645

Weltfrau
Kosmopolitin
Mit entschiedenem Andrang verfolgte sie (Mme de Staël) *ihre Absicht, unsere Zustände kennen zu lernen, sie ihren Begriffen ein- und unterzuordnen, sich nach dem Einzelnen so viel als möglich zu erkundigen, als Weltfrau sich die geselligen Verhältnisse klar zu machen …*
Tag- und Jahreshefte / 1804
HA 10, 463

Wendehals
ein Spechtvogel
(Jynx torquilla)
als Schimpfwort gebräuchlicher Vogelname
Winde Hals
Name in „Hanswursts Hochzeit“
FA I, 4, 579
Ich sehe, jener Chorus dort / Macht Euch zum Wendehals …
Faust II / Klassische Walpurgisnacht / Vers 7232
HA 3, 221
[…] so drehten sie auf einmal, jenen Vögeln gleich, die man Wendehälse nennt, die Köpfe herum, dasjenige mit Augen zu schauen, was ich ihren Ohren anpries …

Italienische Reise / Vom Brenner bis Verona / 14. September 1786
HA 11, 33

wenn
während (dagegen)
Des guten Meyers Beobachtungen schmerzen mich, er hat selbst nur den halben Genuß davon, wenn sie für mich nur Worte bleiben sollen …
An Schiller, 2. 8. 1796
HAB 2, 234
Was auf mich besonders erfreulich wirkt, das ist der gesellige Ton, in dem (in der französischen Zeitschrift „Le Globe") *alles geschrieben ist: man sieht, diese Personen denken und sprechen immerfort in großer Gesellschaft, wenn man dem besten Deutschen immer die Einsamkeit abmerkt und jederzeit eine einzelne Stimme vernimmt.*
An Reinhard, 12. 5. 1826
HAB 4, 189

Werkeltag
Werktag, Arbeitstag
Da man ihm (Fichte) *die Stunden, die er zu öffentlichen Vorlesungen benutzen wollte, an Werkeltagen verkümmert hatte, so unternahm er sonntags Vorlesungen, deren Einleitung Hindernisse fand.*
Tag- und Jahreshefte / 1794
HA 10, 441

Wetterkühlen
Wetterleuchten
[…] als die Blitze, die wir schon lange am Horizonte leuchten gesehn und die ich immer für Wetterkühlen ausgegeben hatte, viel stärker zu werden anfingen …
Die Leiden des jungen Werthers / 1. Buch / 16. Juni
HA 6, 26

Wicht
– Kerl (nicht nur negativ gemeint)
Da drehten die Pärchen allzumal, / Ein jedes Mädchen mit seinem Wicht …
„Im Dorfe war ein groß Gelag", Vers 4 f.
HA 1, 312
– negativ gemeint
Wie doch, betrügerischer Wicht, / Verträgst du dich mit allen?
Sprüche 123, Vers 1 f.
HA 1, 324

widerlich
– unpassend, Widerwillen erregend
Wie mancher […] wird die Maskerade verwünschen, wenn er, nachdem er seine Landsleute in eine neue, widerliche Form zu zwingen geholfen hat, zuletzt in dieser neuen Form von denen, auf die er sein ganzes Vertrauen setzt, niedrig behandelt wird.
Unterhaltungen deutscher Ausgewanderten
HA 6, 132
Vermutend, man habe […] ihr aufgetragen, ihn […] in die Gesellschaft, seinem widerlichen Schicksal entgegen zu führen, rief er aus: „Sie hätte man nicht senden müssen, Lucinde …"
Wilhelm Meisters Wanderjahre / 1. Buch / 9. Kapitel
HA 8, 106 f.
Nun kam mir ihr kaltes abstoßendes Wesen, das mich sonst so angereizt hatte, ganz widerlich vor …
Dichtung und Wahrheit / 2. Teil / 6. Buch
HA 9, 219
– widrig
[…] das durch mancherlei widerliche Umstände verspätete Heft von Kunst und Altertum bringt euch dagegen auch das Mannigfaltigste …

An Zelter, 21. 5. 1828
HAB 4, 277

widerwärtig

widerstrebend, gegensätzlich, befremdend

So umgab sie nun der Winter / Mit gewalt'gem Grimme. Streuend / Seinen Eishauch zwischen alle, / Hetzt er die verschiednen Winde / Widerwärtig auf sie ein.
Westöstlicher Divan / Buch des Timur / „Der Winter und Timur"
HA 2, 60

Mir zur Wonne, mir zur Lust / Drück' ich widerspenstige Brust, / Küss' ich widerwärtigen Mund, / Tue Kraft und Willen kund.
Faust II / Arkadien / Vers 9796ff.
HA 3, 295f.

Er soll nicht Widerwärt'ges aneinander / Zu immer neu erzeugtem Streite, ketten …
Die natürliche Tochter / 5. Aufzug / 7. Auftritt / Vers 2739f.
HA 5, 294

Die gegenständliche Welt ist für uns darum da, um unsere Fähigkeiten daran zu üben. Manches an ihr ist widerwärtig genug …
Aphorismen und Fragmente
AGA 17, 723

[…] so wird gewiß mancher bildende Künstler sich, wie ich es getan, herumwenden und lieber euch in die Hand arbeiten, als daß er gegen Überzeugung und Gefühl ein widerwärtiges Handwerk treibe.
Wilhelm Meisters Wanderjahre / 3. Buch / 3. Kapitel
HA 8, 329

Wer möchte denn wohl die Grundfeste alles Daseins (den Erdboden) *widerwärtig berühren, Wert und Würde so schöner, einziger Himmelsgabe verkennen?*
Wilhelm Meisters Wanderjahre / 3. Buch / 9. Kapitel
HA 8, 384

[…] Jupiter und Venus blickten sie freundlich an, Merkur nicht widerwärtig …
Dichtung und Wahrheit / 1. Teil / 1. Buch
HA 9, 10

[…] mich aber rührte das nicht weiter, da ich von seinem (Herders) *Wert einen so großen und mächtigen Begriff gefaßt hatte, der alles Widerwärtige verschlang, was ihm hätte schaden können.*
Dichtung und Wahrheit / 2. Teil / 10. Buch
HA 9, 410

„Lilis Park" mag ohngefähr in diese Epoche gehören; ich füge das Gedicht hier nicht ein, weil es jenen zarten empfindlichen Zustand nicht ausdrückt, sondern nur, mit genialer Heftigkeit, das Widerwärtige zu erhöhen und durch komisch ärgerliche Bilder das Entsagen in Verzweiflung umzuwandeln trachtet.
Dichtung und Wahrheit / 4. Teil / 19. Buch
HA 10, 168

[…] das Besonderste aber eines jeden Volkes befremdet nur, es erscheint seltsam, oft widerwärtig, wie alles Eigentümliche, das wir noch nicht in einen Begriff auffassen, uns noch nicht anzueignen gelernt haben …
Serbische Lieder
AGA 14, 536

In dem ersten Gliede der Eskadron schwankte die Standarte in den Händen eines schönen Knaben hin und wider; er hielt sie fest, ward aber vom aufgeregten Pferde widerwärtig geschaukelt …
Campagne in Frankreich / 19. September 1792
HA 10, 231

Eben dieser widerwärtigen Art, alles Sentimentale zu verschmähen, sich an die unvermeidliche Wirklichkeit halb verzweifelnd hinzugeben, begegnete gerade „Reineke Fuchs" als wünschenswertester Gegenstand für eine zwischen Übersetzung und Umarbeitung schwebende Behandlung.
Tag- und Jahreshefte / 1792
HA 10, 438
Schon der Anblick Deiner Komposition macht mich wieder froh, ich will sie nun auch zu hören suchen und sehen, daß ich die dem Gesang widerwärtigen Stellen abändere.
An Zelter, 4. 1. 1819
HAB 3, 444

willkürlich
freiwillig gewollt
Die Poesie befreyt sich immer gar bald von solchen Fesseln, die sie sich immer willkührlich anlegt …
Aphorismen Nr. 6.11.3.
FA I, 13, 358

Windbaum
baumartiges Gewölk
Prächtiger Windbaum vor der aufgehenden Sonne …
Wolkengestalt nach Howard
AGA 17, 658

Windbruch
vom Sturm gefällte Bäume oder Sträucher
Er entschuldigte sein Außenbleiben vom Riesenschlosse, er habe sich mit Jarno verspätet, der Windbruch habe ihn gehindert …
Wilhelm Meisters Wanderjahre / 1. Buch / 4. Kapitel
HA 8, 44

Windmünze
wertlose Münze
„So will ich denn", sagte sie, „meine Schuld mit Windmünze abtragen …"
Die pilgernde Törin
HA 8, 55

Windofen
Schmelzofen mit natürlichem Luftzutritt
Meine Freundin […] hatte schon früher angefangen, sich einen kleinen Windofen […] anzuschaffen …
Dichtung und Wahrheit / 2. Teil / 8. Buch
HA 9, 343
Genug das Vergangne ist vorbei und ich muß mich nur hüten diese Skribalien nicht wie die vorigen in den Windofen zu stecken.
An den Herzog Carl August, 25. 12. 1806
HAB 3, 37

Wittib
Witwe
Wenn einen sel'gen Biedermann / Pastor oder Ratsherr lobesan / Die Wittib läßt in Kupfer stechen …
„An Lotten", Vers 1 f.
HA 1, 88
Dem Fremden, wer es sei, versag' ich meine Hand, als Wittbe will ich leben, will ich sterben.
Elpenor / 1. Aufzug / 4. Auftritt
HA 5, 320

Witwer
Ehemann, dem die Frau gestorben oder davongelaufen ist
[…] binnen vierundzwanzig Stunden war er Liebhaber, Bräutigam, Ehmann, Hahnrei, Patient und Witwer!
Wilhelm Meisters Lehrjahre / 4. Buch / 4. Kapitel
HA 7, 219

Witz
Verstand, Scharfsinn
Nun sind wir schon wieder an der Grenze unsres Witzes, da wo euch Menschen der Sinn überschnappt.
Faust I / Trüber Tag · Feld
HA 3, 138

witzig
scharfsinnig,
geistreich
[…] entweder man nähert […] entfernte Dinge in düsterer Phantasie und witziger Mystik …
Zur Wissenschaftslehre / Sehen in subjektiver Hinsicht
AGA 16, 897

Wöchner
die an der Weimarer Bühne wöchentlich wechselnden Regisseure
[…] und will morgen früh beizeiten melden, was unsere Wöchner für das Ratsamste halten.
An Schiller, 27. 1. 1799
AGA 20, 679

wohlgebildet
wohlgestaltet
[…] die Tochter wohlgebildet, tüchtig, treuherzig und liebenswürdig, an die leider schon vorübergegangene Mutter und an die früheren Tage erinnernd …
Campagne in Frankreich / November 1792
HA 10, 316
Ohne sonderliche Bedeckung zeigte sich ein wohlgebildeter Mann zu Pferde, dessen Uniform nicht gerade einen Militär ankündigte …
Belagerung von Mainz
HA 10, 389
Dieser Gruppe gegenüber ein nackter, wohlgebildeter, gebundener, von Pfeilen verletzter Jüngling, vor sich hinsehend, bescheiden ergeben.
Italienische Reise / Rom / 3. November 1786
HA 11, 128

Wohlhaben(heit)
Wohlstand, geordnete materielle Verhältnisse
Er wirft sich daher mit Leidenschaft auf das, was zu erkennen und zu tun ist, teils weil es ihn an sich interessiert, teils weil es ihm die frohe Aussicht von Selbständigkeit und Wohlhabenheit eröffnet.
Dichtung und Wahrheit / 2. Teil / 9. Buch
HA 9, 361
[…] daß von Dietrich früher als andre sich der Gebirgsschätze, des Eisens, der Kohlen und des Holzes, mit gutem Erfolg zu bedienen gewußt und sich zu einem immer wachsenden Wohlhaben herangearbeitet habe.
Dichtung und Wahrheit / 2. Teil / 10. Buch
HA 9, 425

Wohlstand
Anstand, Schicklichkeit
Sie ging unruhig hin und wider; es schien, […] als fürchtete sie zugleich den Wohlstand zu verletzen …
Wilhelm Meisters Lehrjahre / 4. Buch / 6. Kapitel
HA 7, 227
Es ist dies (unkorrektes Benutzen eines Stuhls) *nicht nur gegen das Schöne, sondern noch vielmehr gegen den Wohlstand gesündigt.*
Regeln für Schauspieler, § 73
AGA 14, 87

wohltätig
wohltuend
Eine ernste Wehmut, eine sanfte Melancholie verbreitet über diese Lieder einen sehr wohltätigen Trauerflor.
Nationelle Dichtkunst / Dainos von Rhesa
AGA 14, 568

Wollust
Freude,
Wonne
(ohne erotischen Beiklang)
2 Uhr aufm Lauerzer See. hoher herrlicher Sonnenschein für lauter Wollust sah gar nichts …
Reisetagebuch, 17. 6. 1775
FA II, 1, 457
Es ist eine Wollust, einen großen Mann zu sehn.
Götz / 1. Akt / Herberge im Wald
HA 4, 82
Welche Wollust wird mir's sein, deine Güter von übermütigen Feinden zu befreien …
Götz / 2. Akt / Bamberg
HA 4, 118
Tritt nicht zurück und weigre dich nicht länger, / O edler Mann, und gönne mir die Wollust, / Die schönste guter Menschen, sich dem Bessern / Vertrauend ohne Rückhalt hinzugeben!
Torquato Tasso / 2. Aufzug / 3. Auftritt / Vers 1285ff.
HA 5, 108
Hatte ich das erste Mal die Freude der Überraschung und des Staunens, so war zum zweiten Male die Wollust des Aufmerkens und Forschens groß.
Wilhelm Meisters Lehrjahre / 1. Buch / 4. Kapitel
HA 7, 18

wollüstig
lustvoll, freudig
[…] und es macht dies (ein erhabener Anblick) *ein schmerzlich Vergnügen eine Ueberfülle die die Seele bewegt und uns wollüstige Thränen ablokt, durch diese Operation wird die Seele in sich grösser ohne es zu wissen …*
An C. v. Stein, 3. 10. 1779
FA II, 2, 12

worfeln
Getreidekörner durch Emporwerfen von der Spreu reinigen
Gleichnis von der Spreu, die, beim Wurfeln vom Winde weggetrieben, in einiger Entfernung auf dem Boden sich wieder sammelt.
Ilias / Fünfter Gesang
AGA 14, 625
Gleichnis von geworfelten Bohnen, die von der Schaufel herabfallen, so prallte der Pfeil ab.
Ilias / Dreizehnter Gesang
AGA 14, 639
Auf Michael werde ich mit Vergnügen in Betrachtung ziehen, wie sich die Newtonianer gebärden, nachdem ich ihnen die Knöchelchen dieser alten Katzenpastete wohl gebleicht und zusammengeworfelt vorgestellt.
An Sartorius, 19. 4. 1810
FA II, 6, 544

wunderbar
eigenartig, ungewöhnlich
Den wunderbaren Charakter des Grafen lernte man nach und nach immer mehr kennen. Dieser Mann war sich selbst seiner Eigenheiten aufs deutlichste bewußt …
Dichtung und Wahrheit / 1. Teil / 3. Buch
HA 9, 87

würdig
ansehnlich, wertvoll, bedeutend
Das alles hielt ich fest und mein, / Nun aber, lose, wird es dein. / Ich glaubt' es würdig, hoch und bar, / Nun seh' ich, daß es nichtig war.
Faust II / Innerer Burghof / Vers 9325 ff.
HA 3, 281
Das Kunst- und Geschmackselement, worin Oeser lebte, [...] ward auch dadurch immer würdiger und erfreulicher, daß er sich gern abgeschiedener oder abwesender Männer erinnerte ...
Dichtung und Wahrheit / 2. Teil / 8. Buch
HA 9, 313
Herr Staatsrat Schultz brachte mir drei würdige Berliner Künstler nach Jena ...
Tag- und Jahreshefte / 1820
HA 10, 524
[...] so gelingt es ihm (dem Schauspieler) *auch [...] sich von seiner eigenen Individualität [...], zu separieren und sie nur da, wo ihn die Nachahmung verläßt, bei gemütlichen, herzlichen und würdigen Stellen hervortreten zu lassen.*
An J. H. Meyer, 18. 4. 1796
HAB 2, 219

wurfeln → worfeln

wüst
ungeregelt
Es ist offenbar, daß das, was wir Elemente nennen, seinen eigenen wilden wüsten Gang zu nehmen immerhin den Trieb hat.
Versuch einer Witterungslehre
AGA 17, 642

Wüste
einsame Gegend
Also wandelte Braun auf seinem Weg zum Gebirge / Stolzen Mutes dahin durch eine Wüste, die groß war ...
Reineke Fuchs / 2. Gesang / Vers 1 f.
HA 2, 294
O! laßt mich dort, versteint, am Steine ruhn! / Bis aller Sorgfalt lichtgezogne Spur / Aus dieser Wüste Trauersitz verschwindet.
Die natürliche Tochter / 3. Aufzug / 4. Auftritt / Vers 1584 ff.
FA I, 6, 351

Wut
Raserei, Ekstase
Mignon ward bis zur Wut lustig, und die Gesellschaft [...] mußte zuletzt Einhalt tun.
Wilhelm Meisters Lehrjahre / 5. Buch / 12. Kapitel
HA 7, 326
[...] dieser (Bacchus) *aber weiß sich und die Seinigen zu retten und zu rächen und dagegen Agaven mit ihren Schwestern und die andern ungläubigen Thebanerinnen zu verwirren, zu verblenden und, von begeisterter Wut angefacht, nach dem ominosen Gebirg Kithäron [...] hinauszutreiben.*
Die Bacchantinnen des Euripides
AGA 14, 707

Zahlwoche
letzte Woche der (Herbst-)Messe, in der die Zahlungen zu leisten sind
Es ist heute schon Montag in der Zahlwoche und ich habe noch keinen Brief an dich angefangen.
An C. Goethe, 12.–14. 10. 1767
HAB 1, 48

zahnarztmäßig
marktschreierisch (wie sich anpreisende Zahnärzte auf Jahrmärkten)
Der Ruf hatte Euch so zahnarztmäßig herausgestrichen …
Götz / 2. Akt / Bamberg
HA 4, 117

Zähre
Träne
Daß er selbst […] den Dank […] durch manche reine Zähre, lieblich genug abgestattet hatte …
Dichtung und Wahrheit / 2. Teil / 10. Buch
HA 9, 399

zaselig
faserig
Die zaselige männliche Blüte (an der Maispflanze) *ist noch nicht abgeschnitten, wie es geschieht, wenn die Befruchtung eine Zeitlang vorbei ist.*
Italienische Reise / Vom Brenner bis Verona / 11. September 1786
HA 11, 24

Zäserchen
dünne Faser
[…] wie in Werken der ewigen Natur, bis aufs geringste Zäserchen, alles Gestalt, und alles zweckend zum Ganzen …
Von deutscher Baukunst
AGA 13, 23

Zeisig
jemand, der gerne ein lockeres Leben führt;
Liebhaber schöner Frauen
[…] daneben mochte er auch, er, der selbst ein feiner Zeisig war, irgend sonst eine Andeutung aufgespürt haben, daß dieser junge Mann sich nicht eben immer so allein befunden.
Dichtung und Wahrheit / 2. Teil / 9. Buch
HA 9, 381

zeitigen
reif werden lassen
Da ich mit der Geschwulst am Halse sehr geplagt war, indem Arzt und Chirurgus diese Exkreszenz erst vertreiben, hernach, wie sie sagten zeitigen wollten …
Dichtung und Wahrheit / 2. Teil / 8. Buch
HA 9, 340

Zeitung
Nachricht
[…] Die Zeitung, die ich vermelde / Klingt nicht tröstlich …
Reineke Fuchs / 7. Gesang / Vers 174f.
HA 2, 361

Zendal
kappenförmige Kopfbedeckung für Frauen
Die Veroneserinnen will ich nicht schelten, sie haben eine gute Bildung und entschiedene Profile; aber meistens bleich, und der Zendal tut ihnen Schaden, weil man unter der schönen Tracht auch etwa Reizendes sucht.
Italienische Reise / Verona bis Venedig / 22. September 1786
HA 11, 58

zerknieschen
zermalmen, zerreiben, zerquetschen
Der gute Kraus ist auch in diesen Schicksalen zerkniescht worden.
An den Herzog Carl August, 25. 12. 1806
HAB 3, 36

zerlästern
verstümmeln
Unterm reinsten Himmel der unsicherste Boden. Trümmern undenkbarer Wohlhäbigkeit, zerlästert und unerfreulich.
Italienische Reise / Neapel / 1. März 1787
HA 11, 187

zerspellen
spalten
[…] und das allgemeine Übel zerspellt sich doch eigentlich nur in unzählige einzelne Märchen, deren ewige Wiederholung die Einbildungskraft mit häßlichen und unruhigen Bildern anfüllt, und zuletzt selbst ein gesetztes Gemüt angreift.
An F. A. Wolff, 28. 11. 1806
HAB 3, 33

zerstoben
verschwunden
[…] sehr viele (Gedichte) *sind zerstoben und verloren gegangen, manche noch übrige lassen sich nicht wohl mitteilen.*
Dichtung und Wahrheit / 3. Teil / 13. Buch
HA 9, 595

Zettel
Kette eines Gewebes
[…] Bewußtsein und Bewußtlosigkeit werden sich verhalten wie Zettel und Einschlag, ein Gleichnis das ich so gerne brauche.
An W. v. Humboldt, 17. 3. 1832
HAB 4, 480

Zeug
Stoff, Gewebe
[…] und weil die verschiedenen Teile seines Anzugs von verschiedenen Zeugen […] waren …
Dichtung und Wahrheit / 2. Teil / 7. Buch
HA 9, 297

Ziegelrauten
viereckige Ziegel, als Fliesen gelegt
Ein durch braunrote Ziegelrauten regelmäßig verziertes Estrich …
Dichtung und Wahrheit / 3. Teil / 14. Buch
HA 10, 33

Zierlichkeit
Galanterie, konventionelles Verhalten
Schlank und wohlgewachsen, trat sie auf ohne Zierlichkeit …
Dichtung und Wahrheit / 3. Teil / 15. Buch
HA 10, 64

Zindel
Taft-Stoff
[…] die bedeutendsten Symbole mit Pappe, Gold- und anderm Papier, Zindel und Lahn …
An Schiller, 26. 6. 1798
AGA 20, 507
Die ausgestopften Lämmchen, die Wasserfälle vom Zindel, die pappenen Rosenstöcke […] erregten in ihm liebliche dichterische Bilder uralter Schäferwelt.
Wilhelm Meisters Lehrjahre / 1. Buch / 15. Kapitel
HA 7, 57

Zink
altes Blasinstrument
Signale, Explosionen von den Türmen, Trompeten und Zinken, kriegerische

Musik, Durchmarsch gewaltiger Heereskraft.
Faust II / Innerer Burghof / Regieanweisung vor Vers 9442
HA 3, 285
Mit dem frühsten Morgen waren die Enkel schon daselbst versammelt, um die Trommeln, die Hoboen und Klarinetten, die Posaunen und Zinken, wie sie das Militär, die Stadtmusici und wer sonst alles ertönen ließ, zu vernehmen.
Dichtung und Wahrheit / 1. Teil / 3. Buch
HA 9, 82

Zitelle
junges unverheiratetes Mädchen
(von it. „zitella" = Jungfer)
Die Zitellen sind keuscher als irgendwo, sie lassen sich nicht anrühren …
An den Herzog Carl August, 29. 12. 1787
HAB 2, 75

Zivilstand
die Bürger im Gegensatz zu den Militärs
Offiziere […] zogen sich herbei; am Zivilstande fehlte es auch nicht, und ganz unerwartet kamen eines Tages der Graf und die Baronesse zusammen angefahren.
Die Wahlverwandtschaften / 2. Teil / 5. Kapitel
HA 6, 390
Niemand ist lästiger als ein täppischer Mensch vom Zivilstande.
Die Wahlverwandtschaften / 2. Teil / 5. Kapitel
HA 6, 397

Zubuße
zusätzliche Zahlung, höheres Angebot
Diese Bemerkung nahm er (Beireis) *wohl auf und versicherte, daß er die einzelnen* (Münzen) *erst nach und nach eingetauscht und mit schwerer Zubuße zuletzt erhalten und doch noch immer von Glück zu sagen habe.*
Tag- und Jahreshefte / 1805
HA 10, 483 f.

zufällig
schicksalhaft, „was einem zufällt"
Und die Gestalt des zufällig Ermordeten / Wird auf des traurig unwilligen Mörders / Böse Stunde lauern …
Iphigenie / 1. Aufzug / 4. Auftritt / Vers 551 f.
HA 5, 22

zunächst
sogleich anschließend, als nächstes, bald einmal
Doch das ist nicht so kurz zu fassen, / Und wir besprechen das zunächst …
Faust I / Vers 1418 f.
HA 3, 49
Für uns mög' Euer Wort in seinen Kräften bleiben! / So könnt' ich wohl zunächst das ganze Reich verschreiben.
Faust II / Des Gegenkaisers Zelt / Vers 11041 f.
HA 3, 332
Wilhelm wurde darauf vom Gehülfen und Aufseher zu einem Bergfest eingeladen, welches zunächst gefeiert werden sollte.
Wilhelm Meisters Wanderjahre / 2. Buch / 9. Kapitel
HA 8, 259
[…] und mancher bepackte sich mit einer Last, die er zunächst auch wieder abwerfen sollte.
Campagne in Frankreich / 11. Oktober 1792
HA 10, 277
[…] so nehme ich mir die Freiheit, zunächst ein Paar dergleichen dem Philo-

sophen vor die Tür zu bringen, überzeugt, daß er sie so gut wie ihre Geschwister behandlen wird.
An Hegel, 13. 4. 1821
HAB 3, 504

Zündkraut
das auf die Zündpfanne einer Schußwaffe geschüttete Pulver
Es (der „Prometheus"-Monolog) *diente zum Zündkraut einer Explosion, welche die geheimsten Verhältnisse würdiger Männer aufdeckte und zur Sprache brachte …*
Dichtung und Wahrheit / 3. Teil / 15. Buch
HA 10, 49
Paolis und der Korsen ist gar nicht gedacht, des amerikanischen Kriegs nur insofern ihm dadurch ein Freund geraubt wird, und der Genfer Begebenheit nur indem sie als Zündkraut einer ungeheueren Explosion erscheinen.
Bildnisse jetzt lebender Berliner Gelehrten
AGA 14, 229

zunehmen
Fortschritte machen
[…] doch wurde mein Vater sehr bald mit der Bühne ausgesöhnt, als er sah, daß ich mit unglaublicher Schnelligkeit in der französischen Sprache zunahm.
Dichtung und Wahrheit / 1. Teil / 3. Buch
HA 9, 106
Ich weiß recht gut, wo und was ich noch nicht sehe, und fühle wohl, daß ich immer zunehme, und was zu tun wäre, um immer weiter zu sehn.
Zweiter römischer Aufenthalt / 22. Februar 1788
HA 11, 519

zusammengefaßt
kompakt, auf einen Blick zu erfassen, übersichtlich
[…] einen jungen wohlgebauten Mann, mit einem runden zusammengefaßten Gesicht, ohne daß die Züge deshalb stumpf gewesen wären.
Dichtung und Wahrheit / 2. Teil / 7. Buch
HA 9, 267

zusammengenommen
beherrscht, gesammelt, diszipliniert
Es war Graf Thoranc […], eine lange, hagre, ernste Gestalt […] und von einem zusammengenommenen Betragen.
Dichtung und Wahrheit / 1. Teil / 3. Buch
HA 9, 84

zusammengespettelt (s. a. → Spettel)
zusammengeflickt
(von „Spettel" = Fetzen)
[…] viel Unnützes um uns herum, aus Gewohnheit, Neigung, Zerstreuung und Willkür, ein Lumpenmantel zusammengespettelt.
Wilhelm Meisters Wanderjahre / 3. Buch / 4. Kapitel
HA 8, 335

zusammenschmeißen
zusammenschlagen
Und möcht' ich sie zusammenschmeißen, / Könnt' ich sie doch nicht Lügner heißen.
Faust I / Nacht / Vers 3644f.
HA 3, 116

Zustand
Lebenslage, Beruf, gesellschaftliche Position

Nachdem er sich verheiratet hatte und seine Gönner für ihn auf einen Zustand denken mußten …
Dichtung und Wahrheit / 1. Teil / 4. Buch
HA 9, 119

zutätig
hilfreich, für jemanden tätig
Das Kind hatte sich sehr freundlich und zutätig bezeigt …
Wilhelm Meisters Lehrjahre / 4. Buch / 1. Kapitel
HA 7, 204

zwar
wahrlich, in der Tat
Gegen inn- und äußern Feind / Setzt er sich zur Wehre; / Ans Erhalten denkt er zwar, / Mehr noch, wie er mehre.
„Tischlied“, Vers 29 ff.
FA I, 2, 80
Wie das Weib dem Mann gegeben / Als die schönste Hälfte war, / Ist die Nacht das halbe Leben, / Und die schönste Hälfte zwar.
„Singet nicht in Trauertönen“ aus „Wilhelm Meisters Lehrjahre“
HA 7, 317

Zweck
Ziel
Euch zu ergötzen war mein letzter Zweck …
Torquato Tasso / 1. Aufzug / 3. Auftritt / Vers 446
HA 5, 85
Und du verfehltest hier und dort den Zweck …
Torquato Tasso / 4. Aufzug / 4. Auftritt / Vers 2736
HA 5, 147
Wie schal und abgeschmackt ist solch ein Leben, / Wenn alles Regen, alles Treiben stets / Zu neuem Regen, neuem Treiben führt / Und kein geliebter Zweck euch endlich lohnt …
Die natürliche Tochter / 3. Aufzug / 4. Auftritt / Vers 1634 ff.
HA 5, 262
Ich verfolgte jeden Zweck mit Ernst, Gewalt und Treue …
Selbstschilderung (3)
HA 10, 531

zwecklos
ziellos
Ach, so viele tausend Menschen kennen / Dumpf sich treibend, kaum ihr eigen Herz, / Schweben zwecklos hin und her …
„Warum gabst du uns die tiefen Blicke“, Vers 9 ff.
HA 1, 122
Er sieht das Gewirre der Leidenschaften, Familien und Reiche sich zwecklos bewegen …
Wilhelm Meisters Lehrjahre / 2. Buch / 2. Kapitel
HA 7, 82 f.

zweideutig
unbestimmt
[…] wegen alles dessen, was man ihm bisher nachgesehen, zur Verantwortung gezogen worden, ja sogar in den Kerker gebracht, wo er, über siebenzig Jahre alt, eines zweideutigen Todes verblich.
Dichtung und Wahrheit / 2. Teil / 9. Buch
HA 9, 378

zweifelhaft
zweifelnd
Schaffet dem Traurigen Trost, dem Zweifelhaften Belehrung …

„Einsamkeit“, Vers 2
HA 1, 204
... weil sie aber zweifelhaft war, ob dieses Licht lange dauern könne, so trieb sie die Neugierde [...] aus dem Felsen heraus, um zu untersuchen, wer das schöne Gold hereingestreut haben könnte.
Das Märchen
HA 6, 211
Durch diese Einwendungen war Wilhelm nicht überzeugt, doch zweifelhaft.
Wilhelm Meisters Lehrjahre / 5. Buch / 15. Kapitel
HA 7, 455
Als Mathematiker und Philosoph ungläubig von Anfang, war er lange zweifelhaft, ob diese Anschauung nicht etwa angelernt sei ...
Wilhelm Meisters Wanderjahre / 1. Buch / 10. Kapitel
HA 8, 126
Er war, obgleich zufrieden über die Unschuld der Vorgänge, doch noch einigermaßen zweifelhaft, und erließ neue Fragen an mich ...
Dichtung und Wahrheit / 1. Teil / 5. Buch
HA 9, 213
Es (ein Gemälde von Correggio) *stellt eine Mutter Gottes vor, das Kind in dem Augenblicke, da es zwischen der Mutter Brust und einigen Birnen, die ihm ein Engelchen darreicht, zweifelhaft ist.*
Italienische Reise / Neapel / 22. März 1787
HA 11, 218
Ich bereite mich in ein Bad zu reisen, und bin noch zweifelhaft wohin.
An Cotta, 19. 7. 1814
HAB 3, 269

zweischürig (s. a. → halbschürig)
mangelhaft, schwächlich, unzureichend (ursprünglich von der halbjährlich geschorenen Schafwolle gesagt, welche weniger dicht war als die „einschürige“, die man bei jährlicher Schur gewann)
Das geht so weit, daß ich mir manchmal selbst zweischürig vorkomme und mich erst wieder von solchem Zweifel erhole wenn ich mit Menschen spreche, die theoretisch und praktisch in ihrem Fache zu Hause sind.
An Zelter, 29. 5. 1817
HAB 3, 293

Zwinger
Raum zwischen innerer und äußerer Ringmauer
Zwinger. In der Mauerhöhle ein Andachtsbild der Mater dolorosa, Blumenkrüge davor
Urfaust / Regieanweisung zu: Zwinger
HA 3, 411
Ferner sieht man seitwärts Mauern angeschlossen und Zwinger terrassenmäßig herab sich erstreckend.
Novelle
HA 6, 493
Gärten, Höfe, Hintergebäude ziehen sich bis an den Zwinger heran ...
Dichtung und Wahrheit / 1. Teil / 1. Buch
HA 9, 19